総合 ロシア語入門
Самоучитель русского языка

安岡治子
Haruko Yasuoka

研究社

〈表紙図版〉
Кустодиев, Борис Михайлович. *Зима. Масленичное гуляние.* 1919
(Kustodiev, Boris. *Winter. Shrovetide.*)
© 2011, State Russian Museum, St. Petersburg.

〈写真撮影〉
金子　靖

まえがき

　本書は、初めてロシア語を学ぶ方、特に、独習に挑戦してみようとする方を第一の対象に書かれた教科書です。

　ロシア語が一見とっつきにくい印象を与えるのは、まずアルファベットの文字からして、ローマ字とは少し異なる「キリル文字」と呼ばれるものが使われているせいでしょう。けれども、ローマ字を逆さにしたような文字やまったく見慣れない文字もある、この不思議なキリル文字は、実はその多くがギリシャ文字を元に作られています。数学や物理でおなじみの記号（ギリシャ文字）によく似たものが、いくつも登場します。

　本書では、はじめにロシア語のアルファベット一覧を載せていますが、そこでただちに文字と発音のすべてを覚えていただくことは考えていません。

　最初の4課で、少しずつ文字と発音に慣れ、それと同時にごく簡単な文法事項も学んでいきます。

　第5課から第24課では、基本的な文法事項を、対話、アネクドート、文学作品などのテクストの解説とともに学びます。

　第25課から第30課は、トゥルゲーネフ、パステルナーク、プラトーノフ、ゾーシチェンコという、19世紀、20世紀を代表する作家の文章を基に、初等文法の知識をさらに進めた文法事項や表現方法を学べるように解説を行い、本格的な文学作品の味読も体験できるような構成としました。

　以上のように、本書は、学習者が教授者なしでも独力で、ロシア語のアルファベットから学びはじめて、文学作品を辞書を使いながら読みこなせるようになるまで導いてゆくものであり、豊富な解説を特徴とし、実力を試して定着させる練習問題（解答つき）も用意しています。

　しかし、ロシア語のこうした独習書は数が少ないため、大学などの授業でロシア語を履修している方の中でも、授業よりも早くロシア語の全貌を知りたい、あるいは逆に、授業を休みがちで内容がわからなくなったので復習したい、また、授業には毎回出ているのだが、先生が一度説明しただけでは覚えきれな

かったという方たちにとっても、自習書・参考書として役立つのではないかと思われます。

　むろん、教授者のいる通常の授業で使っていただくことも可能です。その場合、1回90分、週2回の授業であれば、最初から第24課までは、ほぼ1年間で終えられるでしょう。そこまでの基本が習得できていれば、第25課以降は、中級編として2年目の教材に、あるいは自習用に使うことができます。

　発音面では、東京大学外国人教師のリュボーフィ・ゴルボフスカヤ先生によるCD教材が用意されていますので、これを繰り返し聞いて、ご自分でも声に出して発音練習なさることを是非お勧めします。CDのトラック番号が該当箇所に記してあります。

　本書の巻末には、ロシア語アルファベットと日本語五十音の対照表、文法整理のための付表と単語帳をつけました。付表は、名詞などの格変化、動詞の変化の主なものが載せられています。単語帳は、本書で扱われた単語がほぼ網羅されています。特に最後の6課の文学作品には、初級ではふつう使われない単語も登場するため、単語帳全体の語彙数はかなり多くなっていますが、これら全てをすぐに覚える必要はありません。

　本書の作成にあたり、ロシア語テクストのうち約12編は、以前ご一緒にNHKラジオロシア語講座を担当した際に東井ナジェージダ先生が作成してくださったものを、今回も使わせていただきました。使用を快諾してくださった東井先生に衷心より御礼申し上げます。またゴルボフスカヤ先生には、発音の録音だけでなく、本書全体について、ロシア語のチェックをしていただきましたことを深謝いたします。最後に、丹念な編集作業を行ってくださった大谷千明さん、星野龍さんにも心からの謝意を表したいと思います。

　外国語を学ぶことは、その言語の使われている地域の文化や歴史、社会や人間を知ることの第一歩です。皆様が、本書によるロシア語の勉強を通して、さまざまなロシアの魅力に触れてくださることを念願いたします。

　2011年2月

安岡治子

目　次

まえがき……………………………………………………………………… iii
ロシア語アルファベット一覧………………………………………………… vii

文字と発音……………………………………………………………………… 1
1 文字と音　2 発音　特殊な発音

第1課　文字と発音 (1)／「これは〜です」…………………………………… 4
1 文字と発音 (1)　2 アクセントについて　3 アクセントのない母音の弱化 (1)　a, o の場合　4 「これは〜です」　5 「〜は〜にいます」　6 接続詞 и, а　7 イントネーション (1)　平叙文と疑問文

第2課　文字と発音 (2)／疑問詞のある疑問文………………………………… 10
1 文字と発音 (2)　2 硬母音字、軟母音字の対応　3 軟子音　4 アクセントのない母音の弱化 (2)　e, я の場合　5 Кто 〜?　Где 〜?　6 イントネーション (2)　疑問詞のある疑問文　7 人称代名詞 он, она　8 вот を使った表現　9 否定の表現

第3課　文字と発音 (3)／名詞の性……………………………………………… 16
1 文字と発音 (3)　2 硬子音あるいは軟子音だけの子音　3 硬音記号　4 名詞の性　5 人称代名詞 (3人称単数)　6 「私の」「あなたの」(単数形)　7 イントネーション (3)　付加疑問文

第4課　文字と発音 (4)／人称代名詞／名詞の複数形………………………… 21
1 文字と発音 (4)　2 無声化　3 有声化　4 人称代名詞　5 名詞の複数形　6 正書法の規則　7 「私の」「あなたの」(複数形)　8 簡単な決まり文句

第5課　所有代名詞／形容詞 (長語尾形)……………………………………… 26
1 指示代名詞 этот　2 所有代名詞　3 形容詞 (長語尾形)　4 硬母音字と軟母音字の文法的対応　5 特殊な発音　コラム ロシア人のファーストネーム (имя) と愛称形

第6課　動詞の現在人称変化 (第1変化・第2変化)…………………………… 32
1 形容詞 (長語尾) と正書法　2 感嘆文のイントネーション　3 疑問詞のない疑問文のイントネーション　4 動詞現在人称変化 (第1変化)　5 動詞現在人称変化 (第2変化)　6 по-русски と русский язык　7 国の名称と形容詞、〜人の表現

第7課　前置格 (単数)…………………………………………………………… 37
1 格　2 前置格　3 前置格とともに用いられる前置詞 (1)　о　4 前置

格とともに用いられる前置詞 (2) в, на　⑤ жить の現在変化

第8課　生格（単数）･･ 42
① 生格（名詞・形容詞の単数形）　② 「～の」を表す生格　③ 人称代名詞の生格形　④ 所有の表現　⑤ 否定生格　コラム　父称について　名前の訊ね方

第9課　対格（単数）･･ 48
① 対格（名詞・形容詞の単数形）　② 直接目的語を表す対格の用法　③ 人称代名詞の対格形　④ 不定人称文　⑤ 形容詞的代名詞 весь　⑥ 動詞 хотеть 「欲する、～したい」

第10課　動詞の過去形･･ 54
① 動詞の過去形　② 動詞 быть の過去形　③ 朝、昼、晩の表現　④ 「～は無かった」という表現　⑤ ся 動詞　⑥ 「～が痛い」の表現　コラム　あいさつの表現

第11課　未来形･･ 60
① быть の未来形　② быть の未来形の用法　③ 合成未来　④ весь を用いた継続期間の表現　⑤ 曜日の表現　⑥ 動詞 мочь の変化　⑦ -овать 動詞の現在人称変化

第12課　与格（単数形）･･ 65
① 与格（名詞・形容詞の単数形）　② 人称代名詞の与格形　③ давать, любить の現在変化形　④ 間接目的語としての与格の用法　⑤ 出没母音　⑥ 与格を要求する前置詞 к の用法　⑦ 不定形文　コラム　ロシア人の姓

第13課　造格（単数）･･ 71
① 造格（名詞・形容詞の単数形）　② 人称代名詞の造格形　③ писать 「書く」と ждать 「待つ」の現在人称変化　④ 造格の用法(1)　述語を表す　⑤ 造格の用法(2)　職業・地位を表す　⑥ 造格の用法(3)　手段・道具を表す　⑦ 造格を要求する動詞 заниматься, интересоваться　⑧ 造格を要求する前置詞 с　⑨ 接続詞 что および疑問詞を伴う従属節について

第14課　移動の動詞（定動詞・不定動詞）････････････････････････ 77
① 移動の動詞（定動詞）идти, ехать　② 行き先を表す в, на＋対格、к＋与格　③ 交通手段を表す на＋前置格　④ 移動の動詞（不定動詞）ходить, ездить　⑤ 繰り返しを表す語　⑥ 移動の領域を表す по＋与格　⑦ 不定動詞の用法　⑧ 移動の動詞とともに使う「目的」を表す不定形　⑨ 移動の動詞を使う文と быть を使う文

第15課　動詞の体（完了体・不完了体）･･････････････････････････ 83
① 動詞の体　② 完了体、不完了体のペア　③ 体と時制　④ 体の用法

目　次

⑤ 動詞 дать と начать の変化形

第16課　命令形（2人称の命令形）……………………………… 89
① 歯音変化　② 2人称命令形　③ 命令形の体の用法　④ 結果の存続を表す完了体過去と動作の結果については表さないか、結果の消滅を表す不完了体過去　⑤ 所有代名詞・指示代名詞（単数）の格変化

第17課　形容詞の短語尾形／無人称文……………………………… 96
① 形容詞の短語尾形　② 形容詞短語尾形の用法　③ 無人称文　④ 名詞複数生格形（一部）　⑤ 数量代名詞と名詞の生格　⑥ 個数詞1-20と名詞　コラム 四季の表現

第18課　数詞（個数詞と順序数詞）……………………………… 102
① 個数詞21-2000　② 順序数詞1-2000　③ 時に関する表現　④ 年齢の表現

第19課　複数形の格変化（名詞、形容詞）……………………… 109
① 名詞単数前置格形 -ии 型　② 名詞の複数形格変化（基本形）　③ 名詞の複数生格形　④ 形容詞（長語尾）の複数形格変化　⑤ 所有代名詞、指示代名詞の複数形格変化　⑥ 疑問代名詞 кто, что, чей の格変化

第20課　関係代名詞（который, кто, что）…………………… 116
① 動詞 понравиться の用法　② 動詞 назвать の用法　③ 名詞の複数形格変化（変則型）　④ 関係代名詞 который　⑤ 関係代名詞 кто, что　⑥ 関係副詞

第21課　形容詞の比較級と最上級 ……………………………… 123
① 形容詞比較級　② 比較の対象「〜よりも」の表し方　③ 比較級を含む表現　④ 数量の差の表現　⑤ 形容詞の最上級　コラム ロシアの諺と普遍人称文

第22課　定動詞と不定動詞／接頭辞のある移動の動詞 ………… 130
① 定動詞と不定動詞　② 転義で使われる定動詞、不定動詞　③ 接頭辞のある移動の動詞　④ 接頭辞 по- と移動の動詞　⑤ 転義で使われる接頭辞のある移動の動詞

第23課　仮定法／否定代名詞・否定副詞 ……………………… 138
① 仮定法　② бы を使う婉曲な願望の表現　③ чтобы の用法　④ дети, люди の格変化　⑤ 接頭辞 по- の用法　⑥ 否定代名詞、否定副詞

第24課　不定代名詞と不定副詞 ………………………………… 145
① 名詞 мать, дочь の格変化　② 動詞 умереть, дать, лечь の変化　③ сам と самый の用法　④ 不定代名詞、不定副詞　⑤ 1人称命令形　⑥ 表愛形と指小形　⑦ 所有代名詞 свой

第25課　副動詞と形動詞 ①·· 154
　① 副動詞　② 形動詞の種類　③ 能動形動詞過去　④ 被動形動詞過去（長語尾形）　⑤ 概数の表し方　⑥ должен の用法
第26課　『名も無き花』①／形動詞 ②·· 164
　① 能動形動詞現在　② 被動形動詞現在　③ 被動形動詞過去（短語尾形）
　④ 受身（受動相・被動相）の表現　⑤ один の用法　⑥「〜に〜回」の表現　⑦ видно, слышно の用法　⑧ 時を表す в＋対格
第27課　『名も無き花』②／個数詞の格変化／話法······················· 175
　① 個数詞の格変化　② 個数詞と名詞、形容詞　③ 直接話法と間接話法
　④ 前置詞 по の用法　⑤ 場所、方向を表す疑問詞、副詞、前置詞の用法
第28課　『ドクトル・ジヴァゴ』／ロシア人の姓の格変化／形容詞の最上級（単一型）··· 185
　① 物主形容詞（ий 型）　② ロシア人の姓の格変化　③ оба の用法　④ 形容詞長語尾の最上級（単一型）　⑤ 直接目的語の否定生格　⑥ 疑問詞＋угодно の表現　⑦ 動詞 казаться の用法
第29課　『黄金の言葉』①／原因を表す前置詞······························ 197
　① вот＋疑問詞の表現　② -нуть で終わる「1回〜する」の意味の完了体動詞　③ за- で始まる「〜し始める」の意味の完了体動詞　④ 原因を表す前置詞 из-за, из, от, с, по　⑤ смотря＋疑問詞の表現　⑥ 集合数詞
　⑦ идти в гости とその関連の表現　⑧ 3 人称命令形
第30課　『黄金の言葉』②／**ся** 動詞のまとめ／**что** のまとめ······· 211
　① 動詞 есть/съесть, пить/выпить の変化　② ся 動詞の意味・用法のまとめ　③ 物主形容詞（-ин 型）　④ что の用法のまとめ　⑤ 部分生格
　⑥ смотреть кому во что 型の表現　⑦ пока と пока не の用法　⑧ 手紙などでの呼びかけ

練習問題解答 ·· 232
付表 ·· 254
　名詞の格変化　人称代名詞の格変化　形容詞の格変化　所有代名詞、指示代名詞の格変化　動詞変化
ロシア語アルファベット五十音対照表·· 261
単語帳 ·· 263
索引 ·· 294

ロシア語アルファベット一覧 CD1

活字体		筆記体		名称
А	а	*A*	*a*	[á]
Б	б	*Б*	*б*	[bé]
В	в	*B*	*в*	[vé]
Г	г	*Г*	*г*	[gé]
Д	д	*D*	*g∂*	[dé]
Е	е	*E*	*e*	[jé]
Ё	ё	*Ë*	*ë*	[jó]
Ж	ж	*Ж*	*ж*	[ʒé]
З	з	*З*	*z*	[zé]
И	и	*И*	*и*	[í]
Й	й	*Й*	*й*	[ìkrátkəjə]
К	к	*К*	*к*	[ká]
Л	л	*Л*	*л*	[él' | él]
М	м	*М*	*м*	[ém]
Н	н	*Н*	*н*	[én]
О	о	*O*	*o*	[ó]
П	п	*П*	*п*	[pé]
Р	р	*Р*	*р*	[ér]
С	с	*C*	*c*	[és]
Т	т	*Т*	*т*	[té]
У	у	*У*	*у*	[ú]

Ф	ф	*Ф*	*ф*	[éf]
Х	х	*Х*	*х*	[xá]
Ц	ц	*Ц*	*ц*	[tsé]
Ч	ч	*Ч*	*ч*	[tʃ'é]
Ш	ш	*Ш*	*ш*	[ʃá]
Щ	щ	*Щ*	*щ*	[ʃ'ʃ'á]
Ъ	ъ		*ъ*	[t'v'órdɪj | tv'órdɪj znák]
Ы	ы		*ы*	[ɨ]
Ь	ь		*ь*	[m'áx'k'ɪj znák]
Э	э	*Э*	*э*	[é]
Ю	ю	*Ю*	*ю*	[jú]
Я	я	*Я*	*я*	[já]

本書で使われる記号について

単語欄では、ьで終わる名詞については、男性名詞に 男、女性名詞に 女、集合数詞に 集 の印をつけました。動詞については、完了体に 完、不完了体に 不完 の印をつけ、人称変化に関して、第一正則変化に「1」、第二正則変化に「2」、第一変化の特殊型に「1 (特)」、不規則に 不規則、アクセントの変化のあるものに＊を、それぞれ単語の右肩に印をつけました。

文字と発音

1 文字と音

ロシア語のアルファベットは33文字からなり、そのうち母音字は10、子音字は21、ほかに記号が2つある。その分類は以下の通りになる。

母音字

硬母音字	а ы у э о
軟母音字	я и ю е ё

子音字

無声子音	п ф т с к ш	ц ч щ х	
有声子音	б в д з г ж		м н л р й

記号（発音上の記号として用いられる文字）

硬音記号	ъ
軟音記号	ь

2 発音

それぞれの文字が表す発音の仕方を簡単に説明するが、実際の発音練習はCDのロシア人の発音をよく耳で確かめて行うこと。

А а [a]　　日本語のアとほぼ同じ音。
Б б [b]　　日本語のバの最初の子音とほぼ同じ音。
В в [v]　　上の前歯を下唇に軽く触れて間から息を通して発音する。
Г г [g]　　英語の [g] とほぼ同じ音。日本語のガの鼻濁音のようにしてはいけない。
Д д [d]　　日本語のダの最初の子音とほぼ同じ音。
Е е [je]　　日本語のエに近い音の前に短いイの音をつけて一気に発音する。
Ё ё [jo]　　ロシア語のоの音の前に短いイの音をつけて一気に発音する。
Ж ж [ʒ]　　舌全体を奥へ引き、舌先をやや上げ、舌の中部はくぼませながら強く息を出して発音する。

З з [z]		英語の [z] とほぼ同じ音。日本語のザの発音のように舌先を上の前歯の裏につけてはいけない。
И и [i]		日本語のイとほぼ同じ音。
Й й [j]		短いイの音。
К к [k]		日本語のカの最初の子音とほぼ同じ音。
Л л [l]		舌先を上の前歯の付け根辺りにつけ、舌の両脇から息を出しながら舌先をゆっくり離すようにして発音する。その際、舌の中央部は下げ、後部は盛り上げる。
М м [m]		日本語のマの最初の子音とほぼ同じ音。
Н н [n]		日本語のナの最初の子音とほぼ同じ音。ただし語末にあるときは、日本語のンのように鼻に抜けてはいけない。舌先を上の前歯の付け根辺りに押しつけるようにする。
О о [o]		日本語のオよりも唇を丸くつぼめて前に突き出すようにして発音する。
П п [p]		日本語のパの最初の子音とほぼ同じ音。
Р р [r]		いわゆる巻き舌で発音した日本語のラの最初の子音に近い音。舌先を上歯茎の後ろ辺りにぶつけるようにして震わせながら発音する。
С с [s]		日本語のサの最初の子音とほぼ同じ音。
Т т [t]		日本語のタの最初の子音とほぼ同じ音。
У у [u]		日本語のウとはかなり異なり、唇を丸くつぼめて前に突き出し、舌を強く後方へ引いて発音する。
Ф ф [f]		上の前歯を下唇に軽く触れて間から息を通して発音する。
Х х [x]		[k] を発音するつもりで、ただし後ろに引いた舌の後部を上顎にはつけずに、強く息を出して発音する。
Ц ц [ts]		日本語のツの最初の子音とほぼ同じ音。
Ч ч [ʧʲ]		日本語のチの最初の子音にやや近い音だが、舌の先を上の歯茎の辺りにつけてから発音する。
Ш ш [ʃ]		舌全体を奥へ引き、舌先をやや上げ、舌の中部はくぼませながら強く息を出して発音する。
Щ щ [ʃʲʃʲ]		ш の発音にやや似ているが、щ は逆に、舌の中部を上顎に向けて盛り上げて、長い子音として発音する。
Ъ ъ		子音字と軟母音字を分離して発音することを示す記号。
Ы ы [i]		[i] を発音するように口を横に開きながら、舌は後方に引いて

発音する。ウイという2つの音にならないように、一気に発音する。

Ь ь　　　　　　直前の子音字が軟音として発音されることを示す記号。
Э э [e]　　　日本語のエに近い音だが、口は半開きで両端を横に引く。
Ю ю [ju]　　ロシア語のуの音の前に短いイの音をつけて一気に発音する。
Я я [ja]　　　ロシア語のaの音の前に短いイの音をつけて一気に発音する。

特殊な発音
1. ある種の子音結合

    с, з＋ш → [ʃʃ]　　проис**ш**ествие [prəɪʃʃés't'v'ijə]

    с, з＋ж → [ʒʒ]　　с**ж**ать [ʒʒát'], é**зж**у [jéʒʒu]

    сч, зч → [ʃ'ʃ']　　с**ч**ёт [ʃ'ʃ'ót], извó**зч**ичий [izvóʃ'ʃ'itʃ'ij]

    вств → [stv]　　　чу́**вств**о [tʃ'ústvə], здрá**вств**уй [zdrástvuj]

    здн → [zn]　　　　пó**здн**о [póznə]

    стл → [sl]　　　　сча**стл**и́вый [ʃ'ʃ'ɪsl'ívɪj]

    стн → [sn]　　　　гру́**стн**о [grúsnə]

2. その他

    го → [və]　（代名詞、形容詞などの男性、中性の変化語尾で）eго [jɪvó],
    　　　　　　　краси́вого [kras'ívəvə]

    ч → [ʃ]　что [ʃto], конéчно [kan'éʃnə]

    г → [x]　мя́гкий [m'áxk'ij]

第1課
文字と発音 (1)／「これは～です」
Уро́к но́мер оди́н / Пе́рвый уро́к CD2

解説

1 文字と発音 (1)
日本語話者にとって発音しやすい音をもつ文字から覚えてゆくことにする。

母音字　A a　Э э　И и　O o　У y　CD3

- A a [a]　日本語のアとほぼ同じ音。
- Э э [e]　日本語のエに近い音だが、口は半開きで両端を横に引く。
- И и [i]　日本語のイとほぼ同じ音。
- O o [o]　日本語のオよりも唇を丸くつぼめて前に突き出すようにして発音する。
- У y [u]　日本語のウとはかなり異なり、唇を丸くつぼめて前に突き出し、舌を強く後方へ引いて発音する。

■発音練習 ①■　CD4

a—o—y	э—и—о	и—y—a
[á—ó—ú]	[é—í—ó]	[í—ú—á]

子音字　П п　Б б　М м　Т т　Д д　Н н　CD5

- П п [p]　日本語のパの最初の子音とほぼ同じ音。
- Б б [b]　日本語のバの最初の子音とほぼ同じ音。
- М м [m]　日本語のマの最初の子音とほぼ同じ音。
- Т т [t]　日本語のタの最初の子音とほぼ同じ音。
- Д д [d]　日本語のダの最初の子音とほぼ同じ音。
- Н н [n]　日本語のナの最初の子音とほぼ同じ音。ただし語末にあるときは、日本語のンのように鼻に抜けてはいけない。舌先を上の前歯の付け根辺りに押しつけるようにする。

第1課

■ 発音練習 ② ■ CD6

| па — ба — ма | пу — бу — му | та — да — на | ту — ду — ну |
| [pá — bá — má] | [pú — bú — mú] | [tá — dá — ná] | [tú — dú — nú] |

子音字　К к　Г г　С с　З з　Ф ф　В в　CD7

　К к [k]　日本語のカの最初の子音とほぼ同じ音。
　Г г [g]　英語の [g] とほぼ同じ音。日本語のガの鼻濁音のようにしてはいけない。
　С с [s]　日本語のサの最初の子音とほぼ同じ音。
　З з [z]　英語の [z] とほぼ同じ音。日本語のザの発音のように舌先を上の前歯の裏につけてはいけない。
　Ф ф [f]　上の前歯を下唇に軽く触れて間から息を通して発音する。
　В в [v]　ф が有声になったもの。ф を発音するときと同じやり方で、そこに声を加えて発音する。

■ 発音練習 ③ ■ CD8

ка — га	ко — го	ку — гу	са — за	со — зо	су — зу
[ká — gá]	[kó — gó]	[kú — gú]	[sá — zá]	[só — zó]	[sú — zú]
фа — ва	фо — во	фу — ву			
[fá — vá]	[fó — vó]	[fú — vú]			

2 アクセントについて

　ロシア語では、単語の中の原則として1つの音節にアクセントが置かれる。アクセントのある音節は、強くはっきりとやや長めに発音される。

　なお、本書ではアクセントは母音字の上に ´ を付けて表示するが、1音節の単語では自明なのでアクセントは表示しない。

　ただし発音記号内の母音字は、たとえ1音節でもそこにアクセントが置かれている場合はアクセントを表示する。

　辞書や教科書以外の一般的な図書や新聞、雑誌などではアクセント表示は無い。

♦発音練習に出てくる単語の意味は今すぐに覚えなくてもよい。

■発音練習 ④■　CD9

да [dá] はい / он [ón] 彼 / дом [dóm] 家 / бум [búm] ブーム / там [tám] あそこ / тут [tút] ここに / ум [úm] 知恵 / ну [nú] さあ / но [nó] しかし / им [ím] 彼らに / тост [tóst] 乾杯 / такт [tákt] 拍子 / зонт [zónt] 傘 / сон [són] 夢 / кто [któ] 誰 / как [kák] どんな / так [ták] そんな / банк [bánk] 銀行 / сок [sók] ジュース / суп [súp] スープ / фон [fón] 背景 / вот [vót] ほら

3 アクセントのない母音の弱化（1）　a, o の場合

　アクセントのない音節の母音は、弱くあいまいに短めに発音する。特にアクセントのない o と a は、あいまいな [a] あるいは [ə] と発音される。
　より詳しく説明すると、語頭およびアクセント音節の直前の o と a は、弱い [a] として発音されるが、その他のアクセントのない o と a は、よりあいまいな [ə] の音になる。

■発音練習 ⑤■　CD10

это [étə] これは / па́па [pápə] パパ / ма́ма [mámə] ママ / ко́смос [kósməs] 宇宙 / су́мка [súmkə] バッグ / тома́т [tamát] トマトソース / Москва́ [maskvá] モスクワ / стака́н [stakán] コップ / бана́н [banán] バナナ / соба́ка [sabákə] 犬 / капу́ста [kapústə] キャベツ / когда́ [kagdá] いつ / пото́м [patóm] 後で / окно́ [aknó] 窓 / пого́да [pagódə] 天気

■テクスト■　CD11

1. Это суп.
   Это банк.
   Это соба́ка.
2. Это А́нна и Ива́н.
3. Это сок, а это вода́.
4. Ма́ма там, а па́па до́ма.
5. Это сок? — Да, это сок.
   Это Москва́? — Да, это Москва́.

第 1 課

■ 単語 ■

это [étə] これは
суп [súp] スープ
банк [bánk] 銀行
соба́ка [sabákə] 犬
А́нна [ánnə] アンナ（女性の名前）
Ива́н [iván] イワン（男性の名前）
сок [sók] ジュース

вода́ [vadá] 水
ма́ма [mámə] ママ
там [tám] あそこに、あそこで
па́па [pápə] パパ
до́ма [dómə] 家に、家で
да [dá] はい
Москва́ [maskvá] モスクワ

■ 訳 ■

1. これはスープです。
   これは銀行です。
   これは犬です。
2. これはアンナとイワンです。
3. これはジュースで、これは水です。
4. ママはあそこで、パパは家にいます。
5. 「これはジュースですか？」「はい、これはジュースです。」
   「これはモスクワですか？」「はい、これはモスクワです。」

4 「これは～です」

Э́то сок.

　ロシア語では、英語の be 動詞にあたる動詞は、ふつう現在形では使われない。また、冠詞は無い。「これは」を意味する э́то は、物にも人にも単数にも複数にも使える指示代名詞である。

5 「～は～にいます」

Ма́ма до́ма.

　「～は～にいます（あります）」という文でも、「いる（ある）」を表す動詞は用いない。場所を表す副詞には、там（あそこに）、тут（ここに）などのほかに、до́ма もある。до́ма は「家で、自宅に、在宅して」などの意味をもつ。

6 接続詞 **и, a**

Э́то А́нна и Ива́н.

Э́то А́нна, а э́то Ива́н.

　и は「〜と〜」や「そして」の意味をもち、語や文を並列的につなぐ接続詞である。

　a は「〜は〜であるが、一方〜は〜である」というように、視点や話題を転じて対比するニュアンスをもつ。a の意味はこのほかに、対立、付加などいくつかある。

7 イントネーション (1)　平叙文と疑問文

　ロシア語のイントネーションは、文中で意味の中心となる単語のアクセントのある音節（これをイントネーションの中心と呼ぶ）を境に音調が変化する。イントネーションの型は、いくつかあるが、この課では2つの型を学ぶ。

1.　平叙文のイントネーション　CD12

　　Э́то А́нна.

　　Э́то соба́ка.

　文中の意味の中心である単語（ここでは А́нна, соба́ка）のアクセントのある音節で、急に音調が下降し、そのまま文末まで続く。

2.　疑問詞のない疑問文　CD13

　　Э́то Москва́?

　　Э́то соба́ка?

　疑問詞（「誰」「何」「いつ」「どこで」などを表す語）のない疑問文は、平叙文（ものごとの断定、推量などを表す文）と同じ語順のまま、イントネーションで差をつける。疑問の中心（ここでは Москва́, соба́ка）のアクセントのある音節が、鋭く上昇するが、その後にも音節がある場合は、再び急激に下降する。必ずしも文末に向かって上昇するわけではない点に注意すること。

第 1 課

練習問題

1. 次の文を声に出して読み、日本語に訳しなさい。 CD14
  1. Это дом.
  2. Это сок, а это суп.
  3. Это ма́ма и па́па.
  4. Это Ива́н, а это А́нна.
  5. А́нна там, а Ива́н до́ма.

2. 次の文をイントネーションに注意しながら声に出して読み、日本語に訳しなさい。 CD15
  1. Это банк? — Да, это банк.
  2. Это ма́ма? — Да, это ма́ма.
  3. Это соба́ка? — Да, это соба́ка.

第2課
文字と発音 (2)／疑問詞のある疑問文
Уро́к но́мер два / Второ́й уро́к　CD16

解説

1 文字と発音 (2)

この課では、日本語にはなじみのない音をもつ文字を学ぶ。

母音字　Я я　Ю ю　Е е　Ё ё　Ы ы　CD17

Я я [ja]　ロシア語の a の音の前に短いイの音をつけて一気に発音する。
Ю ю [ju]　ロシア語の y の音の前に短いイの音をつけて一気に発音する。
Е е [je]　ロシア語の э の音の前に短いイの音をつけて一気に発音する。
Ё ё [jo]　ロシア語の o の音の前に短いイの音をつけて一気に発音する。
Ы ы [ɨ]　[i] を発音するように口を横に開きながら、舌は後方に引いて発音する。ウイという2つの音にならないように、一気に発音する。

子音字　Р р　Л л　Й й　CD18

Р р [r]　いわゆる巻き舌で発音した日本語のラの最初の子音に近い音。舌先を上歯茎の後ろ辺りにぶつけるようにして震わせながら発音する。
Л л [l]　舌先を上の前歯の付け根辺りにつけ、舌の両脇から息を出しながら舌先をゆっくり離すようにして発音する。その際、舌の中央部は下げ、後部は盛り上げる。
Й й [j]　短いイの音。

■発音練習 ①■　CD19

пра́вда [právdə] 真実 / ро́за [rózə] バラ / брат [brát] 兄弟 / спорт [spórt] スポーツ / икра́ [ikrá] イクラ (魚の卵) / спра́ва [správə] 右側に / сала́т [salát] サラダ / май [máj] 5月 / мой [mój] 私の / дай [dáj] ください / молоко́ [məlakó] ミルク / моя́ [majá] 私の / е́ду [jédu] (私は) 行く / ю́мор [júmər] ユーモア / ёлка [jólkə] クリスマスツリー / мы [mɨ́] 私たち / вы [vɨ́] あなた / сын [sɨ́n] 息子

第2課

2 硬母音字、軟母音字の対応　CD20

　ロシア語のアルファベットには母音字が10個あるが、これらは、硬母音字と軟母音字に区別される。また、硬母音字と軟母音字は相互に対応しており、その対応関係は次の表のようになる。ыとи以外は、上段の硬母音字の音の前に短いイ [j] の音を加えたものが、対応する下段の軟母音字の音となる。

硬母音字	а [a]	ы [i]	у [u]	э [e]	о [o]
軟母音字	я [ja]	и [i]	ю [ju]	е [je]	ё [jo]

3 軟子音

　子音が軟子音として発音されるのは、軟音記号 ь（мягкий знак）[m'áxk'ij znák] の前にくる時と、軟母音字 я, и, ю, е, ё の前にくる時である。発音記号では、[']で表記される。軟子音は、いずれも短い「イ」の音を加えて、舌の中部を硬口蓋（上顎）に盛り上げながら発音する（下図を参照のこと）。

　例えば мя の場合、これは [m] と [ja] を別々に発音するのではなく、[m'a]（あえてカタカナで表記すれば日本語の「ミャ」に近い音）になる。

　例として [m] と [m'], [t] と [t'] の発音時の口の断面図を載せる。

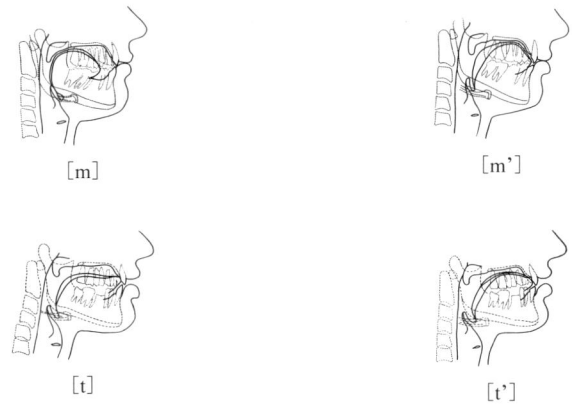

[m]　　　　　　　　[m']

[t]　　　　　　　　[t']

11

■ 発音練習 ② ■   CD21

мя	[m'á]	ми	[m'í]	мю	[m'ú]	ме	[m'é]	мё	[m'ó]
пя	[p'á]	пи	[p'í]	пю	[p'ú]	пе	[p'é]	пё	[p'ó]
ся	[s'á]	си	[s'í]	сю	[s'ú]	се	[s'é]	сё	[s'ó]
зя	[z'á]	зи	[z'í]	зю	[z'ú]	зе	[z'é]	зё	[z'ó]
тя	[t'á]	ти	[t'í]	тю	[t'ú]	те	[t'é]	тё	[t'ó]
дя	[d'á]	ди	[d'í]	дю	[d'ú]	де	[d'é]	дё	[d'ó]
омь	[óm']	ось	[ós']	оть	[ót']	офь	[óf']	оль	[ól']	орь	[ór']

■ 発音練習 ③ ■   CD22

мясо [m'ásə] 肉 / место [m'éstə] 場所 / рядом [r'ádəm] 隣に / тема [t'émə] テーマ / дети [d'ét'i] 子供たち / июнь [i'jún'] 六月 / июль [i'júl'] 7月 / весь [v'és'] 全ての / пять [p'át'] 5 / брат [brát] 兄弟 / брать [brát'] 取る / Волга [vólgə] ヴォルガ川 / Ольга [ól'gə] オリガ（女性の名前）/ дар [dár] 贈り物、才能 / календарь [kəl'ındár'] カレンダー

4 アクセントのない母音の弱化（2）　e, я の場合

　アクセントのない e と я は、弱くあいまいな同じ音になる。これらの母音字がどのような発音になるかについては、大雑把にいうと、語頭や一般子音字の後ではイに近い音になり（発音記号は [jı] ['ı] と表記される）、語尾では弱いヤに近い音となる（発音記号は [jə] ['ə] と表記される）。

■ 発音練習 ④ ■   CD23

язык [jızík] 言語 / телевизор [t'ıl'ıv'ízər] テレビ / дядя [d'ád'ə] おじさん / тётя [t'ót'ə] おばさん / море [mór'ə] 海 / Япония [jıpón'ıjə] 日本 / восемь [vós'ım'] 8 / метро [m'ıtró] 地下鉄 / ветер [v'ét'ır] 風 / семья [s'ım'já] 家族 / премьер [pr'im'jér] 首相

■ テクスト ■   CD24

1. Вот музей. Справа парк, а слева театр.
2. — Кто это?

第 2 課

  — Э́то Никола́й.
  — Кто он?
  — Он пиани́ст.
3. — Где брат?
  — Вот он.
  — Где сестра́?
  — Она́ до́ма.
4. — Э́то Никола́й?
  — Нет, э́то не Никола́й. Э́то Андре́й.
  — Э́то мо́ре?
  — Нет, э́то не мо́ре, а река́.

■単語■

музе́й [muz'éj] 博物館、美術館
спра́ва [správə] 右側に
парк [párk] 公園
сле́ва [sl'évə] 左側に
теа́тр [t'átr] 劇場
кто [któ] 誰
Никола́й [n'ikaláj] ニコライ（男性の名前）
он [ón] 彼
пиани́ст [p'ian'íst] ピアニスト
где [gd'é] どこ

брат [brát] 兄弟
вот [vót] ほらここに
сестра́ [s'ıstrá] 姉妹
она́ [aná] 彼女
нет [n'ét] いいえ
не [n'ı] 〜ではない　＊この語にはふつうアクセントを置かない
Андре́й [andr'éj] アンドレイ（男性の名前）
мо́ре [mór'ə] 海
река́ [r'ıká] 川

■訳■

1. ほらここに博物館があります。右側には公園があり、左側には劇場があります。
2.「これは誰ですか？」「これはニコライです」「彼はどんな人ですか？」「彼はピアニストです」
3.「お兄（弟）さんはどこですか？」「ほら彼はここにいます」「お姉（妹）さんはどこですか？」「彼女は家にいます」
4.「これはニコライですか？」「いいえ、これはニコライではありません。これはアンドレイです」
　「これは海ですか？」「いいえ、これは海ではなく川です」

5 Кто ～?　Где ～?

кто は「誰」を意味する疑問詞である。Кто ～?「～は誰ですか?」の意味で使われるほか、「どんな身分（間柄）の人か、どんな職業の人か」などを訊ねる場合にも使われる。なお、動物を指す場合にも кто が使われる。

где は場所を訊ねる疑問詞であり、Где ～? のように、疑問詞と主語だけで「～はどこにいますか（ありますか）?」を意味する文になる。

　　Кто это? — Это па́па.
　　Кто это? — Это соба́ка.
　　Где ма́ма? — Ма́ма там.
　　Где парк? — Парк сле́ва.

6 イントネーション (2)　疑問詞のある疑問文　CD25
疑問詞のある疑問文のイントネーション

　　Кто э́то?

　　Где парк?

疑問詞（ここでは кто, где）は文頭に置かれ、そのアクセントのある音節で、イントネーションが鋭く上昇した後、下降し文末に至る。

7 人称代名詞　он, она́
人称代名詞の中からまず「彼」「彼女」を意味する он, она́ を覚える。

　　Кто он? — Он студе́нт.　　　　　＊студе́нт [stud'ént] 学生
　　Где ма́ма? — Она́ до́ма.

8 вот を使った表現

вот は、人や物を示して「ほら～がここ（そこ）にある」という意味の文を作る助詞である。

　　Где Андре́й? — Вот он.
　　Где А́нна? — Вот она́.

9 否定の表現

疑問詞のない疑問文に対する答えとして「はい」は да、「いいえ」は нет である。

「～ではない」という否定を表す場合は не を、否定すべき単語の直前に置く。また「A ではなく、B」という時は、не A, a B という表現となり、接続詞 a が対立の意味で使われる。

　　Это вода́? — Нет, э́то не вода́, а сок.　「これは水ですか？」「いいえ、これは水ではなく、ジュースです」

　　Это музе́й? — Нет, э́то не музе́й, а теа́тр.　「これは博物館ですか？」「いいえ、これは博物館ではなく劇場です」

練習問題

[1] 次の文を声に出して読み、日本語に訳しなさい。　CD26

1. Он студе́нт? — Да, он студе́нт.
2. Кто э́то? — Э́то А́нна.
3. Кто она́? — Она́ студе́нтка.　　　　　＊студе́нтка [stud'éntkə] 女子学生
4. Где па́па? — Вот он.
5. Где ма́ма? — Вот она́.

[2] 次の日本語をロシア語に訳しなさい。

1. 劇場は右側にあり、銀行は左側にあります。
2. 「これはスープですか？」「いいえ、これはスープではなく、ジュースです」
3. 「これは銀行ですか？」「いいえ、これは銀行ではなく、美術館です」

第3課
文字と発音（3）／名詞の性
Уро́к но́мер три / Тре́тий уро́к　CD27

解説

1 文字と発音（3）

この課では、日本語には無い音をもつ文字を中心に学ぶ。

子音字　Х х　Ц ц　Ш ш　Ж ж　Ч ч　Щ щ　CD28

Х х [x]　[k]を発音するつもりで、ただし後ろに引いた舌の後部を上顎にはつけずに、強く息を出して発音する。

Ц ц [ts]　日本語のツの最初の子音とほぼ同じ音。

Ш ш [ʃ]　舌全体を奥へ引き、舌先をやや上げ、舌の中部はくぼませながら強く息を出して発音する。

Ж ж [ʒ]　ш が有声になったもの。ш を発音するときと同じやり方でそこに声を加えて発音する。

Ч ч [tʃʲ]　日本語のチの最初の子音にやや近い音だが、舌の先を上の歯茎の辺りにつけてから発音する。

Щ щ [ʃʲʃʲ]　ш の発音にやや似ているが、щ は逆に、舌の中部を上顎に向けて盛り上げて、長い子音として発音する。

■ 発音練習 ① ■　CD29

> хорошо́ [xərɐʃó] 良い / шко́ла [ʃkólə] 学校 / царь [tsárʲ] 皇帝 / цуна́ми [tsunámʲi] 津波 / журна́л [ʒurnál] 雑誌 / дру́жба [drúʒbə] 友情 / чай [tʃʲáj] 茶 / по́чта [pótʃʲtə] 郵便（局）/ щи [ʃʲʃʲi] キャベツスープ / борщ [bórʃʲʃʲ] ボルシチ

2 硬子音あるいは軟子音だけの子音

ц, ш, ж は、後ろに軟母音字（および軟音記号）がきても、常に硬子音（短い「イ」を伴わない子音）として発音される。反対に ч, щ は常に軟子音として発音される。

第3課

■発音練習②■ CD30

цирк [tsírk] サーカス / концéрт [kantsért] コンサート / жизнь [ʒíz'n'] 命、生活、人生 / машина [maʃínə] 自動車 / шесть [ʃés't'] 6 / знáешь [zná'ɪʃ]（君は）知っている / врач [vrátʃ'] 医者 / дочь [dótʃ'] 娘

3 硬音記号

硬音記号 Ъ ъ は、子音字と軟母音字を分離して発音することを示す記号で、これ自体が単独で何かの音を示すわけではない。

■発音練習③■ CD31

объéкт [abjékt] 対象　подъём [padjóm] 上昇

■テクスト■ CD32

1. Где теáтр? — Вот он.
   Где пóчта? — Вот онá.
   Где письмó? — Вот онó.
2. Кто э́то? — Э́то мой брат.
   Кто э́то? — Э́то моя́ женá.
   Что э́то? — Э́то моё пальтó.
3. Э́то ваш словáрь? — Да, э́то мой словáрь.
   Э́то вáша кнúга? — Нет, э́то не моя́ кнúга.
   Э́то вáше пальтó? — Нет, э́то не моё, а вáше пальтó.
4. Где ваш пáпа? — Вот он.
   А вáша мáма? — Вот онá.

■単語■

пóчта [pótʃ'tə] 郵便局
онó [anó] それ
письмó [p'is'mó] 手紙
мой [mój], моя́ [majá], моё [majó] 私の
женá [ʒiná] 妻
что [ʃtó] 何　＊この単語の ч は例外的に ш の音で発音する。
пальтó [pal'tó] コート
ваш [váʃ], вáша [váʃə], вáше [váʃi] あなたの
словáрь [slavár'] 辞書
кнúга [kn'ígə] 本

■訳■
1.「劇場はどこですか？」「ほらそこにあります」
　「郵便局はどこですか？」「ほらそこにあります」
　「手紙はどこですか？」「ほらそこにあります」
2.「これは誰ですか？」「これは私の兄（弟）です」
　「これは誰ですか？」「これは私の妻です」
　「これは何ですか？」「これは私のコートです」
3.「これはあなたの辞書ですか？」「はい、これは私の辞書です」
　「これはあなたの本ですか？」「いいえ、これは私の本ではありません」
　「これはあなたのコートですか？」「いいえ、これは私のではなく、あなたのコートです」
4.「あなたのパパはどこですか？」「ほらここにいます」
　「ではあなたのママは？」「ほらここにいます」

4 名詞の性

　ロシア語には、人間や動物のように「自然の性」があるものだけでなく、全ての名詞に、男性、女性、中性の3つの「文法上の性」がある。「文法上の性」は原則として語末の文字によって決まる。

語末の文字

男性	й以外の子音字	-й	-ь
女性	-а	-я	-ь
中性	-о	-е	-мя

男性	теа́тр　劇場	музе́й　博物館	слова́рь　辞書
女性	река́　川	пе́сня　歌	но́вость　ニュース
中性	письмо́　手紙	мо́ре　海	и́мя　名前

語末の文字からは判断できない場合もある。

1. -ь で終わる名詞

　-ь で終わる名詞には、男性名詞と女性名詞があるので、語末の文字からは判断できない。ただしいくつかの規則はある。例えば動詞派生の -тель で終わる「〜する人」という意味の名詞（чита́ть「読む」→ чита́тель

「読者」など）は男性名詞、形容詞派生の -ость で終わる抽象名詞（нóвый「新しい」→ нóвость「ニュース」など）は女性名詞である。

2. -мя で終わる中性名詞
 -я で終わる名詞は一般に女性名詞だが、そのうち、-мя で終わるものは中性名詞である。この形の中性名詞は全部で 10 個ほどしかない。

3. -а, -я で終わる男性名詞
 пáпа「パパ」, дя́дя「おじさん」, дéдушка「おじいさん」などや、男性の名前の愛称形 Вáня, Алёша など、「自然の性」が男性のものは、-а, -я で終わっていても男性名詞として扱う。

5 人称代名詞（3 人称単数）

人称代名詞の 3 人称（対話の当事者以外の人・物）の単数形を学ぶ。男性名詞を指すのは он, 女性名詞を指すのは онá, 中性名詞を指すのは онó となる。он, онá は、人や動物以外の物も指すことができるので、その場合は、「彼」「彼女」ではなく、онó と同様、「これ、それ、あれ」という意味になる。

　　Где словáрь? — Вот он.　「辞書はどこですか？」「ほら、これです」
　　Где рекá? — Вот онá.　「川はどこですか？」「ほら、あれです」
　　Где мóре? — Вот онó.　「海はどこですか？」「ほら、あれです」

6 「私の」「あなたの」（単数形）

所有代名詞のうち、「私の」「あなたの」をまず学ぶ。修飾する名詞の性に応じて次のように形が変わる。

	男性形	女性形	中性形
私の	мой	моя́	моё
あなたの	ваш	вáша	вáше

мой пáпа 私のパパ　моя́ мáма 私のママ　моё пальтó 私のコート
ваш брат あなたの兄［弟］　вáша сестрá あなたの姉［妹］
вáше письмó あなたの手紙

7 イントネーション（3）　付加疑問文　CD33

前の質問と答えのやり取りに続けて「では〜は？」と言い添える付加疑問

文のイントネーションは次のようになる。

А ва́ша ма́ма?

文頭の対比の接続詞 A はやや高く始まり、その直後で音調がいったん下降し、その後、文末は軽く上がる。

練習問題

1 例にならって、ロシア語の文を作りなさい。
例：дом → Э́то ваш дом? — Да, э́то мой дом.
1. письмо́
2. мать　　　　　　　　　　　　　　　　　　　　　＊мать 母親
3. сестра́
4. па́па
5. брат
6. жена́
7. слова́рь
8. пальто́

2 次の日本語をロシア語に訳しなさい。
1.「海はどこですか？」「ほら、あれですよ」
2.「あなたのお兄さんはどこですか？」
　「ほら、ここにいます」
　「ではお姉さんは？」
　「ほら、ここにいます」
3.「あなたの犬はどこですか？」「ほら、これです」
　「あなたの家はどこですか？」「ほら、それです」　　　　　　＊дом 家
　「私の手紙はどこですか？」「ほら、これです」

第4課
文字と発音（4）／人称代名詞／名詞の複数形
Уро́к но́мер четы́ре / Четвёртый уро́к　CD34

解説

1 文字と発音 (4)
有声子音と無声子音の対応
　ロシア語の子音には、発音するときに声帯の振動を伴う有声子音と、声帯が振動しない無声子音がある。下図の１群の子音は、上段の無声子音がそれぞれその下の有声子音と対応する。

	1	2	3
無声子音	п ф т с к ш	ц ч щ х	
有声子音	б в д з г ж		м н л р й

子音の同化
　ある音が隣接する音声の影響を受けて、それと似た発音に変わる現象を「同化」という。ロシア語では、同化現象として子音の無声化と有声化がある。子音の無声化、有声化に関わるのは、上表の１群と２群の子音のみである。

2 無声化　CD35
１群の有声子音は次の場合、対応の無声子音として発音される。
① 語末にあるとき
　моро́з [marós] 厳しい寒さ／го́род [górət] 町／этáж [etáʃ] 階／Че́хов [tʃʼéxəf] チェーホフ（作家の名前）
　◆軟音記号がついても無声化する。
　любо́вь [lʼubófʼ] 愛
② 無声子音の直前にあるとき
　Кавка́з [kafkás] カフカス／за́втра [záftrə] 明日／пирожки́ [pʼiraʃkʼí] ピロシキ／во́дка [vótkə] ウォトカ／вход [fxót] 入口
　◆二重の無声化もある。

поезд [pójıst] 列車 / дождь [dóʃt'] 雨

3 有声化　CD36

1群の無声子音（特に т, с, к）が、1群の有声子音（ただし в は除く）の直前にあるとき、対応の有声子音として発音される。

футбол [fudból] サッカー ／ сдача [zdátʃə] お釣り ／ вокзал [vagzál]（ターミナル）駅

♦ただし в の前では有声化は起こらない。　свой [svój] 自分の　твой [tvój] 君の

♦軟音記号がついても有声化は行われる。　просьба [próz'bə] 依頼

■テクスト■　CD37

1. — Алло! Это я. Саша.
   — Здравствуй, Саша.
   — Аня, где ты сейчас?
   — Я дома. А ты?
   — Я совсем рядом.
2. — Скажите, пожалуйста, кто вы?
   — Я врач. А вы кто?
   — Я журналист. А ваши родители?
   — Они тоже врачи.
3. — Вы журналисты?
   — Нет, мы не журналисты, а писатели.

■単語■

алло [al'ó/aló]（電話で）もしもし
я [já] 私
Саша [ʃáʃə] 男性の名前（Александр の愛称）
здравствуй [zdrástvuj] こんにちは（おはよう、こんばんは）
Аня [án'ə] 女性の名前（Анна の愛称）
ты [tı] 君、あなた
сейчас [s'ıtʃ'ás] 今
совсем [safs'ém] まったく

рядом [r'ádəm] そばに
скажите, пожалуйста [skaʒítı paʒálıstə] 教えてください
врач [vrátʃ'] 医者
родители [rad'ıt'ıl'i] 両親
тоже [tóʒə] 〜もまた、同じく
вы [vi] あなた方
журналист [ʒurnal'íst] ジャーナリスト、記者
писатель [p'isát'ıl'] 圓 作家

第 4 課

■訳■
1. 「もしもし。僕だよ。サーシャだよ」「こんにちは、サーシャ」「アーニャ、君、今どこ？」「家よ。あなたは？」「すぐそばにいるんだ」
2. 「すみません、ちょっと伺いますが、あなたはどういう方ですか？」「医者です。であなたは？」「私はジャーナリストです。あなたのご両親は？」「彼らも医者です」
3. 「あなた方はジャーナリストですか？」「いいえ、私たちはジャーナリストではなく、作家です」

4 人称代名詞

人称代名詞は1人称（話し手）、2人称（聞き手）、3人称（対話の当事者以外の人・物）の単数と複数がある。

	単数	複数
1人称	я	мы
2人称	ты	вы
3人称	он, онá, онó	они́

1. 3人称単数の он, онá, онó は、それぞれ男性名詞、女性名詞、中性名詞を受けるものである。
2. 2人称は、文法的には、単数は ты、複数は вы となるが、ты は親しい間柄あるいは自分より年下の相手にしか使われない。それ以外では、単数の相手でも вы を使う。したがって、ты は「君、おまえ、あなた」などと訳され、вы は単数の人に対して「あなた」と丁寧に言う場合と、複数の人に「君たち、おまえたち、あなた方」などの意味で使われる場合がある。

5 名詞の複数形

名詞の複数形は次のように単数形の語尾を変化させて作る。

	語末の文字	複数形語尾	例		
男性	й 以外の子音字	+ы	студéнт	→	студéн**ты**
	-й	-и	музéй	→	музéи
	-ь	-и	писáтель	→	писáтели
女性	-а	-ы	мáма	→	мáм**ы**
	-я	-и	пéсня	→	пéсн**и**
	-ь	-и	нóвость	→	нóвости
中性	-о	-а	письмó	→	пи́сьма
	-е	-я	мóре	→	моря́
	-(м)я	**-а**	и́мя	→	именá

＊複数形ではアクセントが移動するものがある。

＊-мя で終わる中性名詞の м は厳密に言うと、変化に関わる語尾ではない。変化形は м の後の -я を取り除き、-ен を加えた後に、語尾 -а を加える。

6 正書法の規則

г, к, х, ж, ч, ш, щ の後に ы, ю, я を書いてはならず、代わりに и, у, а を書くという決まりがある。これを正書法の規則という。これによって、名詞の語尾が г, к, х, ж, ч, ш, щ の場合、複数形が次のようになる。

```
単数              複数
врач   → врачы  代わりに → врачи́ （医者）
рекá   → рекы   代わりに → рéки （川）
кни́га  → кни́гы  代わりに → кни́ги （本）
```

正書法の規則は、名詞だけでなく、形容詞や動詞の変化など全ての場合に適用される。

7 「私の」「あなたの」（複数形）

第3課で学んだ所有代名詞「私の」「あなたの」は、修飾する名詞が複数形の場合は、その名詞の性に関係なく共通した形となる。

単数形	複数形	
мой（ваш）студéнт	мои́（вáши）студéнты	私（あなた）の学生
моя́（вáша）кни́га	мои́（вáши）кни́ги	私（あなた）の本
моё（вáше）письмó	мои́（вáши）пи́сьма	私（あなた）の手紙

第 4 課

8 簡単な決まり文句

1. 「もしもし」（電話をかけるとき）

    Алло́! [alló/all'ó] Э́то (говори́т) Андре́й.
    「もしもし。こちらアンドレイです」

2. 「ちょっとすみませんが、教えてください」（何かを訊ねるときの切り出しの文句）

* скажи́те は「言ってください、教えてください」、пожа́луйста は「どうぞ」の意味。

    Скажи́те, пожа́луйста, где парк? 「すみません、公園はどこですか？」
    Скажи́те, пожа́луйста, что э́то? 「すみませんが、これは何ですか？」
    —— Скажи́те, пожа́луйста, ва́ша ма́ма до́ма? 「すみません、お母さんは、ご在宅ですか？」
    —— Да, она́ до́ма. 「はい、おります」

練習問題

1. 次の日本語をロシア語に訳しなさい。

    1. 私は医者です。彼も医者です。私たちは医者です。
    2. 「あなた方はどこにいるのですか？」
       「私たちは家にいます」
    3. 「あなたはジャーナリストですか？」
       「いいえ、私はジャーナリストではなく、作家です」

2. 次の文の所有代名詞と名詞を複数形に直しなさい。

    1. —— Э́то ваш студе́нт?
       —— Да, э́то мой студе́нт.
    2. —— Э́то ва́ша маши́на? 　　　　　　　　　　*маши́на 車
       —— Да, э́то моя́ маши́на.
    3. —— Э́то ва́ше письмо́?
       —— Да, э́то моё письмо́.
    4. —— Э́то ваш каранда́ш?　　　　　*каранда́ш 鉛筆、シャープペン（複数形
       —— Да, э́то мой каранда́ш.　　　　　 ではアクセントが語尾に移動する）
    5. —— Э́то ва́ша фотогра́фия?　　　　　　　　　*фотогра́фия 写真
       —— Да, э́то моя́ фотогра́фия.
    6. —— Э́то ваш слова́рь?　　　　　　*слова́рь（複数形ではアクセントが語尾
       —— Да, э́то мой слова́рь.　　　　　　に移動する）

第5課
所有代名詞／形容詞（長語尾形）
Урок номер пять / Пятый урок　CD38

テクスト

— Э́тот журна́л твой?
— Да, мой. Вот э́та больша́я фотогра́фия. Э́то она́! Краси́вая, пра́вда?
— О́чень краси́вая! Но... кто она́?
— Ле́на, изве́стная балери́на! Её кварти́ра здесь, внизу́. Э́тот молодо́й челове́к — её друг. Ах, э́та мо́дная си́няя руба́шка и э́ти бе́лые брю́ки — мечта́!

■単語■　（この課からは例外的な発音のみ発音記号を示す）

э́тот この
журна́л 雑誌
твой 君の
э́та (← э́тот)
больша́я (← большо́й) 大きい
фотогра́фия 写真
краси́вая (← краси́вый) 美しい
пра́вда 真実、本当
о́чень たいへん
Ле́на レーナ（女性の名前）
изве́стная [izv'ésnəjə] (← изве́стный) 有名な
балери́на バレリーナ
кварти́ра マンション、アパートの一区画
здесь ここに
внизу́ 下に
молодо́й 若い
челове́к 人
друг 親友
ах ああ（感嘆、喜びなど）
мо́дная (← мо́дный) 流行の、モードの
си́няя (← си́ний) 青い
руба́шка シャツ
э́ти (← э́тот)
бе́лые (← бе́лый) 白い
брю́ки ズボン（複数形）
мечта́ 夢想、あこがれ

■訳■

「この雑誌、君の？」
「そうよ、私の。ほら、この大きな写真。これが彼女よ！　きれいでしょ、本当にそうでしょ？」
「とてもきれいだね！　でも……彼女って、誰なの？」

「レーナよ、有名なバレリーナよ！ 彼女の（アパートの）部屋はここのすぐ下なのよ。この若い人は彼女のボーイフレンドなの。ああ、このおしゃれなブルーのシャツに、白いズボン。素敵ねえ！」

解説

1 指示代名詞 э́тот

「この、その」などを意味し、名詞を修飾する指示代名詞 э́тот がある。э́тот は、関係する名詞の性、数によって次のような変化形になる。

男性形	女性形	中性形	複数形
э́тот	э́та	э́то	э́ти

Э́тот слова́рь мой.　この辞書は私のです。
Э́та маши́на ва́ша?　この車はあなたのですか？
Э́то пальто́ моё.　このコートは私のです。
Э́ти фотогра́фии ва́ши.　これらの写真はあなたのです。

「これは」を意味する э́то とは別の単語であることに注意すること。

Э́то кни́га.　これは本です。

2 所有代名詞

所有代名詞は、関係する名詞の性、数によって次のような変化形になる。

日本語訳	対応する人称代名詞	男性形	女性形	中性形	複数形
私の	я	мой	моя́	моё	мои́
君の	ты	твой	твоя́	твоё	твои́
彼の、それの	он, оно́	его́ [jıvó]	его́	его́	его́
彼女の	она́	её	её	её	её
私たちの	мы	наш	на́ша	на́ше	на́ши
あなたの、あなたたちの	вы	ваш	ва́ша	ва́ше	ва́ши
彼らの	они́	их	их	их	их

これらの所有代名詞に対応する「誰の」を訊ねる疑問詞も、関係する名詞の性、数によって形が変わる。

	男性形	女性形	中性形	複数形
誰の	чей	чья	чьё	чьи

Чей э́тот дом? Ваш? — Да, э́тот дом наш. 「この家は誰のですか？　あなた方の？」「はい、この家は私たちのです」

Чья э́то кни́га? Твоя́? — Да, моя́. 「これは誰の本？　君の？」「ああ、僕のだ」

Чьё э́то ме́сто? Ва́ше? — Нет, э́то его́ ме́сто. 「これは誰の席ですか？　あなたの？」「いいえ、これは彼の席です」　＊ме́сто 場所、席

Чьи э́то студе́нты? Ва́ши? — Да, э́то мои́ студе́нты. 「これは誰の学生たちですか？　あなたの？」「ええ、これは私の学生たちです」

3 形容詞（長語尾形）

形容詞は、名詞を修飾する場合（定語的用法）と、主語に対する述語の役割を果たす場合（述語的用法）があるが、いずれも関係する名詞の性、数に応じて語形が変わる。語尾（最後の2文字）の形によって硬変化と軟変化がある。硬変化には①と②があるが、男性形のみ語尾が異なる。また、②では、アクセントが語尾にある。

	男性形	女性形	中性形	複数形
硬変化 ①	краси́**вый**	краси́**вая**	краси́**вое**	краси́**вые** （美しい）
②	молодо́**й**	молода́**я**	молодо́**е**	молоды́**е** （若い）
軟変化	си́**ний**	си́**няя**	си́**нее**	си́**ние** （青い）

Москва́ — краси́вый го́род.　モスクワは美しい町です。　＊го́род 町

Его́ сестра́ краси́вая.　彼の妹は美しい。

Ва́ше пальто́ краси́вое.　あなたのコートは美しい。

Э́ти карти́ны о́чень краси́вые.　これらの絵はとても美しい。

＊карти́на 絵

Мой брат — молодо́й писа́тель.　私の兄は若い作家です。

А́ня — на́ша молода́я студе́нтка.　アーニャは私たちの若い女子学生です。

Э́то молодо́е де́рево краси́вое.　この若い木は美しい。　＊де́рево 木

第 5 課

Ива́н и Пётр — молоды́е врачи́.　イワンとピョートルは若い医者です。
　　　　　　　　　　　　　　　　＊Ива́н, Пётр（男性の名前）イワン、ピョートル
Э́тот си́ний плато́к о́чень краси́вый.　この青いスカーフはとても美しい。
　　　　　　　　　　　　　　　　　　　　　　　　　＊плато́к スカーフ
Твоя́ су́мка си́няя?　君のバッグは青いの？　　　　＊су́мка バッグ
Э́то си́нее мо́ре краси́вое.　この青い海は美しい。
Его́ брю́ки си́ние.　彼のズボンは青い。

4 硬母音字と軟母音字の文法的対応

硬母音字	а	ы	у	о
軟母音字	я	и	ю	е ё

　形容詞に限らず語尾変化では、硬母音字が現れる硬変化と軟母音字が現れる軟変化がある。その際、硬母音字と軟母音字の対応は上記の表のようになる。例えば、形容詞硬変化 ① の後ろから2番目の文字を男性形から順に見ると、ы, а, о, ы, となっている。一方、軟変化ではそれが、и, я, е, и となっており、硬母音字、軟母音字の対応は ы – и, а – я, о – е, ы – и であることが確認できる。

5 特殊な発音

　文字通りに発音しない単語がいくつかあるので、注意を要する。

1. его́ [jɪvó] のように、го の部分を [vó] と発音する単語がある。
例：сего́дня（「今日」）、краси́вого ← краси́вый（形容詞男性形および中性形の生格形の語尾）
2. изве́стный [izv'ésnij] のように、стн という子音結合がある場合、真ん中の т を発音しないことがある。例：ме́стный（「地方の」）

| コラム |

ロシア人のファーストネーム (и́мя) と愛称形

ロシア人のファーストネームは正式な形のほかに愛称形があり、親しい間柄では愛称形がよく用いられる。

男性	愛称形	女性	愛称形
Алекса́ндр	Са́ша	Алекса́ндра	Са́ша
Алексе́й	Алёша	А́нна	А́ня
Анато́лий	То́ля	Анастаси́я	На́стя
Бори́с	Бо́ря	Антони́на	То́ня
Васи́лий	Ва́ся	Екатери́на	Ка́тя
Влади́мир	Воло́дя	Еле́на	Ле́на
Дми́трий	Ми́тя	Ири́на	И́ра
Ива́н	Ва́ня	Любо́вь	Люба́
Илья́	Илю́ша	Людми́ла	Лю́да
Михаи́л	Ми́ша	Мари́я	Ма́ша
Никола́й	Ко́ля	Наде́жда	На́дя
Пётр	Пе́тя	Ната́лья/Ната́лия	Ната́ша
Серге́й	Серёжа	О́льга	О́ля
Фёдор	Фе́дя	Светла́на	Све́та
Ю́рий	Ю́ра	Со́фья/Софи́я	Со́ня

練習問題

1. 例にならって（ ）内の単語を適当な形に変えて文を完成し、それを日本語に訳しなさい。

例：(Э́тот) кни́га (мой). → Э́та кни́га моя́. この本は私のものです。
1. (Э́тот) письмо́ (ваш).
2. (Э́тот) музе́й (наш).
3. (Э́тот) кни́ги (твой)?
4. (Э́тот) фотогра́фия (её).
5. (Э́тот) пальто́ (мой).

2. （ ）内の単語を適当な形に変えて文を完成し、それを日本語に訳しなさい。
1. (Э́тот) (си́ний) брю́ки (краси́вый).
2. Э́то (наш) (молодо́й) де́рево.
3. (Мой) (бе́лый) пальто́ о́чень (краси́вый).
4. (Ваш) сестра́ (краси́вый).
5. Э́то (её) (си́ний) су́мка.
6. (Э́тот) врачи́ (молодо́й).
7. (Э́тот) карти́на (краси́вый).

第6課
動詞の現在人称変化（第1変化・第2変化）
Урок номер шесть / Шестой урок CD39

テクスト

1. — Какое это здание?
   — Это Большой театр.
   — Какое красивое здание!
2. Это Владимир Сергеевич. Он наш преподаватель. Мы изучаем русский язык. Жан — известный французский журналист. Том — американец, он бизнесмен. А я японская студентка. Мы уже немного говорим и читаем по-русски.

■単語■

какой どんな、何の
здание 建物
Большой театр ボリショイ劇場（← большой 大きい）
Владимир Сергеевич ヴラジーミル・セルゲーヴィチ（男性の名前）
преподаватель 男 講師、先生
изучаем (← изучать¹) 学ぶ
русский ロシアの
язык 言語
Жан ジャン（フランス人の名前）

французский フランスの
Том トム（アメリカ人の名前）
американец アメリカ人
бизнесмен [b'iznesmén] ビジネスマン
японский 日本の
студентка 女子学生
уже すでに
немного 少し
говорим (← говорить²) 話す
читаем (← читать¹) 読む
по-русски ロシア語で

＊この課から、初出の動詞には現在（および未来）の第1変化と第2変化を表すために、右肩に1, 2と振る。第1変化の特殊型は「1（特）」と表記する。アクセントに移動のあるものは＊印をつける。

■訳■

1.「これは何の建物ですか？」「これはボリショイ劇場ですよ」「なんてきれいな建物なんでしょう！」

32

2. これは、ヴラジーミル・セルゲーヴィチです。彼は私たちの先生です。私たちはロシア語を学んでいます。ジャンは有名なフランスのジャーナリストです。トムはアメリカ人で、彼はビジネスマンです。私は日本の女子学生です。私たちはすでに少しロシア語で話したり読んだりできます。

解説

1 形容詞 (長語尾形) と正書法

第4課で学んだ正書法の関係で、形容詞 (長語尾形) の硬変化と軟変化の語尾も影響を受ける。

形容詞 (長語尾形) は、語幹 (変化しない部分) の最後が -г, -к, -х であるものは硬変化、-ж, -ч, -ш, -щ であるものは軟変化である (ただし語尾が -ой であるものは全て硬変化である) が、正書法のために次のような変化となる。

意味、硬変化／軟変化	男性形	女性形	中性形	複数形
ロシアの (硬)	ру́сский	ру́сская	ру́сское	ру́сские
大きい (硬)	большо́й	больша́я	большо́е	больши́е
良い (軟)	хоро́ший	хоро́шая	хоро́шее	хоро́шие

形容詞を訊ねるための疑問詞「どんな」も、како́й, кака́я, како́е, каки́е となる。これらは全て、太字で示した文字が ы → и, я → а となる。

2 感嘆文のイントネーション　CD40

感嘆文では文頭に疑問詞が置かれることが多いが、イントネーションは、疑問文の場合と異なる。

① Како́е э́то зда́ние?　(疑問文) これはどんな建物ですか？

② Како́е краси́вое зда́ние!　(感嘆文) なんてきれいな建物でしょう！

① では文頭の疑問詞のアクセントのある音節でイントネーションは鋭く上昇するが、その後、音調は下がり、文末に向かって下降する。

② では、文頭の疑問詞のアクセントのある音節でイントネーションが上昇し、そのまま高い調子を保ち、文中の最後のアクセントのある音節で下降する。

3 疑問詞のない疑問文のイントネーション　CD41

疑問詞のない疑問文では、いちばん訊ねたいことを表す単語のアクセントのある音節が最も高くなる。

　　Вы **говори́те** по-ру́сски? — Да, говорю́.

　　Вы говори́те **по-ру́сски**? — Да, по-ру́сски.

　　Вы говори́те по-ру́сски? — Да, я.

4 動詞現在人称変化（第1変化）

動詞の現在形は、人称と数によって語尾が変化する。これを動詞の現在人称変化という。人称語尾の違いによって、第1変化と第2変化がある。変化する前の形を動詞の不定形という。動詞の不定形は、「母音字＋ть」で終わるものが多いが、第1変化の基本形は、不定形から -ть を取り除き、-ю, -ешь, -ет, -ем, -ете, -ют の語尾を加えて作る。

чита́ть 読む

	単数	複数
1人称	я　чита́**ю**	мы　чита́**ем**
2人称	ты　чита́**ешь**	вы　чита́**ете**
3人称	он　чита́**ет**	они́　чита́**ют**

◆3人称単数は、она́, оно́ が主語の場合も同じ。
◆вы には、複数の「あなた方」「君たち」の意味のほかに、1人の相手に対して丁寧な「あなた」の意味でも使われる。その際も動詞は複数形となる。

　　— Что ты де́лаешь?　「君は何をしているの？」　　　＊де́лать¹ する
　　— Я чита́ю журна́л.　「僕は雑誌を読んでいる」
　　— А что де́лают твои́ роди́тели?　「君の両親は何をしてるの？」
　　— Они́ слу́шают ра́дио.　「ラジオを聴いている」

　　　　　　　　　　　　　　　　　　　＊слу́шать¹ 聴く　ра́дио ラジオ

5 動詞現在人称変化（第2変化）

第2変化の基本形は、不定形から「-ть＋その直前の母音字」を取り除き、-ю, -ишь, -ит, -им, -ите, -ят という語尾を加えて作る。

говори́ть　話す

	単数	複数
1人称	я　говорю́	мы　говори́м
2人称	ты　говори́шь	вы　говори́те
3人称	он　говори́т	они́　говоря́т

——Вы говори́те по-япо́нски?「あなたは日本語を話しますか？」

＊по-япо́нски　日本語で

——Да, говорю́, но то́лько немно́го. А мой брат говори́т по-япо́нски о́чень хорошо́.「はい、話しますが、少しだけです。私の兄は日本語をとてもよく話せます」

＊то́лько　ただ、～だけ　хорошо́　よく

6 по-ру́сски と ру́сский язы́к

「ロシア語で」と言う場合、元来「ロシア風に、ロシア式で」という意味の副詞である по-ру́сски を用いることに注意が必要である。по-ру́сски は「ロシア語で」の意味ももち、次のような動詞とともに使われる。

говори́ть（話す），чита́ть（読む），писа́ть[1]（特）（書く）＋по-ру́сски

これらの動詞は直接目的語の ру́сский язы́к「ロシア語」とともに使われることはない。

一方、ру́сский язы́к を使った表現には、次のようなものがある。

изуча́ть[1]（学ぶ），знать[1]（知っている）＋ру́сский язы́к

7 国の名称と形容詞、～人の表現

国の名称と「日本の」などの形容詞、また「日本人」などの表現は次のようになる。

国名	形容詞	～人（男性、女性）
Росси́я　ロシア	ру́сский	ру́сский, ру́сская
Япо́ния　日本	япо́нский	япо́нец, япо́нка
США　アメリカ	америка́нский	америка́нец, америка́нка
А́нглия　イギリス	англи́йский	англича́нин, англича́нка
Фра́нция　フランス	францу́зский	францу́з, францу́женка

♦CША は、U.S.A. に相当する略語。発音は、[sʃá/seʃeá]。

練習問題

1. 例にならって、（ ）内の形容詞を適当な形に変えて、質問に答えなさい。またそれを日本語に訳しなさい。

例： Какóй э́то журнáл? (рýсский) → Э́то рýсский журнáл.　これはロシアの雑誌です。

1. Какáя э́то сýмка? (большóй)
2. Какóе э́то мéсто? (хорóший)
3. Какие э́то студéнты? (япóнский)
4. Какóе э́то здáние? (большóй)
5. Какóй э́то музéй? (нóвый)
6. Какáя сегóдня погóда? (хорóший) 　　　　　　＊погóда 天気
7. Какóй язы́к вы изучáете? (англи́йский)
8. Какóе э́то дéрево? (большóй)

2. 次の（ ）内の動詞を現在形に変化させなさい。また全文を日本語に訳しなさい。

1. Что ты (дéлать)? — Я (слýшать) рáдио.
2. Онá (читáть) письмó.
3. Что вы (дéлать)? — Мы (читáть) журнáлы.
4. Я не (знать), что Áнна (дéлать).
5. Вы (говори́ть) по-рýсски? — Да, я немнóго (говори́ть).
6. А вáша сестрá тóже (говори́ть) по-рýсски? — Нет, онá не (говори́ть) по-рýсски, но онá хорошó (говори́ть) по-англи́йски.
　　　　　　　　　　　　　　　　　　　　　　　　　＊по-англи́йски 英語で
7. Как вы (говори́ть) по-япóнски? — Мы (говори́ть) по-япóнски ужé хорошó.

3. 次の日本語をロシア語に訳しなさい。

1. このアメリカのビジネスマンはすでによくロシア語が話せる。
2. これらの日本の絵はなんて美しいのでしょう！

第7課
前置格（単数）
Уро́к но́мер семь / Седьмо́й уро́к CD42

テクスト

А́ня: Ми́ша, приве́т! Как твои́ дела́? Где ты сейча́с рабо́таешь?
Ми́ша: Я рабо́таю в япо́нском рестора́не.
А: Хоро́шая зарпла́та? Хоро́ший рестора́н?
М: По-мо́ему, о́чень хоро́ший. Наш шеф-по́вар — япо́нец!
А: Да? Ты зна́ешь япо́нский язы́к и говори́шь по-япо́нски?!
М: Коне́чно, не зна́ю и не говорю́. Но мы профессиона́лы, и понима́ем друг дру́га без слов. А ты где рабо́таешь?
А: Я рабо́таю в де́тском саду́.
М: Что ты де́лаешь на рабо́те?
А: Мы мно́го гуля́ем. Наш де́тский сад в хоро́шем ме́сте. Ря́дом краси́вый парк.

■単語■

Ми́ша ミーシャ（男性の名前）
приве́т! やあ！ こんにちは！
как どうだ、どのように
дела́ (複数形) (← де́ло) 仕事、用事
рабо́тать¹ 働く
в (+前置格) ～で
рестора́н レストラン
зарпла́та 給料
по-мо́ему 私の考えでは
о́чень たいへん、とても
шеф-по́вар コック長
япо́нец 日本人
знать¹ 知っている

коне́чно [kan'éʃnə] もちろん
профессиона́л¹ プロフェッショナル
понима́ть¹ 理解する、わかる
друг дру́га お互いに (← друг)
без слов 言葉なしで (← без (+生格) ～なしで、сло́во「言葉」の複数生格)
де́тский [d'étsk'ij] сад 幼稚園
на (+前置格) ～で
рабо́та 職場、仕事
мно́го たくさん
гуля́ть¹ 散歩する
ме́сто 場所
парк 公園

■訳■

アーニャ「ミーシャ、こんにちは！　どう、元気？　今、どこで働いているの？」
ミーシャ「日本食レストランで働いているんだ」
ア「お給料はいいの？　いいレストランなの？」
ミ「とてもいいと思うよ。うちのコック長は日本人なんだよ！」
ア「そうなの？　あなたは日本語を知っていて、日本語がしゃべれるの？！」
ミ「もちろん、知らないし、しゃべれないよ。でも僕らはプロだからね、お互いに言葉なしでわかるのさ。ところで君はどこで働いているの？」
ア「幼稚園で働いているのよ」
ミ「職場では何をしているの？」
ア「私たちはたくさんお散歩をするのよ。うちの幼稚園はいい場所にあるの。すぐそばにきれいな公園があるのよ」

解説

1 格

ロシア語では、名詞、形容詞などが文中での役割に応じて語形変化する。これを格変化と呼ぶ。格は6格ある。друг「友人」（単数）を例に、主な用法を見ておこう。（今すぐ全ての形を覚える必要はない。）

主格 〜は	друг	Мой **друг** изуча́ет япо́нский язы́к. 私の友人は日本語を学んでいる。
生格 〜の	дру́га	Э́то кни́га его́ **дру́га**. これは彼の友人の本だ。
与格 〜に	дру́гу	Я пишу́ письмо́ **дру́гу**. 私は友人に手紙を書いている。
対格 〜を	дру́га	Вы зна́ете её **дру́га**? あなたは彼女の友人を知っているか？
造格 〜によって	дру́гом	Э́та кни́га напи́сана его́ **дру́гом**. この本は彼の友人によって書かれた。
前置格	дру́ге	Мы ча́сто говори́м о **дру́ге**. 私たちはよく友人について話す。

♦すでに学んでいる表現 Я чита́ю журна́л. における журна́л は主格と同形だが、実は対格である。

2 前置格

前置格は、他の格と違って、常に前置詞とともに使われ、単独で使われることはない。まず、名詞と形容詞の単数前置格の形を覚えよう。

1. 名詞

	主格	前置格	前置格語尾
男性	друг музе́й писа́тель	дру́ге музе́е писа́теле	-e
女性	кни́га пе́сня	кни́ге пе́сне	-e
	но́вость	но́вости	-и
中性	письмо́ мо́ре	письме́ мо́ре	-e
	и́мя	и́мени	-и

◆ -ь で終わる女性名詞、-мя で終わる中性名詞は前置格の語尾が -и となるが、ほかは全て -e となる。(-мя で終わる中性名詞は前置格語尾の前に -ен が加わる。) 人称代名詞の前置格は付表を参照。

◆ 男性名詞のうちいくつかのものは、前置格で -y の語尾をとることがある。その場合は必ず -y にアクセントが置かれる。例: сад → саду́ 庭　лес → лесу́ 森

2. 形容詞

形容詞の格は関係する名詞の格に合わせる。

	主格	前置格	前置格語尾
男性 / 中性	краси́вый / краси́вое молодо́й / молодо́е	краси́вом молодо́м	-ом
	си́ний / си́нее	си́нем	-ем
女性	краси́вая молода́я	краси́вой молодо́й	-ой
	си́няя	си́ней	-ей

♦男性形と中性形は、前置格では同じ変化形となる。

3 前置格とともに用いられる前置詞（1） о

　前置詞が名詞などとともに用いられる場合、その名詞などは主格以外の格に変化する。どの格を要求するかは、それぞれの前置詞によって異なる。まず、前置格を要求する代表的な前置詞として、о を学ぶ。

　о は、「〜について」の意味をもつ。前置詞は後ろに来る単語と一続きにして読み、前置詞自体にはふつうアクセントが置かれないので、例えば о дру́ге は［a drúg'ı］と読む。また о は、а-, и-, у-, э-, о- で始まる単語の前では、об となる。

　　例：об Ива́не, об А́нне　（格変化は固有名詞でも行われる。）

4 前置格とともに用いられる前置詞（2）　в, на

　в, на は、主に場所を表す前置詞である。
1. в＋前置格は「〜の中に」、на＋前置格は「〜の上に」の意味をもつ。

　　例：На столе́ кни́га, а в кни́ге письмо́.「机の上に本があり、本の中に手紙が入っている」（в кни́ге は、一続きに発音するため в は無声化され、［f］と発音される。）

2. в, на＋前置格は、より一般的に「〜で」と場所を示すときにも使われる。基本的には в музе́е, в рестора́не など、в が使われることが多いが、на が使われることもある。

♦на が用いられる場合の例
　① 覆いの無い場所、平面を意味する語
　　　на у́лице 通りで　　на пло́щади 広場で　　　　＊пло́щадь 囡広場
　② 元来は行事、活動の場を意味する語
　　　на рабо́те 職場で　　на конце́рте コンサートで
　③ 水辺、島、山岳を表す語
　　　на реке́ 川で　　на мо́ре 海で　　на о́сторове 島で　　на Кавка́зе カフカス山脈で
　④ ある種の施設
　　　на вокза́ле ターミナル駅で　　на заво́де 工場で　　на по́чте 郵便局で

第 7 課

5 жить の現在変化

жить「住む、生きる」の現在変化は第 1 変化の特殊型となる。

	単数	複数
1 人称	я живу́	мы живём
2 人称	ты живёшь	вы живёте
3 人称	он живёт	они́ живу́т

— Где вы живёте? 「あなたはどこに住んでいるのですか？」

— Я живу́ в Санкт-Петербу́рге, на Каза́нской у́лице. 「私はサンクト・ペテルベルグのカザンスカヤ通りに住んでいます」

＊Каза́нская у́лица カザンスカヤ通り

練習問題

1. 下線部に適当な前置詞を入れたうえで（　）内の語を前置格にし、全体を日本語に訳しなさい。
 1. Они́ обе́дают ＿＿＿（хоро́ший）（рестора́н）. ＊обе́дать¹ 昼食をとる
 2. Мы гуля́ем ＿＿＿（краси́вый）（парк）.
 3. Сего́дня Ма́ша ＿＿＿（Большо́й）（теа́тр）.
 4. Моя́ сестра́ рабо́тает ＿＿＿（де́тский）（сад）.
 5. ＿＿＿（журна́л）хоро́шие статьи́. ＊статья́ 記事、論文
 6. Ми́ша и Ка́тя ＿＿＿（Кра́сная）（пло́щадь）.
 7. Мои́ роди́тели отдыха́ют ＿＿＿（мо́ре）. ＊отдыха́ть¹ 休む、休養する

2. （　）内の動詞 **жить** を現在変化させ、下線部に適当な前置詞を入れたうえで（　）内の語を前置格にし、全体を日本語に訳しなさい。
 1. Они́（жить）＿＿＿（но́вый）（дом）.
 2. — Где вы（жить）?
    — Мы（жить）＿＿＿（Москва́），＿＿＿（Лесна́я）（у́лица）.

＊Лесна́я у́лица レスナヤ通り

3. 次の文をロシア語に訳しなさい。
 1. 私たちは若い作家について話している。
 2. 本（複数）は新しい机の上に置いてある。　　　　　　　　　　＊机 стол
 3. 彼らの家は良い場所にある。

第8課
生格（単数）
Уро́к но́мер во́семь / Восьмо́й уро́к CD43

テクスト

1. Ле́на: Почему́ ко́шка гуля́ет в коридо́ре без хозя́ина? Кто её хозя́ин? Чья э́то ко́шка? Кис-ки́с! Ты чья? Алёша, э́то ва́ша ко́шка?
   Алёша: Нет, не на́ша. Э́то, наве́рное, ко́шка тёти Светла́ны.

2. Ва́ня: Кака́я у вас семья́?
   Ната́ша: Э́то фотогра́фия мое́й семьи́. Вот мои́ роди́тели: Ива́н Петро́вич и Светла́на Никола́евна. Они́ пенсионе́ры, но ещё о́чень энерги́чные.
   Ва́ня: У вас есть брат и́ли сестра́?
   Ната́ша: У меня́ нет бра́та, но есть сестра́. Её зову́т Та́ня. Она́ врач и рабо́тает в больни́це. Она́ краси́вая, высо́кая, и у неё си́ние глаза́.

■単語■

Ле́на レーナ（女性の名前）
почему́ なぜ
ко́шка 猫
коридо́р 廊下
без（＋生格）〜なしの、〜のいない
хозя́ин 主人
кис-ки́с 猫を呼ぶときの掛け声
Алёша アリョーシャ（男性の名前）
наве́рное 多分
тётя おば、おばさん
Светла́на スヴェトラーナ（女性の名前）
у（＋生格）〜のところに
вас（← вы）
семья́ 家族

мое́й（← моя́ の生格形。所有代名詞の生格については第16課で学ぶ。）
роди́тели 両親
Ива́н Петро́вич イワン・ペトローヴィチ（男性の名前）
Светла́на Никола́евна スヴェトラーナ・ニコラエヴナ（女性の名前）
пенсионе́р 年金生活者
ещё まだ
энерги́чный エネルギッシュな
есть ある、いる
и́ли あるいは
нет 無い
её（← она́ の対格形）

第 8 課

зову́т[1](特) (← звать) 呼ぶ   высо́кий 高い
врач 医者   глаза́ (← глаз) 目（複数形）
больни́ца 病院

■ 訳 ■

1. レーナ：「なぜ飼い主もついていない猫が廊下を歩いているのかしら？　猫の飼い主は誰？　これは誰の猫なの？　おいで！　おまえは誰の猫？　アリョーシャ、これ、お宅の猫？」

   アリョーシャ：「いや、うちのじゃないよ。これは、多分、スヴェトラーナおばさんの猫だよ」

2. ワーニャ：「あなたのところはどんなご家族ですか？」

   ナターシャ：「これは私の家族の写真です。ほら私の両親、イワン・ペトローヴィチとスヴェトラーナ・ニコラエヴナです。彼らは年金生活者ですが、まだとても活動的です。

   ワーニャ：「きょうだいはいますか？」

   ナターシャ：「兄はいませんが、姉がいます。彼女の名前はターニャです。彼女は医者で、病院で働いています。彼女は美人で、背が高く、青い目をしています」

解説

1 生格（名詞・形容詞の単数形）

1. 名詞

	主格	生格	生格語尾
男性	друг	дру́га	-а
	музе́й	музе́я	-я
	писа́тель	писа́теля	
女性	ма́ма	ма́мы	-ы
	пе́сня	пе́сни	-и
	но́вость	но́вости	
中性	письмо́	письма́	-а
	мо́ре	мо́ря	-я
	и́мя	и́мени	-и

♦ 男性名詞と中性名詞の生格形語尾は -a か -я で同形となる。ただし、-мя で終わる中性名詞の生格は前置格と同じ形になる。

♦ 女性名詞の生格形語尾は -ы か и となる。正書法の関係で女性名詞で、-га, -ка, -ха, -жа, -ча, -ша, -ща で終わるものは、生格形の語尾は -и となる。кни́га → кни́ги

2. 形容詞

	主格	生格	生格語尾
男性 / 中性	краси́вый / краси́вое	краси́вого	-ого
	молодо́й / молодо́е	молодо́го	
	си́ний / си́нее	си́него	-его
女性	краси́вая	краси́вой	-ой
	молода́я	молодо́й	
	си́няя	си́ней	-ей

♦ 男性形と中性形は、生格では同じ変化形となる。го の部分は [və] と発音する。

2 「〜の」を表す生格

生格の主な用法として、名詞を修飾して「所有、所属、行為の主体、人や物の特性」などさまざまな意味の「〜の」を表す。生格は修飾する名詞の後ろに置く。

кни́га **молодо́го писа́теля**　若い作家の本
зда́ние **Большо́го теа́тра**　ボリショイ劇場の建物
фигу́ра **краси́вой балери́ны**　美しいバレリーナの容姿

3 人称代名詞の生格形

主格	生格	у＋生格
я	меня́	у меня́
ты	тебя́	у тебя́
он, оно́	его́	у него́
она́	её	у неё
мы	нас	у нас
вы	вас	у вас
они́	их	у них

♦人称代名詞の生格は「〜の」の意味を表さない。「〜の」を表す際は、第5課で学んだ所有代名詞を使う。моя́ кни́га, ва́ше пальто́ など。

♦его́, её, их は、所有代名詞と同じ形だが、別のものなので、注意すること。また、у などの前置詞とともに使う場合は、н- が補われる。

4 所有の表現

「A は B を持っている」というとき、ふつう、次のような表現となる。

У＋A（生格）есть B（主格）．　　（A のところに B がある）

　　У **меня́** есть маши́на.　　私は車を持っている。

　　У **него́** есть хоро́шие кни́ги.　　彼は良い本を持っている。

♦動詞 есть「ある、存在する」は、主語の人称や数にかかわらず、現在形では常にこの形で用いる。ただし、話者の関心が「所有、存在」そのものではなく、所有、存在しているものの「特徴、数量」などにある場合は、есть は省かれる。

　　Каки́е у **него́** глаза́? — У **него́** чёрные глаза́.
　　「彼はどんな目ですか？」「彼は黒い目です」　　　　　　＊чёрный 黒い

cf. 所有代名詞の его́, её, их は、前に前置詞があっても н- は補われない。

　　У его́ бра́та си́ние глаза́.　　彼の兄は、青い目をしている。

5 否定生格

「所有していないもの」、「存在しないもの」は、生格で表す。このような生格の用法を否定生格という。述語は нет を用いる。

> У тебя́ есть маши́на? — Нет, у меня́ нет **маши́ны**.
> 「君は車を持っているかい？」「いや、僕は車を持っていないよ」
>
> У вас в го́роде есть университе́т? — Нет, у нас нет **университе́та**.
> 「あなた方の町には大学がありますか？」「いいえ、私たちのところには大学はありません」

コラム

父称について

目上の人や尊敬すべき相手を「～さん」と呼ぶ場合は、ファーストネーム (и́мя) と父称 (о́тчество) を用いる。父称とは、その人の父親のファーストネームから作られる。男性、女性で語尾が異なる。

父親の名前	男性の父称	女性の父称
Пётр	Петро́вич	Петро́вна
Никола́й	Никола́евич	Никола́евна

Ива́н Петро́вич （本人の名前がイワン、父親の名前がピョートル）
Светла́на Никола́евна （本人の名前がスヴェトラーナ、父親の名前がニコライ）

名前の訊ね方

名前を訊ねるもっとも一般的な言い方は、次のようになる。

> Как вас зову́т? 「あなたの名前はなんですか？」
> — Меня́ зову́т Ната́ша. 「私の名前はナターシャです」

♦вас は вы の対格形、меня́ は я の対格形。人称代名詞の対格は生格と同形になる。対格、зову́т の用法については第9課で説明する。

第 8 課

練習問題

1 （　）内の語を生格形にして質問に答え、全文を和訳しなさい。
1. Чья э́то кни́га? (япо́нский студе́нт).
2. Чья э́то фотогра́фия? (краси́вая балери́на)
3. Чьи э́то брю́ки? (высо́кий челове́к)
4. Чей э́то слова́рь? (америка́нская студе́нтка)
5. Како́е э́то зда́ние? (Большо́й теа́тр)

2 （　）内の人称代名詞を生格形に変え、全文を和訳しなさい。
1. У (вы) есть роди́тели?
2. У (он) есть но́вые журна́лы.
3. У (я) есть кни́га изве́стного япо́нского писа́теля.
4. У (мы) в го́роде есть но́вый музе́й.
5. У (она́) больши́е глаза́.

3 例にならって質問に否定で答え、全文を和訳しなさい。
例：У япо́нского студе́нта есть маши́на? — Нет, у него́ нет маши́ны.
「日本の学生は車を持っていますか？」「いいえ、彼は車を持っていません」
1. У Ива́на есть брат?
2. У него́ есть ко́шка?
3. У вас есть вре́мя?
4. У тебя́ есть си́няя руба́шка?
5. У Алёши есть но́вый журна́л?
6. У Лёны есть хоро́ший друг?

4 次の日本語をロシア語に訳しなさい。
1. 私は姉はいませんが、兄がいます。
2. 有名な作家の持っている（マンションの）部屋は大きい。

第9課
対格（単数）
Уро́к но́мер де́вять / Девя́тый уро́к　CD44

テクスト

Ва́ня: Приве́т, Ми́ша! Что ты де́лаешь?

Ми́ша: Приве́т! Я реша́ю фина́нсовую пробле́му.

В: Так! Как ты реша́ешь её?

М: Всё вре́мя чита́ю газе́ту «Фина́нсовые но́вости» и ду́маю, где взять де́ньги.

В: Что говори́т твоя́ жена́?

М: Все жёны говоря́т одно́ и то же: «Хочу́ шу́бу, хочу́ но́вый телеви́зор… хочу́ бога́того му́жа!»

■単語■

де́лать¹ する
реша́ть¹ 解決する、決める
фина́нсовый 財政の
пробле́ма 問題
Так! なるほど
всё вре́мя (← весь) いつも、ずっと
газе́та 新聞
но́вость 囡 ニュース
ду́мать¹ 考える、思う
взять¹⁽特⁾ 手に入れる、借りる

де́ньги（複数形のみの名詞）お金
все (← весь) 全ての
жёны (← жена́ の複数形)
одно́ и то же 一つのこと、同じこと
хочу́ (← хоте́ть 不規則) 欲しい、望む
шу́ба 毛皮コート
телеви́зор テレビ
бога́тый 裕福な
муж 夫

■訳■

ワーニャ:「やあ、ミーシャ！　君は何をしてるの？」

ミーシャ:「やあ！　財政問題を解決しようとしているところさ」

ワ「なるほどねえ！　どうやって解決するわけ？」

ミ「ずっと『金融ニュース』新聞を読んで、どこで金を手に入れるべきか、考えているのさ」

ワ「君の奥さんは何て言ってるの？」

第9課

ミ 「女房なら誰でも言うことは同じさ。『毛皮が欲しい、新しいテレビが欲しい……お金持ちの夫が欲しいわ！』」

解説

1 対格（名詞・形容詞の単数形）

1. 名詞

		主格	対格	語尾
男性	活動体	друг	дру́га	-а
		геро́й	геро́я	-я
		писа́тель	писа́теля	
	不活動体	журна́л	журна́л	-
		музе́й	музе́й	-й
		слова́рь	слова́рь	-ь
女性		ма́ма	ма́му	-у
		пе́сня	пе́сню	-ю
		но́вость	но́вость	-ь
中性		письмо́	письмо́	-о
		мо́ре	мо́ре	-е
		и́мя	и́мя	-я

♦男性名詞は、活動体と不活動体の2つに分かれる。活動体は人間や動物など生きて動くもの（друг 友達, геро́й 英雄, писа́тель 作家など）、不活動体はその他のもの（журна́л 雑誌, музе́й 美術館, слова́рь 辞書など）を指す。活動体は対格形＝生格形、不活動体は対格形＝主格形となる。

♦女性名詞は独自の対格形をもつ。ただし、-ь で終わる女性名詞のみ、対格形＝主格形となる。

♦中性名詞は、全て対格形＝主格形となる。

2. 形容詞

	主格	対格	語尾
男性	краси́вый	краси́вый / краси́вого	-ый/-ого
	молодо́й	молодо́й / молодо́го	-ой/-ого
	си́ний	си́ний / си́него	-ий/-его
女性	краси́вая	краси́вую	-ую
	молода́я	молоду́ю	
	си́няя	си́нюю	-юю
中性	краси́вое	краси́вое	-ое
	молодо́е	молодо́е	
	си́нее	си́нее	-ее

♦男性形は、関係する名詞と同じ形（主格か生格と同形）になる。（молодо́го челове́ка 若い人、но́вый журна́л 新しい雑誌）
♦女性形は、独自の対格形をもつ。-ь で終わる女性名詞の対格は主格と同形になるが、関係する形容詞は独自の対格形をとる。（хоро́шую но́вость 良いニュース）
♦中性形は全て対格形＝主格形。

2 直接目的語を表す対格の用法

対格の基本的用法としては、動詞の直接目的語の表現がある。多くの場合「〜を」と訳されるが、「〜に」と訳されることもある。

　　Вы зна́ете **но́вого студе́нта**?　あなたは新しい学生を知っていますか？
　　Он смо́трит **интере́сный ру́сский фи́льм.**　彼は面白いロシアの映画を見ている。
　　　　　　　　　　＊смотре́ть² ＊見る　интере́сный 面白い　фильм 映画
　　Мой брат чита́ет **сего́дняшнюю газе́ту**.　私の兄は今日の新聞を読んでいる。　　　　　　　　　　　＊сего́дняшний 今日の　газе́та 新聞
　　Никола́й спра́шивает **америка́нского студе́нта** о но́вой кни́ге.　ニコライはアメリカ人の学生に新しい本について質問する。
　　　　　　　　　　＊спра́шивать 質問する　америка́нский アメリカ（人）の

3 人称代名詞の対格形

人称代名詞の対格は生格と同形である。

	単数	複数
1人称	меня́	нас
2人称	тебя́	вас
3人称	его́　её	их

◆3人称の его́, её, их は、前置詞とともに使われる際は、н- を補う（в него́, за неё など）。

4 不定人称文

述語が3人称複数形で、主語のない文を不定人称文という。不定人称文では、述語動詞の表す動作そのものが問題とされており、誰がその動作を行うかは問題とされない。したがって、目的語などを主語のように「～は」と訳し、述語動詞を「～される」と訳すこともある。

Его́ бра́та хорошо́ зна́ют в го́роде.　彼の兄は町ではよく知られている。
　　　　　　　　　　　　　　　　　　＊хорошо́ よく　＊го́род 町
Как вас зову́т? — Меня́ зову́т А́нна.　「お名前は何とおっしゃいますか？（あなたはどのように呼ばれていますか？）」「私の名前はアンナです。（私はアンナと呼ばれています。）」
　　　　　＊звать[1](特) (зову́, зовёшь, зовёт, зовём, зовёте, зову́т) 呼ぶ
Как реша́ют фина́нсовую пробле́му в Москве́?
モスクワでは金融問題をいかにして解決しているか？

5 形容詞的代名詞 весь

весь は「～全体、全ての」を意味する形容詞的代名詞である。関係する名詞によって、主格は次のような変化になる。

男性	女性	中性	複数
весь	вся	всё	все

весь го́род　町全体　　　вся пробле́ма　問題全体
всё письмо́　手紙全体　　все студе́нты　全ての学生たち
＊всё вре́мя（いつも、ずっと）など、継続期間を表す対格の表現は、第11課で学ぶ。

6 動詞 **хотéть**「欲する、〜したい」

1. хотéть の現在人称変化は不規則である。

я	хочу́	мы	хоти́м
ты	хо́чешь	вы	хоти́те
он	хо́чет	они́	хотя́т

2. 用法:「〜を欲しい」の意味では「〜を」は対格（抽象名詞は生格）を用いる。

Он хо́чет но́вую маши́ну.　彼は新しい車を欲しがっている。
Мы хоти́м ко́шку.　私たちは猫が欲しい。

「〜したい」の意味では、動詞の不定形を添える。

Я хочу́ гуля́ть в па́рке.　私は公園で散歩がしたい。
Они́ хотя́т изуча́ть ру́сский язы́к.　彼らはロシア語を勉強したいのだ。

練習問題

1　（　）内の語を対格に変え、文全体を日本語に訳しなさい。
 1. Она́ чита́ет (но́вая кни́га).
 2. Вы зна́ете (хоро́шая но́вость)?
 3. Мы зна́ем (америка́нский бизнесме́н).
 4. Я хорошо́ понима́ю (вы).
 5. Ты чита́ешь (но́вый журна́л)?
 6. Па́па чита́ет (сего́дняшняя газе́та).

2　次の（　）内に動詞 **хотéть** を適当な現在形にして入れ、文全体を日本語に訳しなさい。
 1. Мой брат (　) си́нюю маши́ну.
 2. Моя́ жена́ (　) большо́й дом.
 3. Они́ (　) но́вый телеви́зор.
 4. Мы (　) хоро́шую кни́гу.
 5. Вы (　) ко́фе? — Да, я (　) ко́фе.　　　＊ко́фe コーヒー

第9課

3 次の日本語をロシア語に訳しなさい。
  1. 全ての学生たちは英語を学びたがっている。
  2.「彼女の名前は何というのですか？」「彼女の名前はエレーナです」
  3. 私たちは財政問題を解決しようとしています。
  4. あなたは新しい日本の学生を知っていますか？

第10課
動詞の過去形
Уро́к но́мер де́сять / Деся́тый уро́к　CD45

テクスト

Ма́ша: Ю́ра, что ты де́лал вчера́?
Ю́ра: Когда́ и́менно? У́тром? Днём? Ве́чером? Но́чью?
М: Ну, наприме́р, днём и ве́чером.
Ю: Днём — спал, ве́чером — занима́лся.
М: А почему́ ты не́ был в шко́ле?
Ю: У меня́ боле́ла голова́. И ты не была́?
М: Я была́.
Ю: Что бы́ло в шко́ле?
М: Ничего́ не́ было.

■単語■

Ю́ра ユーラ（男性の名前）
де́лал (← де́лать¹)
вчера́ 昨日
когда́ いつ
и́менно まさに
у́тром 朝に
днём 昼に
ве́чером 夕方に
но́чью 夜（夜中）に
ну そう（だ）ね
наприме́р 例えば

спал (← спать²) 眠る
занима́лся (← занима́ться¹) 勉強する、仕事する
почему́ なぜ
был (← быть¹⁽特⁾) ある、いる
шко́ла 学校
боле́ла (← боле́ть²) 痛む
голова́ 頭
была́ (← быть)
ничего́ не 何も〜でない
бы́ло (← быть)

■訳■

マーシャ: ユーラ、昨日は何をしていたの？
ユーラ: 一体いつのこと？ 朝？ 昼？ 夕方？ 夜？
マ: じゃあ例えば、昼と夕方。
ユ: 昼は寝ていて、夕方は勉強していた。

第 10 課

マ: どうして学校に来なかったの？
ユ: 僕、頭が痛かったんだ。君も行かなかったの？
マ: 私は行ったわよ。
ユ: 学校では何があった？
マ: 何も無かったわ。

解説

1 動詞の過去形

動詞の過去形は、主語の性と数に応じて、4つの変化形をもつ。ふつう不定形から -ть を取り、代わりに次の語尾をつけて作る。

男性形	女性形	中性形	複数形
-л	-ла	-ло	-ли

人称代名詞が主語の場合の使い分けを、де́лать を例に示す。

он, я, ты	де́лал
она́, я, ты	де́лала
оно́	де́лало
они́, мы, вы	де́лали

♦я, ты は、それが男性か女性かによって過去形が変わる。
♦вы は1人の相手に対して使う場合も動詞は複数形となる。

2 動詞 быть の過去形

1. ロシア語では、英語の be 動詞にあたる動詞 быть は、現在時制では使われないが、過去形では使われ、他の動詞と同様に変化する。アクセントの移動に注意。

男性形	女性形	中性形	複数形
был	была́	бы́ло	бы́ли

2. 否定では、例外的にアクセントが女性形以外で не に置かれる。

男性形	女性形	中性形	複数形
не́ был	не была́	не́ было	не́ были

3. быть の過去形は「～にいた（あった）」「～であった」のほかに、「～に行った」という意味でも使われる。

  — Где вы бы́ли вчера́?　「昨日あなたはどこにいたのですか？」
  — Я была́ до́ма. А вы?　「私は家にいました。あなたは？」
  — Я был в па́рке.　「僕は公園に行きました」
  Он был в Москве́? — Нет, не́ был.
  「彼はモスクワに行ったことがありますか？」「いいえ、ありません」

3 朝、昼、晩の表現

1日の時間帯を表す名詞は、朝（午前）は у́тро, 昼（午後）は день（男性名詞）、夕方から夜は ве́чер, 深夜は ночь（女性名詞）である。「朝に」、「午後に」などの副詞は、それぞれ у́тром, днём, ве́чером, но́чью となる。

4 「～は無かった」という表現

第8課で学んだ存在の否定生格を伴う表現は、過去形では нет の代わりに не́ было を使う。存在が否定されるものの性、数にかかわらず、必ず中性形が使われる。

  У меня́ не́ было журна́ла.　私は雑誌を持っていなかった。
   （⇔ У меня́ был журна́л.）
  У него́ не́ было маши́ны.　彼は車を持っていなかった。
   （⇔ У него́ была́ маши́на.）
  На столе́ ничего́ не́ было.　机の上には何も無かった。
   （ничего́ は ничто́ の生格。必ず не とともに使われる）

5 ся 動詞

1. ся 動詞の変化

語末に -ся のついた動詞を ся 動詞と呼ぶ。-ся のない動詞と同じく、まず第1変化か第2変化を行い、変化語尾が母音字で終わっていれば -сь を、子音字で終わっていれば -ся を加える。занима́ться[1]「仕事する、勉強する」の現在と過去の変化形を確認しよう。ться, тся は [ttsə] と発音する。

［現在形］

	単数	複数
1人称	занима́юсь	занима́емся
2人称	занима́ешься	занима́етесь
3人称	занима́ется	занима́ются

[過去形]

男性形	女性形	中性形	複数形
занима́лся	занима́лась	занима́лось	занима́лись

2. ся 動詞の用法

　-ся は、元来「自分自身を」という意味をもつが、他動詞に -ся が添えられることで、その動詞を自動詞に変える働きをもつ。-ся 動詞には、再帰、受動などさまざまな意味がある。(詳しくは第30課で学ぶ。)

　　открыва́ть¹ 開ける——открыва́ться¹ ひらく、あく
　　стро́ить² 建てる——стро́иться² 建てられる

　　Она́ открыва́ет окно́.　彼女は窓を開ける。
　　Осторо́жно! Две́ри открыва́ются.　ご注意ください！　ドアが開きます。　　　　　　　　　　＊осторо́жно 注意深く、注意せよ　дверь 囡 ドア
　　Стро́ят большо́й дом.　大きな家が建てられている。(不定人称文)
　　Стро́ится большо́й дом.　大きな家が建てられている。

6「〜が痛い」の表現

「A は B が痛い」という表現は、 У＋A (生格) боле́ть² B (主格). となる。

　　У вас боли́т голова́?　あなたは頭が痛いのですか？
　　У него́ боля́т зу́бы.　彼は歯(複数)が痛い。　　　　　　　　　＊зуб 歯
　　У меня́ боле́ла рука́.　私は手が痛かった。　　　　　　　　　　＊рука́ 手

コラム

あいさつの表現

　　Здра́вствуйте! [zdrástvujt'ı]　こんにちは、こんばんは (вы に対する表現)
　　Здра́вствуй! [zdrástvuj]　こんにちは、こんばんは (ты に対する表現)
　　Приве́т!　やあ！
　　До́брое у́тро!　おはよう
　　До́брый день!　こんにちは
　　До́брый ве́чер!　こんばんは
　　До свида́ния!　さようなら
　　Пока́!　じゃあ、また

（Большо́е）спаси́бо． （どうも）ありがとう
Пожа́луйста．[paʐálistə]　どういたしまして

練習問題

1　次の下線部を過去形にして、全文を日本語に訳しなさい。
1. Она́ чита́ет ру́сскую кни́гу.
2. Вы зна́ете хоро́шую но́вость?
3. Па́па хо́чет но́вую маши́ну.
4. Его́ жена́ говори́т по-япо́нски.
5. Его́ бра́та хорошо́ зна́ют в го́роде.
6. У неё нет сестры́.
7. У нас есть хоро́шая кварти́ра.

2　次の（　）内の動詞を適当な現在形に直し、全文を日本語に訳しなさい。
1. Вы（занима́ться）до́ма? — Нет, мы（занима́ться）в университе́те.
 ＊университе́т 大学
2. Дверь（открыва́ться）．
3. Здесь（стро́иться）но́вая больни́ца.
4. （Стро́иться）больши́е олимпи́йские стадио́ны.
 ＊олимпи́йский стадио́н オリンピックのスタジアム

3　2の動詞を適当な過去形に変えなさい。

4　次の日本語をロシア語に訳しなさい。
1. 私は頭が痛いのです。
2. 「あなたはペテルブルグに行ったことがありますか？」「いいえ、私はペテルブルグには行ったことがありません」

5　次の小咄 анекдо́т を日本語に訳してみましょう。
— Ма́ма, где ты родила́сь?　　　　　　　　＊роди́ться[2] 生まれる
— В Москве́.
— А па́па где роди́лся?
— В Волгогра́де.

第10課

— А я?
— Ты роди́лся в Петербу́рге.
— А как же мы все встре́тились?

　　　　　　　＊как же 一体どうやって　встре́титься² 出会う

第11課
未来形
Урóк нóмер оди́ннадцать / Оди́ннадцатый урóк　CD46

テクスト

Алёша: Здрáвствуй, Мáша. Что ты бýдешь дéлать зáвтра?

Мáша: Зáвтра весь день я бýду занимáться дóма.

А: В воскресéнье?! А ты не хóчешь смотрéть балéт? Зáвтра бýдет «Лебеди́ное óзеро» в Мари́инском теáтре. Бýдет танцевáть Лопáткина.

М: Я óчень хочý, но к сожалéнию, не могý. В понедéльник бýдут экзáмены.

А: Сочýвствую! Ну, до свидáния.

М: Извини́, Алёша. Покá.

■単語■

бýдешь (← быть[1](特))
зáвтра 明日
весь день 1日中
бýду (← быть)
в воскресéнье 日曜日に
смотрéть[2]* 見る、鑑賞する
балéт バレエ
«Лебеди́ное óзеро» 『白鳥の湖』
Мари́инский теáтр マリンスキー劇場
бýдет (← быть)
танцевáть[1](特) 踊る
Лопáткина ロパートキナ（有名なバレリー

ナ）
к сожалéнию 残念ながら
могý (← мочь[1](特)* できる)
в понедéльник 月曜日に
бýдут (← быть)
экзáмен 定期試験
сочýвствую (← сочýвствовать[1](特) [satʃústvəvət'] 同情する)
ну それでは
до свидáния さようなら
извини́ ごめんなさい
покá またね

■訳■

アリョーシャ：こんにちは、マーシャ。明日は何をする予定？

マーシャ：明日は1日中家で勉強するわ。

ア：日曜日に?!　君、バレエを観たくない？　明日はマリンスキー劇場で『白鳥の

第 11 課

湖』があるんだ。ロパートキナが踊るんだよ。
マ：すごく観たいわ。でも、残念だけど、駄目なの。月曜日に定期試験があるのよ。
ア：同情するよ！　じゃあ、さようなら。
マ：ごめんなさいね、アリョーシャ。またね。

解説

1 быть の未来形

動詞 быть の人称変化は、未来時制を表す未来形である。第 1 変化の特殊型である。

	単数	複数
1 人称	я бу́ду	мы бу́дем
2 人称	ты бу́дешь	вы бу́дете
3 人称	он бу́дет	они́ бу́дут

2 быть の未来形の用法

未来形は、「ある（いる）だろう、～であるだろう」のほか、「～に行くだろう」の意味ももつ。

За́втра бу́дет хоро́шая пого́да.　明日は良い天気だろう。
　　　　　　　　　　　　　　　　　　　　　　　　　＊пого́да 天気
В пя́тницу у них бу́дут экза́мены.　金曜日には彼らは試験がある。
В суббо́ту мы бу́дем на пикнике́.　土曜には我々はピクニックに行く。
　　　　　　　　　　　　　　　　　　　　　　　　　＊пикни́к ピクニック
Сего́дня ве́чером я бу́ду в теа́тре на бале́те.
今晩私は劇場にバレエを観に行く。

3 合成未来

быть の人称変化形にほかの動詞の不定形をそえると、その動詞の未来時制を表すことができる。この際、быть の変化形は、「ある（いる）」の意味を失い、いわば助動詞のような役割を果たす。2つの動詞を組み合わせて作る未来形なので、合成未来と呼ぶ。（合成未来を作ることのない動詞については第 15 課で学ぶ。）

читáть 読む

	単数	複数
1人称	я бу́ду читáть	мы бу́дем читáть
2人称	ты бу́дешь читáть	вы бу́дете читáть
3人称	он бу́дет читáть	они́ бу́дут читáть

4 весь を用いた継続期間の表現

весь＋時を表す名詞の対格形を用いると、「～の間ずっと」という継続期間の表現となる。この場合、весь の対格形は男性・中性形は主格と同じ、女性形は всю となる。

 весь день 1日中　всю недéлю まる1週間　всю ночь 一晩中
 всё у́тро 朝のうちずっと（午前中いっぱい）　всё врéмя いつも、始終

 Мать сидéла у больнóго сы́на всю ночь.　母親は一晩中病気の息子のそばにすわっていた。　　＊мать 母親　больнóй 病気の　сын 息子
 Всё у́тро мы гуля́ли в пáрке.　私たちは午前中ずっと公園内で散歩していた。

5 曜日の表現

「～曜日に」の表現は、в＋対格となる。アクセントの移動のあるものもある。また前置詞 в は、次に来る単語が в- で始まりかつ子音が重なる場合は、во となる。

	曜日	～曜日に
月	понедéльник	в понедéльник
火	втóрник	во втóрник
水	средá	в срéду
木	четвéрг	в четвéрг
金	пя́тница	в пя́тницу
土	суббóта	в суббóту
日	воскресéнье	в воскресéнье

第11課

В суббо́ту мы бу́дем игра́ть в те́ннис.　土曜日に私たちはテニスをするつもりだ。
　　　　　　　　　　　　　　　　　　＊те́ннис [tén'is] テニス
В воскресе́нье весь день я бу́ду чита́ть рома́н Достое́вского.
日曜日は1日中私はドストエフスキーの長編小説を読む予定だ。
　　　　　　　　　　＊рома́н 長編小説　Достое́вский ドストエフスキー

6 動詞 мочь の変化

「できる」という可能の表現には動詞 мочь ＋動詞の不定形を用いる。動詞 мочь は、現在変化、過去変化ともに特殊型となる。

［現在形］

	単数	複数
1人称	могу́	мо́жем
2人称	мо́жешь	мо́жете
3人称	мо́жет	мо́гут

［過去形］

男性形	女性形	中性形	複数形
мог	могла́	могло́	могли́

Вы уже́ мо́жете писа́ть по-ру́сски? — К сожале́нию, не могу́.
「あなたはもうロシア語が書くことができるのですか？」「残念ながらできません」
　　　　　　　　　　　　　　　　　　＊уже́ すでに　писа́ть 書く
В воскресе́нье де́ти бы́ли на экску́рсии. Я могла́ весь день чита́ть кни́гу.　日曜日は子供たちが遠足に行っていたので、私は1日中本を読んでいることができた。

7 -овать 動詞の現在人称変化

不定形が -овать で終わる動詞は、第1変化の特殊型であり、-овать を -у に代えて、変化語尾をつける。

сочу́вствовать 同情する

	単数	複数
1人称	сочу́вству**ю**	сочу́вству**ем**
2人称	сочу́вству**ешь**	сочу́вству**ете**
3人称	сочу́вству**ет**	сочу́вству**ют**

♦ -овать 動詞には、名詞派生のもの：чу́вствовать「感じる」(← чу́вство「感覚、感情」)、сове́товать「助言する」(← сове́т「助言」)、外来語派生のもの：организова́ть「組織する」(← organize)、рекомендова́ть「推薦する」(← recommend) などがある。

練習問題

[1] (　)内に **быть** の適当な未来形を入れ、全文を日本語に訳しなさい。
1. В пя́тницу она́ (　) в музе́е.
2. Во вто́рник мы (　) занима́ться до́ма весь день.
3. Когда́ вы (　) в Москве́? — Я (　) в Москве́ ле́том.
　　　　　　　　　　　　　　　　　　　　　　＊ле́том 夏に
4. В сре́ду (　) конце́рт ру́сского пиани́ста.
　　　　　　　　　　　　　　　　　　　　　　＊конце́рт コンサート
5. В суббо́ту на́ша семья́ (　) обе́дать в рестора́не.
　　　　　　　　　　　　　　　　　　　　　　＊обе́дать 昼食をとる

[2] 動詞 **сове́товать** の現在人称変化を書きなさい。

[3] 次の日本語をロシア語に訳しなさい。
1.「彼はテニスができますか？」「以前はできましたが、今はできません。彼は手が痛いのです」
　　　　　　　　　　　　　　　　　　　＊以前は ра́ньше　今は тепе́рь
2. 私の兄はいつも働いています。

第12課
与格（単数形）
Урóк нóмер двенáдцать / Двенáдцатый урóк CD47

テクスト

1. Вчерá мне звонѝл Ивáн. Он хотéл читáть ромáн Толстóго, а я не давáл емý кнѝгу. Я никогдá никомý не даю́ мой кнѝги, потомý что лю́ди лю́бят брать кнѝги, читáют, но забывáют их возвращáть.

2. Áня: Меня́ приглашáют на день рождéния.
   мáма: К комý приглашáют?
   А: К подрýге. Что подарѝть ей?
   м: Онá шкóльница? Так подарѝ ей кнѝгу.
   А: Онá не лю́бит читáть. Её не интересýет литератýра.
   м: А что её интересýет?
   А: Мáльчики, интернéт, космéтика...

■単語■

мне (← я)
звонѝть² 電話する
ромáн 長編小説
Толстóй トルストイ（作家）
давáть¹⁽特⁾ 与える、貸す
емý (← он)
никогдá 決して
никомý (← никтó... не 誰も～しない)
даю́ (← давáть)
потомý что なぜならば
лю́ди 人々
любѝть²* 好きだ、愛する
брать¹⁽特⁾ 取る、借りる
забывáть¹ 忘れる
возвращáть¹ 返す

приглашáть¹ 招待する
день рождéния 誕生日
к (+与格) ～のところへ
комý (← кто)
подрýга 女友達
подарѝть²* プレゼントする
подарѝ (← подарѝть の命令形)
ей (← онá)
шкóльница 女子生徒
интересовáть¹⁽特⁾ 興味を与える
литератýра 文学
мáльчик 少年
интернéт [internét] インターネット
космéтика 化粧品

■訳■
1. 昨日、私にイワンが電話をしてきました。彼はトルストイの長編小説を読みたかったのですが、私は彼に本を貸しませんでした。私は決して誰にも私の本は貸しません。なぜなら人々は本を借りて読むのは好きですが、それを返すことを忘れるからです。

2. アーニャ：私、お誕生日に招待されているの。
   ママ：誰のところに招待されているの。
   ア：女の子のお友達よ。彼女に何をプレゼントしたらいいかしら。
   マ：彼女は女子生徒？　それなら彼女には本をプレゼントなさい。
   ア：彼女、読書は嫌いなの。文学に興味はないのよ。
   マ：じゃあ何に興味があるの？
   ア：男の子、インターネット、化粧品よ……。

解説
1 与格（名詞・形容詞の単数形）
1. 名詞

	主格	与格	語尾
男性	дру́г	дру́гу	-у
	музе́й	музе́ю	-ю
	слова́рь	словарю́	
女性	ма́ма	ма́ме	-е
	пе́сня	пе́сне	
	но́вость	но́вости	-и
中性	письмо́	письму́	-у
	мо́ре	мо́рю	-ю
	и́мя	и́мени	-и

♦男性名詞と中性名詞（-мя で終わるもの以外）の与格形語尾は -у か -ю で同形となる。

♦女性名詞（単数）の与格形は前置格形と同じになる。

2. 形容詞

	主格	与格	語尾
男性 / 中性	красивый / красивое молодой / молодое	красивому молодому	-ому
	синий / синее	синему	-ему
女性	красивая молодая	красивой молодой	-ой
	синяя	синей	-ей

♦男性形と中性形は、与格では同じ変化形となる。

2 人称代名詞の与格形

主格	与格	к＋与格
я	мне	ко мне
ты	тебе	к тебе
он, оно	ему	к нему
она	ей	к ней
мы	нам	к нам
вы	вам	к вам
они	им	к ним

♦ему, ей, им は、к などの前置詞とともに使う場合は、н- が補われる。
♦мне の前で к は ко となる。

3 давать, любить の現在変化形

1. -авать で終わる動詞の現在変化形は、-вать を取り除き、第1変化語尾 -ю, ёшь, ёт, ём, ёте, ют をつける。е ではなく ё である点に注意。（вставать「起きる」, уставать「疲れる」など）
2. любить など第2変化動詞で語幹（変化しない部分）が唇音 б, в, м, п, ф で終わるものは、1人称単数形のみ語幹の後に л を補ってから変化語尾をつける（ставить「置く」, спать「眠る」など）。なお、любить の場合は、アクセントが2人称単数形以下で前に移動する。（唇音変化動詞に

限らず第 2 変化動詞でアクセントが 2 人称単数形以下で前に移動するものが時々ある。それらの動詞は初出の際は右肩に＊をつけてある。смотре́ть[2]＊「見る」など）

	дава́ть	люби́ть
я	даю́	люблю́
ты	даёшь	лю́бишь
он	даёт	лю́бит
мы	даём	лю́бим
вы	даёте	лю́бите
они́	даю́т	лю́бят

4 間接目的語としての与格の用法

間接目的語は与格で表す。直接目的語と間接目的語は、対格と与格の使い分けによって表し、語順によって決まるのではない。

Ба́бушка ча́сто даёт **ко́шке** ры́бу.　お婆さんはよく猫に魚をやります。　　　　　　　　　　　＊ба́бушка お婆さん　ча́сто しばしば　ры́ба 魚

Я о́чень люблю́ писа́ть пи́сьма **подру́ге**.　私は女友達に手紙を書くのが大好きです。　　　　　　　＊письмо́ 手紙　пи́сьма は複数対格形である

Что подари́ла Ната́ша **Ва́не**? — Она́ подари́ла **ему́** кни́гу.　「ナターシャはワーニャに何をプレゼントしたの？」「彼女は彼に本をプレゼントしました」

Мой муж звони́т **ста́рому отцу́**.　私の夫は年老いた父親に電話をかけている。　　　　　　　　　＊ста́рый 年取った、古い　оте́ц 父親

5 出没母音

й 以外の子音字や -ь で終わる男性名詞で、語末が「子音字＋o＋子音字」または「子音字＋e＋子音字」となるものは、単数主格以外の変化形で o, e が消える場合が多くある。

пода́рок「プレゼント」пода́рка, пода́рку...
оте́ц「父親」отца́, отцу́...

день「日、1日」дня, дню…

語末にある子音字と子音字にはさまれたoとeは、女性名詞、中性名詞の複数生格形や形容詞短語尾形などでも、消えたり現れたりするもので、出没母音と呼ばれる。

6 与格を要求する前置詞 к の用法

ものや人に対して、「～の方に、～に対して」という意味をもつ前置詞 к は与格を要求する。

К столу́, пожа́луйста.　どうぞ食卓の方へ。
У меня́ к вам про́сьба.　私はあなたにお願いがあります。
　　　　　　　　　　　　　　＊про́сьба 願い、頼みごと
У него́ большо́й интере́с к ру́сской му́зыке.　彼はロシア音楽に大きな関心がある。　　＊интере́с 関心、興味　му́зыка 音楽

7 不定形文

動詞不定形をそのまま述語にして、必要、義務、可能性などを表す文を不定形文という。不定形文では、意味上の主体は与格で表す。

Что **нам** де́лать?　私たちは何をすべきか？
Куда́ **мне** идти́?　私はどこへ行けばいいのか？
　　　　　　　　　　　＊куда́ どこへ　идти́ 行く
Ему́ за́втра ра́но встава́ть.　彼は明日は早く起きなければならない。
　　　　　　　　　　　　　　　　＊ра́но 早く

コラム

ロシア人の姓

男性	女性	複数
Па́влов	Па́влова	Па́вловы
Васи́льев	Васи́льева	Васи́льевы
Пу́шкин	Пу́шкина	Пу́шкины
Достое́вский	Достое́вская	Достое́вские
Толсто́й	Толста́я	Толсты́е

♦ -ский, -ой, -ый 型の姓は形容詞と同じ変化となる。
♦ -ов, -ев, -ин 型の姓の格変化については第 28 課で学ぶ。

練習問題

1 次の文の（　）内の語を与格に直し、文全体を日本語に訳しなさい。
  1. Наташа звонит (американский журналист).
  2. Иван забывает возвращать (я) книгу.
  3. Николай подарил цветы (известная балерина).　　　＊цветы 花
  4. Завтра Анна будет писать письмо (японская подруга).
  5. Бабушка читает книгу (внук) и (внучка).

　　　　　　　　　　　　　　　　　　　　＊внук 男の孫　внучка 女の孫
  6. Сергей не даёт (мы) книги.

2 次の動詞の現在人称変化形を書きなさい。
  1. вставать　2. спать

3 次の日本語をロシア語に訳しなさい。
  1. 多分、彼女は私に頼みごとがあるのだろう。
  2. あなたは女友達のところに招待されているのですか？
  3. 夫は妻の誕生日に（妻に、誕生日に）青いコートを買いたいと思っている。

　　　　　　　　　　　　　　　　　　　　　　＊買う купить[2]＊

第13課
造格（単数）
Урóк нóмер тринáдцать / Тринáдцатый урóк CD48

テクスト

Кáтя выбирáет профéссию. Кем онá хóчет быть? Рáньше онá хотéла быть фотомодéлью. Онá интересовáлась мóдой. А вчерá онá познакóмилась со стюардéссой Áней и её симпатúчным дрýгом. И вот тепéрь онá говорúт, что бýдет стюардéссой. Отéц не спóрит с ней. Он ждёт, когдá Кáтя бýдет взрóслой.

■単語■

выбирáть[1] 選ぶ
профéссия 職業
кем (← кто)
рáньше 以前は
фотомодéль [-dé-] 囡 写真モデル
интересовáться[1(特)] 関心・興味をもつ
мóда 流行、モード
познакóмиться[2] 知り合いになる
со (← с) (＋造格) 〜と
стюардéсса [-dés-|-déss-] スチュアーデス

симпатúчный 感じのよい、素敵な
друг 友達
тепéрь 今は
что 〜ということ
спóрить[2] 論争する
ней (← онá)
ждать[1(特)] 待つ
когдá 〜の時
взрóслый 大人（形容詞派生の名詞。女性形、複数形も使われる。形容詞変化）

■訳■

カーチャは職業を選んでいます。彼女は何になりたいのでしょう？　以前は、彼女は写真モデルになりたいと思っていました。彼女は流行に関心があったのです。昨日、彼女はスチュアーデスのアーニャと彼女の素敵なボーイフレンドと知り合いになりました。それで今は、彼女は、スチュアーデスになるのだと言っています。父親は彼女と論争しません。彼は、カーチャが大人になるのを待っているのです。

解説

1 造格（名詞・形容詞の単数形）

1. 名詞

	主格	造格	語尾
男性	врач	врачо́м	-ом
	геро́й	геро́ем	-ем
	писа́тель	писа́телем	
女性	ма́ма	ма́мой	-ой
	пе́сня	пе́сней	-ей
	но́вость	но́востью	-ью
中性	письмо́	письмо́м	-ом
	мо́ре	мо́рем	-ем
	и́мя	и́менем	

♦男性名詞と中性名詞の造格形語尾は -ом か -ем で、同形となる。
♦男性名詞主格が -ж, -ч, -ш, -щ, ц で終わるものは、アクセントが語幹にあれば、造格語尾が -ем となる（муж → му́жем「夫」など）。
♦女性名詞主格が -жа, -ча, -ша, -ща, -ца で終わるものは、アクセントが語幹にあれば、造格語尾が -ей となる（у́лица → у́лицей「通り」など）。

2. 形容詞

	主格	造格	語尾
男性 / 中性	краси́вый / краси́вое	краси́вым	-ым
	молодо́й / молодо́е	молоды́м	
	си́ний / си́нее	си́ним	-им
女性	краси́вая	краси́вой	-ой
	молода́я	молодо́й	
	си́няя	си́ней	-ей

♦男性形と中性形は造格では同じ変化形となる。

第 13 課

2 人称代名詞の造格形

主格	造格	с＋造格
я	мной	со мной
ты	тобой	с тобой
он, оно́	им	с ним
она́	ей	с ней
мы	на́ми	с на́ми
вы	ва́ми	с ва́ми
они́	и́ми	с ни́ми

◆ им, ей, и́ми は、с などの前置詞とともに使う場合は、н- が補われる。
◆ мной の前で с は со となる。

3 писа́ть「書く」と ждать「待つ」の現在人称変化

1. писа́ть の現在変化形は、са を ш にして、第 1 変化語尾をつけて作る。ただし 1 人称単数形と 3 人称複数形は、正書法の関係で -ю, -ют ではなく、-у, -ут になる。またアクセントは 2 人称単数以下で語幹に移動する。
   （似たタイプ：сказа́ть「言う、述べる」: скажу́, ска́жешь…）
2. ждать は жд- に第 1 変化語尾をつけて作る。ただし 1 人称単数形と 3 人称複数形は、-ю, -ют ではなく、-у, -ут になる。また -е が -ё になる。
   （似たタイプ：жить「生きる」: живу́, живёшь…）

	писа́ть	ждать
я	пишу́	жду
ты	пи́шешь	ждёшь
он	пи́шет	ждёт
мы	пи́шем	ждём
вы	пи́шете	ждёте
они́	пи́шут	ждут

◆ ждать の過去形は、女性形 ждала́ のみアクセントが語尾に移動する。

4 造格の用法（1）述語を表す

造格は、быть など「〜である」の意味をもつ動詞とともに述語を形成する。

Тогда́ я был **студе́нтом**.　当時、私は学生だった。

＊тогда́ そのとき　студе́нт 学生

Он хо́чет быть **изве́стным писа́телем**.　彼は有名な作家になりたいと望んでいる。

5 造格の用法（2）職業・地位を表す

造格は、「〜として」の意味をもち、рабо́тать などの動詞とともに職業や地位を表す。

Кем вы рабо́таете? — Я рабо́таю **врачо́м**.　「あなたの職業は何ですか？（あなたは誰として働いていますか？）」「私の職業は医者です（私は医者として働いています）」

6 造格の用法（3）手段・道具を表す

造格は、「〜で、〜によって」の意味をもち、動作の手段や道具を表す。

Чем вы пи́шете? — Обы́чно я пишу́ **ру́чкой**, а иногда́ **карандашо́м**.　「あなたは何で書きますか？」「ふつう私はペンで書きますが、ときには鉛筆で書きます」

＊чем（← что）　обы́чно たいてい　ру́чка ペン
иногда́ 時々　каранда́ш 鉛筆（シャープペン）

7 造格を要求する動詞 занима́ться, интересова́ться

補語として造格を要求する動詞のうち、занима́ться「〜に従事する、勉強する」、интересова́ться「〜に興味・関心をもつ」を学ぶ。

Мы занима́емся **ру́сским языко́м**.　私たちはロシア語を学んでいます。

Её брат занима́ется **спо́ртом**.　彼女の兄はスポーツをやっています。

＊спорт スポーツ

Я интересу́юсь **ру́сской литерату́рой**. (Cf. Меня́ интересу́ет ру́сская литерату́ра.)　私はロシア文学に興味がある。

第 13 課

8 造格を要求する前置詞 с

前置詞 с は、造格を要求し「～とともに、～のある、～入りの」などの意味をもつ。

> Вчера́ Ива́н был на конце́рте с Мари́ей.　昨日イワンはマリヤとコンサートに行った。
> 　　　　　　　　　　　　　　　　　　　　＊конце́рт コンサート
>
> Вы не хоти́те пить ко́фе с молоко́м?　あなたはミルク入りコーヒーを飲みたくありませんか？
> 　　　　　　　　　　　＊пить 飲む　ко́фе コーヒー　молоко́ ミルク

9 接続詞 что および疑問詞を伴う従属節について

主節と従属節からなる文を複文という。従属節は接続詞 что などに導かれるが、主節と従属節は必ずコンマで区切られる。従属節の中からこの課のテクストに出てきた用法のみ、まず学ぶ。

1. 接続詞 что を伴う従属節

　что には、英語の that に相当する「～ということ」の意味もあり、従属節を導く。

> Он зна́ет, что я люблю́ его́ сестру́.　彼は、私が彼の妹を好きなことを知っている。
>
> Говоря́т, что за́втра бу́дет хоро́шая пого́да.　明日は良い天気になるそうだ。
> 　　　　　　　　　　　　　　　　　　　　　　　　＊пого́да 天気

2. 疑問詞を伴う従属節

　疑問詞 кто, что, где, когда́, как などを伴う疑問文を、語順など変えることなくそのまま従属節にすることができる。

> Вы зна́ете, где он живёт?　あなたは、彼がどこに住んでいるか知っていますか？
>
> Я ду́маю, как реша́ть пробле́му.　私は、どうやって問題を解決しようか、考えている。

練習問題

1. 次の（　）内の語を造格にし、また、[　]内の動詞を現在変化形にし、全文を日本語に訳しなさい。
   1. Моя́ подру́га была́ (медици́нская) (сестра́), а ско́ро она́ бу́дет (де́тский) (врач). ＊медици́нская сестра́ 看護婦　де́тский 子供の
   2. Его́ брат [интересова́ться] (фотогра́фия).
   3. Ива́н [занима́ться] (англи́йский) (язы́к).
   4. (Что) ты [писа́ть]? — Я [писа́ть] (каранда́ш).
   5. Я [хоте́ть] пить чай с (молоко́). ＊чай お茶
   6. Алёша бу́дет в теа́тре с (краси́вая) (подру́га).

2. 次の日本語をロシア語に訳しなさい。
   1. 私たちは、アリョーシャが大人になるのを待っています。
   2. 彼は、私たちがロシア語を学んでいることを知っている。
   3. 私たちはロシアの学生と知り合いになった。私たちは彼と一緒に新しい映画を見たい。

第14課
移動の動詞（定動詞・不定動詞）
Уро́к но́мер четы́рнадцать / Четы́рнадцатый уро́к　CD49

テクスト

1. Никола́й лю́бит ходи́ть по го́роду ра́но у́тром. Вот шко́льники иду́т в шко́лу. На остано́вке стои́т стару́ха. Она́ е́дет на ры́нок. Она́ ча́сто е́здит туда́ на авто́бусе покупа́ть фру́кты и о́вощи.

2. Кэн: Сего́дня у меня́ после́дний день в Петербу́рге.
   Ми́ша: Где ты был?
   К: Я ходи́л в Эрмита́ж, был в Ру́сском музе́е.
   М: Ты не е́здил в Екатери́нинский дворе́ц?
   К: Коне́чно, е́здил и ви́дел янта́рную ко́мнату. Прекра́сное ме́сто!
   М: На чём ты е́здил? На электри́чке?
   К: Нет. Я не люблю́ е́здить на электри́чке. Е́здил туда́ на маши́не дру́га.

■単語■

ходи́ть²*（歩いて）行く、通う
по（＋与格）〜をあちこち（運動の領域を表す）
го́род 町
ра́но 早く
иду́т（← идти́¹⁽特⁾）（歩いて）行く
шко́льник（学校の）生徒
в（＋対格）〜へ
остано́вка 停留所
стоя́ть² 立っている
стару́ха お婆さん
е́дет（← е́хать¹⁽特⁾）（乗り物で）行く
ры́нок 市場
на（＋前置格）〜で（交通手段を表す）

авто́бус バス
ча́сто しばしば
е́здит（← е́здить²⁽特⁾）（乗り物で）行く、通う
туда́ そこへ
покупа́ть¹ 買う
фру́кты 果物
о́вощи 野菜
после́дний 最後の
день 圐 日
Эрмита́ж エルミタージュ（ペテルブルグの美術館）
Екатери́нинский дворе́ц エカテリー

ви́деть[2(特)] 見る
янта́рная ко́мната 琥珀の間（エカテリーナ宮殿内の一室で、部屋全体が琥珀で装飾されている）
прекра́сный 素晴らしい
чём (← что の前置格)
электри́чка 電車

■訳■

1. ニコライは、朝早くに町をあちこち歩くのが好きです。ほら、生徒たちが学校へ歩いて行きます。停留所にはお婆さんが立っています。彼女は市場へ行くところです。彼女はよくそこへバスで果物や野菜を買いに行きます。

2. 健：今日は僕のペテルブルグでの最後の日なんだ。
   ミーシャ：君はどこへ行った？
   K：エルミタージュとロシア美術館に行ったよ。
   M：エカテリーナ宮殿は行かなかったの？
   K：もちろん行って、琥珀の間も見たよ。素晴らしいところだね！
   M：何で行ったの？ 電車で行ったのかい？
   K：いや。僕は電車に乗るのは嫌いなんだ。友達の車で行ったよ。

解説

1 移動の動詞（定動詞）идти́, éхать

ロシア語には「行く」を意味する動詞はいくつかある。これらの動詞は移動の方向によって大きく「定動詞」と「不定動詞」に分けられる。そのうち、一定の方向に向かって進行する、いわば片道の移動を意味する動詞は「定動詞」と呼ばれる。定動詞の現在形は「行くところだ」という現在

	идти́	éхать
я	иду́	éду
ты	идёшь	éдешь
он	идёт	éдет
мы	идём	éдем
вы	идёте	éдете
они́	иду́т	éдут

第 14 課

進行形の意味と「（近い未来に）行く」という未来形を代行するような意味をもつ。定動詞の中から идти「歩いて行く」と éхать「乗り物で行く」の現在人称変化を学ぶ。
♦ идти の過去形は特殊な変化で、шёл, шла, шло шли となる。

2 行き先を表す в, на＋対格、к＋与格

「～へ行く、～のところへ行く」は、идти, éхать と「в, на＋対格（場所）」、「к＋与格（人、物）」で表す。в, на の使い分けは、前置格を伴う表現の場合と同じである。

　　Куда́ вы идёте? — Я иду́ **в больни́цу к врачу́**. 「あなたはどこへ行くのですか？」「私は病院の医者のところに行きます」　＊куда́ どこへ
　　Она́ идёт **на по́чту**. 　彼女は郵便局に行くところです。　＊по́чта 郵便局
　　Куда́ ты е́дешь? — Я е́ду **в Москву́ к ба́бушке**. 「君はどこへ行くの？」「モスクワの祖母のところへ行くところだ」
　　　　　　　　　　　　　　　　　　　　＊ба́бушка 祖母、おばあさん

3 交通手段を表す на＋前置格

交通手段は「на＋乗り物を意味する名詞の前置格」で表す。
　　на электри́чке「電車で」, на авто́бусе「バスで」, на маши́не「車で」, на метро́「地下鉄で」, на такси́「タクシーで」
　　　　　　　　　　　　　　　＊такси́ と метро́ は不変化の名詞

　　Когда́ он е́хал в университе́т **на метро́**, он чита́л кни́гу.　大学に地下鉄で行く途中、彼は本を読んでいた。
　　　　　　　　　　　＊когда́（接続詞）～ときに　университе́т 大学

4 移動の動詞（不定動詞）ходи́ть, е́здить

不定動詞は、不定の方向への移動、反復や往復の移動などを表す。不定動詞の中から、ходи́ть「歩いて行く」と е́здить「乗り物に乗って行く」の現在人称変化形を学ぶ。2つとも第2変化だが、1人称単数形でのみ д → ж になる。ходи́ть はアクセントの移動がある。

	ходи́ть	е́здить
я	хо<u>жу́</u>	е́<u>зж</u>у
ты	хо́д**ишь**	е́зд**ишь**
он	хо́д**ит**	е́зд**ит**
мы	хо́д**им**	е́зд**им**
вы	хо́д**ите**	е́зд**ите**
они́	хо́д**ят**	е́зд**ят**

5 繰り返しを表す語

繰り返しを表す語には以下のような例がある。

1. 副詞を使う例

   всегда́「いつも」, обы́чно「たいてい」, ча́сто「しばしば」, иногда́「時々」

2. ка́ждый＋時を表す語の対格を使う例

   「ка́ждый＋時を表す語の対格」として、ка́ждый день「毎日」, ка́ждое у́тро「毎朝」, ка́ждый ве́чер「毎晩」, ка́ждую неде́лю「毎週」

6 移動の領域を表す по＋与格

「по＋与格」は、移動の動詞とともに「～を、～に沿って、～をあちこち」などの意味で移動の領域を表す。定動詞、不定動詞、ともにこの表現を用いることができる。

7 不定動詞の用法

1. 不定の方向への移動

   Тури́сты хо́дят по музе́ю.　旅行者たちは美術館の中をあちこち歩き回っている。
   　　　　　　　　　　　　　　　　　　　　　　　＊тури́ст 旅行者

   Вчера́ мы весь день е́здили по го́роду То́кио на авто́бусе.　昨日は私たちは１日中バスで東京の町をあちこち回った。
   　　　　　　　　　　　　　　　　　　　　　　　＊То́кио（不変化）東京

2. 往復の移動

   Вчера́ он ходи́л в теа́тр на о́перу.　昨日、彼は劇場にオペラを観に行った。
   　　　　　　　　　　　　　　　　　　　　　　　＊о́пера オペラ

В воскресе́нье мы е́здили на да́чу на маши́не. 日曜日に我々は車で別荘に行ってきた。　＊да́ча 別荘

3. 反復の移動

Ка́ждую неде́лю я хожу́ к ста́рому дру́гу. 毎週、私は古い友人のところに行く。

Он ча́сто е́здит в Кио́то. 彼はよく京都へ行く。＊Кио́то（不変化）京都

8 移動の動詞とともに使う「目的」を表す不定形

移動の動詞にほかの動詞の不定形をつけると、「〜をしに、するために」という目的を表現することができる。

Ка́ждое ле́то А́нна е́здит отдыха́ть на мо́ре. 毎夏アンナは休養するため海に行く。　＊ле́то 夏　отдыха́ть[1] 休む、休養する

Ка́ждое у́тро он хо́дит в кио́ск покупа́ть газе́ты. 毎朝彼は売店に新聞を買いに行く。

＊кио́ск 売店　газе́та 新聞　газе́ты は複数対格形である

9 移動の動詞を使う文と быть を使う文

「〜へ行く」は、第10課、11課で学んだように、быть を使っても表現できる。移動の動詞を使う場合と前置詞などが異なる点に注意しよう。

夏に彼はモスクワのお婆さんのところに行った。
Ле́том он е́здил <u>в</u> <u>Москву́</u> <u>к</u> <u>ба́бушке</u>.
Ле́том он был <u>в</u> <u>Москве́</u> <u>у</u> <u>ба́бушки</u>.
＊у（＋人を表す名詞の生格）〜のところに

明日彼女は病院の医者のところに行く。
За́втра она́ <u>идёт</u> <u>в</u> <u>больни́цу</u> <u>к</u> <u>врачу́</u>.
За́втра она́ <u>бу́дет</u> <u>в</u> <u>больни́це</u> <u>у</u> <u>врача́</u>.

練習問題

1 次の быть を使った文を ходи́ть か идти́ を使った文に書き換え、全文を日本語に訳しなさい。

1. Во вто́рник мы бы́ли в Большо́м теа́тре.

2. Завтра я буду с Мишей на концерте.
3. В субботу Маша была у бабушки.
4. В пятницу Ваня и Люда будут в Эрмитаже.

2 次の文の（　）内の動詞は指示どおりに現在形か過去形に、名詞は適当な格に変化させ、全文を日本語に訳しなさい。

1. Дети（идти 過去形）по（улица）в（школа）.
2. Мы（ехать 現在形）в（центр）города на（автобус）.
3. — Куда ты（ехать 現在形）?
   — Я（ехать 現在形）в Киото.
   — Ты часто（ездить 現在形）туда?
   — Да, каждый год. ＊год 年

3 次の日本語をロシア語に訳しなさい。

1. 昨日、私たちは公園の中をあちこち歩きました。
2. 日曜日に彼らは電車で別荘に行ってきました。
3. 毎年夏に私は休養するために南へ行きます。 ＊南 юг

4 次の小噺（アネクドート）を日本語に訳してみましょう。

Однажды две старухи ехали на поезде.
—Вы куда едете? — спрашивает одна.
—В Москву. — отвечает другая.
—А я еду в Петербург.
—Смотрите, какая теперь техника! Сидим в одном вагоне, а едем в разные стороны.

＊однажды ある時　две（← два）2　поезд 列車　спрашивать[1] 訊ねる　одна（← один）1　отвечать[1] 答える　другой 別の、もう1人の　смотрите（← смотреть[2]＊の命令形）おやまあ、いやはや　техника 技術　сидеть[2] 座っている、乗り物に乗っている　одном（← один の前置格）　вагон 車両　разный 異なる、別の　сторона 方向、方面

第15課
動詞の体（完了体・不完了体）
Урóк нóмер пятнáдцать / Пятнáдцатый урóк　CD50

テクスト

Мáльчик получи́л домáшнее задáние: реши́ть задáчу. Он дóлго решáл её, но не реши́л, потомý что задáча былá óчень трýдная.

Отéц посмотрéл задáчу, хотéл реши́ть её срáзу, но решáл весь вéчер и всё-таки не реши́л.

На слéдующий день мáльчик сказáл:

— Ты знáешь, пáпа, в учéбнике былá оши́бка.

— Что ты говори́шь! Какáя досáда!

— Ничегó! Другие отцы́ тóже не реши́ли эту задáчу.

■単語■

мáльчик 少年
получи́ть² * 園 受け取る
домáшнее задáние 宿題
реши́ть² 園 解く
задáча 問題
дóлго 長く、長い間
решáть¹ 不完 解く
потомý что なぜならば
трýдный 難しい
отéц 父親
посмотрéть² * 園 見る
срáзу すぐに
всё-таки それでもやはり

на слéдующий день 翌日に
сказáть¹⁽特⁾ * 園 言う
ты знáешь (вы знáете) あのねえ、いいですか
учéбник 教科書
оши́бка 間違い
досáда いまいましさ、悔しさ
Что ты говори́шь! (Что вы говори́те!) 何だって！
ничегó 何でもない、大丈夫だ
тóже 〜もまた
эту (← эта の対格)

■訳■

少年が、問題を解くという宿題を出された。彼は長いこと問題を解いていたが、解けなかった。なぜなら問題はとても難しかったからだ。

父親は問題を見て、すぐにそれを解いてしまいたかったが、一晩中解いても、や

はり解けなかった。

　翌日、少年は言った。

「あのねえ、パパ、教科書に間違いがあったんだよ」

「何だって？　なんていまいましいんだ！」

「大丈夫だよ！　ほかのお父さんたちもこの問題は解けなかったんだから」

解説

1 動詞の体

　ロシア語の動詞は、ある動作や行為をどんな視点で捉えるかによって、完了体と不完了体に分けられる。ほとんどの動詞が完了体と不完了体の2つの形をもつ。今まで出てきた動詞の大部分は不完了体である。例えば「読む」という動詞は、不完了体が читáть、完了体が прочитáть である。完了体は、動作が完了しているかどうかを積極的に表すのに対し、不完了体は、動作が完了しているかどうかは問題とせず、一般的に動作そのものや、進行中の過程などを表す。

◆この課以降の「単語」欄では、動詞の体を 完 不完 で示す。

2 完了体、不完了体のペア

　それぞれの動詞の完了体と不完了体のペアは、さまざまな種類があるが、大きく分けて次のように分類される。

1. 不完了体に接頭辞がついて完了体が作られるもの。接頭辞はそれぞれの動詞によって異なる。

	する	読む	見る
不完了体	déлать	читáть	смотрéть
完了体	сдéлать	прочитáть	посмотрéть

2. 語の後半が少し異なるもの。

	解く	与える	理解する
不完了体	решáть	давáть	понимáть
完了体	решúть	дать	понять

3. まったく形が異なるもの。

	言う	取る
不完了体	говори́ть	брать
完了体	сказа́ть	взять

❸ 体と時制
1. 不完了体の時制

　　不完了体は、すでに学んだように、過去、現在、未来の3つの時制の形をもつ（例：он чита́л, он чита́ет, он бу́дет чита́ть）。
2. 完了体の時制

　　完了体の時制の形は過去と未来だけである。過去形は不完了体と同じように作るが（例：он прочита́л）、未来形は不完了体の現在人称変化と同じように作る（例：я прочита́ю, ты прочита́ешь...）。合成未来は使われない。

❹ 体の用法
1. 動作の完了／動作の有無、過程の確認
① 完了体はある動作の完了、結果の達成を積極的に表す。

　　Она́ прочита́ла (прочита́ет) кни́гу.　彼女は本を読了した（読み終えてしまう）。

② 不完了体は、動作が完了したかどうかには関心がなく、動作そのものの有無や動作の過程を確認するときに使われる。до́лго「長い間」、весь ве́чер「夜じゅう」、два часа́「2時間」など、継続期間を表す語を伴う場合はふつう不完了体が使われる。

　　Она́ весь день чита́ла (чита́ет, бу́дет чита́ть) кни́гу.　彼女は1日中本を読んでいた（読んでいる、読んでいるだろう）。

2. 特定の1回の動作の完了／反復の動作
① 完了体は特定の1回の動作の実現、完了を示す。

　　Он написа́л (напи́шет) письмо́ бра́ту.　彼は弟に手紙を書いてしまった（書いてしまう）。

② 繰り返される動作を表すときには不完了体を使う。したがって、всегда́「いつも」、обы́чно「たいてい」、иногда́「時々」、ка́ждый день「毎日」など、動作の反復を表す語があるときは、ふつう不完了体を使う。

 Он ча́сто писа́л (пи́шет, бу́дет писа́ть) пи́сьма бра́ту. 彼はしばしば弟に手紙を書いた（書く、書くだろう）。 ＊пи́сьма は複数対格形である

③ ただし、不完了体も1回の動作の有無を表すことができる。その場合、動作が完了されたかどうかに関心は向けられていない。

 — Вы смотре́ли но́вый фильм Михалко́ва?「あなたはミハルコフの新しい映画を見ましたか？」
   ＊Михалко́в ミハルコフ（ロシアの映画監督）
 — Да, смотре́л.「ええ、見ました」

3. 動作、事実の否定／動作の完了の否定
①「〜しない、しなかった、しないだろう」という動作・事実を否定する表現は、ふつう不完了体を用いる。

 — Извини́те, я опозда́л. Вы уже́ поу́жинали?「ごめんなさい。僕、遅れちゃった。君たち、もう夕食は済んだの？」
  ＊опозда́ть¹ 完 遅れる поу́жинать¹ 完 夕食を食べる
 — Нет, мы ещё не у́жинали. Мы ждём тебя́.「いや、僕らは、まだ食べていないよ。君を待っていたんだ」
  ＊у́жинать¹ 不完 夕食を食べる

② 完了体に не をつけると、その行為、動作を「完遂、完了しなかった」という限定的な意味になる。

 — Ну как, ты посмотре́л но́вый фильм Михалко́ва?「で、どうなんだい、（結局）、君はミハルコフの新しい映画を見たのかい？」
 — Нет, не посмотре́л, хотя́ собира́лся.「いや、見ていないんだ。見るつもりだったんだけど」
  ＊хотя́ 〜ではあるが собира́ться¹ 不完 〜するつもりである、〜しようとする

4. 複数の動作の同時性／継起性
① 動詞が複数あるとき、不完了体は、複数の動作が同時に行われていることを表す。

Когда́ па́па смотре́л телеви́зор, ма́ма гото́вила у́жин.　パパがテレビを見ていたとき、ママは夕食の用意をしていた。

＊гото́вить² 不完 用意する、料理する　у́жин 夕食

② 動詞が複数あるとき、完了体は、1つの動作が完了してから次の動作が行われることを表す。

Когда́ я прочита́ю э́ту кни́гу, я дам её вам.　私がこの本を読み終えたら、あなたにこれを（貸して）あげます。

＊дам（← дать 不規則 完）与える、貸す

5.「始める」、「終える」などの動詞＋不完了体

「始める」начина́ть¹ 不完 / нача́ть¹⁽特⁾ 完，「終える」конча́ть¹ 不完 / ко́нчить² 完 など、始まり、終わり、継続などを意味する動詞とともに使われる動詞の不定形は不完了体である。

Он ко́нчил писа́ть письмо́ и на́чал слу́шать ра́дио.　彼は手紙を書き終えて、ラジオを聴き始めた。

Они́ уже́ конча́ют рабо́тать.　彼らはもう仕事を終えかけている。

5 動詞 дать と нача́ть の変化形

　動詞 дать 完「与える、貸す、提供する」と нача́ть 完「始める」の人称変化形を学ぶ。特に дать はまったく不規則な変化なので注意すること。

	дать	нача́ть
я	дам	начну́
ты	дашь	начнёшь
он	даст	начнёт
мы	дади́м	начнём
вы	дади́те	начнёте
они́	даду́т	начну́т

過去形はアクセントが移動する。

	дать	начáть
он	дал	нáчал
онá	далá	началá
оно́	дáло	нáчало
они́	дáли	нáчали

練習問題

1. 次の文の（　）内の動詞のうち、不完了体（1つ目の動詞）か完了体（2つ目の動詞）を選びなさい。また全文を和訳しなさい。

1. Онá дóлго（читáла, прочитáла）кни́гу, но не（читáла, прочитáла）её.
2. Кáждый вéчер Áнна（звони́т, позвони́т）Ивáну.

　　　　　　　　　　　　　　　　　　＊звони́ть[2]/позвони́ть[2]　電話をかける
3. Сáша чáсто（опáздывает, опоздáет）на уро́ки. Вчерá он опя́ть（опáздывал, опоздáл）.

　　　　＊опáздывать[1]/опоздáть[1] 遅れる　уро́к 授業　уро́ки は複数対格形である
4. Он（брал, взял）словáрь и（смотрéл, посмотрéл）незнакóмое слóво.

　　　　　　　　　　　　　＊словáрь 辞書　незнакóмый 知らない　слóво 単語
5. Когдá мáма（готóвила, пригото́вила）у́жин, Лéна（писáла, написáла）письмó дру́гу.　　　　　＊готóвить[2]/пригото́вить[2] 用意する
6. Мы нáчали（изучáть, изучи́ть）ру́сский язы́к.

　　　　　　　　　　　　　　　　　　　　＊изучáть[1]/изучи́ть[2] ＊学ぶ

2. 次の（　）内の動詞（完了体）を適当な未来形に変えなさい。また全文を日本語に訳しなさい。

1. Когдá Алёша（прочитáть）кни́гу, он（дать）её брáту.
2. Когдá вы（начáть）изучáть япóнский язы́к? — Мы（начáть）изучáть япóнский язы́к веснóй.　　　　　　　＊веснóй 春に
3. Когдá ты（дать）мне маши́ну? — Я（дать）её срáзу.

　　　　　　　　　　　　　　　　　　　　　　　　＊срáзу すぐに

第16課
命令形（2人称の命令形）
Уро́к но́мер шестна́дцать / Шестна́дцатый уро́к CD51

テクスト

1. Студе́нт присла́л домо́й письмо́. Мать прочита́ла его́ и сказа́ла отцу́:
   — Я хочу́ прочита́ть тебе́ письмо́ на́шего сы́на.
   — Не на́до. Скажи́ то́лько, ско́лько де́нег он попроси́л.

2. — Э́та кни́га неинтере́сная. Не покупа́йте её. У меня́ есть но́вая кни́га Пеле́вина. Она́ о́чень интере́сная.
   — Тогда́ да́йте мне, пожа́луйста, её.
   — Хорошо́. То́лько не потеря́йте и пото́м верни́те.
   — Коне́чно. Обяза́тельно верну́.

■単語■

студе́нт 学生
присла́ть[1]（特）[完] 送ってよこす
домо́й 家へ
мать 母親
на́шего (← наш の生格)
сын 息子
не на́до 駄目だ、必要が無い
скажи́ (← сказа́ть)
то́лько ただ、ただし
ско́лько どれだけ（数量を尋ねる疑問詞で、ともに使う名詞は生格形となる）
де́нег (← де́ньги の生格) お金（複数形のみの名詞）

попроси́ть[2]*[完] 頼む、求める
неинтере́сный つまらない
покупа́йте (← покупа́ть[1] 買う [不完])
Пеле́вин ペレーヴィン。現代ロシアの作家
интере́сный 面白い、興味深い
тогда́ それなら、その時
да́йте (← дать)
пожа́луйста どうぞ
хорошо́ よろしい、結構だ
пото́м 後で
верни́те (← верну́ть[1]（特）返す [完])
обяза́тельно 必ず

■訳■

1.学生が家に手紙を送ってよこした。母親はそれを読んで、父親に言った。

「うちの息子の手紙をあなたに読みたいんだけど」
「読まなくてもいいさ。いくら無心してきたかだけ、言ってくれ」

2.「その本はつまらないですよ。買うのはおやめなさい。私のところにペレーヴィンの新しい本があります。とても面白いですよ」
「ではそれを私に貸してください」
「いいですよ。ただし、無くさないで、後で返してくださいよ」
「もちろんです。必ず返します」

解説

1 歯音変化

第2変化動詞のうち、現在語幹が歯音（舌先を歯の裏につけるか近づけて発音する子音）с, з, т, д などで終わるものは、1人称単数の変化形のみ、これらの子音が別の子音に交替する。（д, з → ж / с → ш / ст → щ / т → ч, щ ）

これらの動詞には、1人称単数のみでアクセントが語尾にあり、2人称単数以下でアクセントが語幹に移動するものもある。

  ви́деть → я ви́жу, ты ви́дишь...
  проси́ть → я прошу́, ты про́сишь...
  отве́тить → я отве́чу, ты отве́тишь...
  сади́ться → я сажу́сь, ты сади́шься...

    ＊ви́деть[2] 不完 見る、見える　проси́ть[2]＊ 不完 頼む　отве́тить[2] 完 答える　сади́ться[2] 不完 腰かける、座る

2 2人称命令形

ほとんどの動詞には、相手に対して命令、要求、勧誘などを呼びかける命令形がある。命令形には、ты で話しかける相手に対して用いる単数形と、вы で話しかける相手に対して用いる複数形がある。複数形は単数形の語末に -те を加える。2人称命令形は、ふつう単数2人称の現在語幹から、次のようにして作る。

 単数2人称現在語幹が
  1. 母音字で終わるもの → **語幹＋й**(**те**)
   чита́ть（чита́-ю, чита́-ешь）→ чита́й(те)

第 16 課

  2. 子音字で終わるもの
   ① 単数 1 人称でアクセントが語尾にあるもの → **語幹＋и(те)**
    проси́ть（прош-у́, про́с-ишь）→ проси́(те)
   ② 単数 1 人称でアクセントが語幹にあるもの → **語幹＋ь(те)**
    отве́тить（отве́ч-у, отве́т-ишь）→ отве́ть(те)
♦ ся 動詞の場合は、ся の無い動詞と同じように作り、語末が母音字であれば -сь を足し、子音字であれば -ся を足す。
  сади́ться（саж-у́сь, сад-и́шься）→ сади́сь, сади́тесь
♦ 例外的な命令形もある。дава́ть（да-ю́, да-ёшь）→ дава́й(те)

3 命令形の体の用法

1. 具体的な 1 回の行為の遂行を命じるには、ふつう完了体を、否定の命令は不完了体を用いる。

  Скажи́те ей об э́том. 彼女にそのことについて言いなさい。
  Не говори́те ей об э́том. 彼女にそのことについて言わないでください。
             ＊э́том（← э́то の前置格）

＊сказа́ть の人称変化形は、писа́ть と同じタイプであり、不定形の за が変化形では全て ж となる第 1 変化。アクセントの移動あり。

  я скажу́, ты ска́жешь, он ска́жет, мы ска́жем, вы ска́жете, они́ ска́жут

2. 繰り返しの行為の命令は不完了体を用いる。

  Звони́те мне ка́ждый день. 毎日私に電話をかけてください。

3. 1 回あるいは繰り返しの行為の（命令というより）「勧誘」は不完了体を用いる。

  Сади́тесь, пожа́луйста. どうぞおかけください。

♦ 命令形には「どうぞ」の意味の пожа́луйста の前後をコンマで区切って加えることがよくある。

4.「うっかりして望ましくないことをするな」という意味の否定の命令は完了体を用いる。

не потеря́й(те) なくすな　не опозда́й(те) 遅れるな
не забу́дь(те)（← забы́ть）忘れるな

4 結果の存続を表す完了体過去と、動作の結果については表さない、あるいは結果の消滅を表す不完了体過去

1. 完了体の過去形は、動作の結果が現在まで存続していることを表す。

    Мой оте́ц заболе́л и лежи́т в больни́це.　私の父は病気になり、入院している。　＊заболе́ть[1] 完 病気になる　лежа́ть[2] 不完 横たわっている

2. 不完了体の過去形は過去に動作があったことを示すだけで、その結果が現在も続いているかどうかは表さない。

    Тогда́ мой оте́ц тяжело́ боле́л и лежа́л в больни́це.　そのとき父は重病で入院していた。　＊тяжело́ 重く　боле́ть[1] 不完 患う、病気である

3. 「開ける открыва́ть[1] 不完 / откры́ть[1(特)] 完—閉める закрыва́ть[1] 不完 / закры́ть[1(特)] 完」「貸す дава́ть[1(特)] 不完 / дать 完—借りる брать[1(特)] 不完 / взять[1(特)] 完」など反意語のある動詞では、完了体過去形が結果の存続を表すのに対して、不完了体の過去形は結果の消滅を表すことになる。

    Он откры́л окно́.　彼は窓を開けた。（今も窓は開いている。）
    Он открыва́л окно́.　彼は窓を開けた。（が、また閉めた。）
    Я дал А́не кни́гу.　私はアーニャに本を貸した。（今、本はアーニャのところにある。）
    Я дава́л А́не кни́гу.　私はアーニャに本を貸した。（が、もう返してもらった。）

5 所有代名詞・指示代名詞（単数）の格変化

男性対格形は、不活動体の名詞に関わるものは主格形と、活動体の名詞に関わるものは生格形と同じになる。

1. мой (твой)

	男性	中性	女性
主格	мой	моё	моя́
生格	моего́		мое́й
与格	моему́		мое́й
対格	主 / 生	моё	мою́
造格	мои́м		мое́й
前置格	моём		мое́й

2. наш (ваш)

	男性	中性	女性
主格	наш	на́ше	на́ша
生格	на́шего		на́шей
与格	на́шему		на́шей
対格	主 / 生	на́ше	на́шу
造格	на́шим		на́шей
前置格	на́шем		на́шей

♦ его́, её, их は不変化。

3. э́тот

	男性	中性	女性
主格	э́тот	э́то	э́та
生格	э́того		э́той
与格	э́тому		э́той
対格	主 / 生	э́то	э́ту
造格	э́тим		э́той
前置格	э́том		э́той

Я хочу́ рассказа́ть вам о моём ста́ром дру́ге.　私は私の古い友人についてあなたにお話したいと思います。

＊рассказа́ть[1](特)＊ 完 物語る

Вы слу́шали ле́кцию на́шего профе́ссора? あなたは私たちの教授の講義を聴きましたか？

＊слу́шать[1] 不完 聴く　ле́кция 講義　профе́ссор 教授

Кто написа́л э́ту пе́сню? 誰がこの歌の作詞をしたのですか？

＊написа́ть[1(特)]＊完 書く　пе́сня 歌

練習問題

1 次の（ ）内の動詞を命令形（**вы** に対する形）に変え、全文を日本語に訳しなさい。

1. (говори́ть) по-ру́сски.
2. (писа́ть) мне ча́ще.　　　　　　　　＊ча́ще (← ча́сто) もっと頻繁に
3. (дать) мне, пожа́луйста, слова́рь.
4. (познако́миться), пожа́луйста. Э́то моя́ жена́.
5. (отве́тить) на мои́ вопро́сы.　　　　　＊вопро́с 質問
6. (сади́ться), пожа́луйста.
7. (извини́ть), я опя́ть опозда́л.　　　＊извини́ть[2] 完 ゆるす

2 次の（ ）内の動詞（１つ目が不完了体、２つ目が完了体）のうち、適当なものを命令形（**вы** に対する形）に変え、全文を日本語に訳しなさい。

1. (открыва́ть, откры́ть) окно́ ка́ждое у́тро.
2. (расска́зывать, рассказа́ть) нам о ва́шей стране́.　＊страна́ 国
3. Не (говори́ть, сказа́ть) ва́шему дру́гу мой но́мер телефо́на.

　　　　　　　　　　　　　　　　　　＊но́мер телефо́на 電話番号
4. (говори́ть, сказа́ть), пожа́луйста, где вы живёте?
5. Не (забыва́ть, забы́ть), что за́втра бу́дет экза́мен.　＊экза́мен 試験
6. (дава́ть, дать) мне, пожа́луйста, ка́рту э́того го́рода.　＊ка́рта 地図

3 次の日本語をロシア語に訳しなさい。

1. 私はその本を読みましたが、今は (сейча́с) 私はそれを持っていません。なぜなら (потому́ что) 私はそれを友達に (у дру́га) 借りたからです。
2. 私はその本を持っていますが、今はそれをあなたに貸すことができません。なぜなら私の友達がそれを借りていったからです。

第 16 課

4 次のアネクドートを日本語に訳しなさい。

— Я тебя о́чень прошу́, не остана́вливайся у ка́ждой витри́ны, — се́рдится муж.
— Е́сли у тебя́ нет вре́мени, мы мо́жем на мину́тку войти́ в магази́н, — предлага́ет жена́.

остана́вливаться[1] 不完 立ち止まる　витри́на ショーウィンドウ　серди́ться[2] 不完 怒る　е́сли もし　вре́мя 時間　на мину́тку ちょっとだけ　войти́[1(特)] 入る　магази́н 店　предлага́ть[1] 不完 提案する

第17課
形容詞の短語尾形／無人称文
Урóк нóмер семнáдцать / Семнáдцатый урóк CD52

テクスト

Муж: Объясни́, что произошло́? Тебе́ гру́стно?

Жена́: Гру́стно! У нас не рабо́тает телеви́зор. Нам на́до купи́ть но́вый телеви́зор. А ещё мне нужна́ маши́на, сы́ну ну́жен моби́льный телефо́н, тебе́ нужны́ часы́.

М: Поня́тно. Зна́чит, нам нужны́ де́ньги.

Ж: И́менно. Нам ну́жно о́чень мно́го де́нег!

■単語■

объясни́ть² 完 説明する
произойти́¹⁽特⁾ 完 起こる
гру́стно [grúsnə] 憂鬱だ、悲しい
рабо́тать¹ 不完 働く、動く
телеви́зор テレビ
на́до ～しなければならない
купи́ть²* 完 買う
ещё まだ、さらに

ну́жен (нужна́, ну́жно, нужны́) 必要だ（「～にとって」は与格で表す）
маши́на 車
моби́льный телефо́н 携帯電話
часы́ 時計（複数形のみの名詞）
поня́тно わかった、明瞭だ
зна́чит つまり
и́менно まさに
мно́го たくさん（生格要求の数量代名詞）

■訳■

夫：「説明してよ、どうしたの？ 君、憂鬱なの？」

妻：「憂鬱よ！ うちのテレビは壊れているでしょ。私たち、新しいテレビを買わなくちゃ。それに私は車も要るし、息子には携帯電話も要るし、あなたは時計が要るでしょ」

夫：「わかったよ。つまり、僕らはお金が要るんだね」

妻：「まさにそうなのよ。私たち、とってもたくさんお金が要るのよ！」

解説

1 形容詞の短語尾形

1. 形容詞には第5課で習った長語尾形のほかに短語尾形がある。
2. 短語尾形は長語尾形の語幹に語尾をつけて作り、男性形はゼロ語尾（語末の母音字が無い形）、女性形は -a, 中性形は -o, 複数形は -ы となる。(-ы は正書法により -и になることもある。) アクセントの移動に注意。格変化はしない。

	男性形 ―	女性形 -a	中性形 -o	複数形 -ы
но́вый	нов	нова́	но́во	но́вы
хоро́ший	хоро́ш	хороша́	хорошо́	хороши́
интере́сный	интере́сен	интере́сна	интере́сно	интере́сны
тёплый 暖かい	тёпел	тепла́	тепло́	теплы́
свобо́дный 自由な、空いている	свобо́ден	свобо́дна	свобо́дно	свобо́дны
за́нятый ふさがっている、(忙しい*)	за́нят	занята́	за́нято	за́няты
здоро́вый 健康な、元気だ	здоро́в	здоро́ва	здоро́во	здоро́вы
больно́й 病気の、病んでいる	бо́лен	больна́	больно́	больны́
ну́жный 必要な	ну́жен	нужна́	ну́жно	ну́жны

♦語幹の最後で子音字が重なる場合、単数男性形では、最後の子音字の前に e か o が入る。第12課の「出没母音」を参照。

　　　　　　　　　　　　＊「忙しい」の意味では、短語尾形のみが使われる。

2 形容詞短語尾形の用法

形容詞長語尾形には、① 定語的用法 (Э́то молодо́й челове́к.) と ② 述語的用法 (Он молодо́й.) があるが、短語尾形はふつう、述語としてしか使われない。

1. 長語尾形が恒常的な性質を表すのに対し、短語尾形は一時的、相対的特性を表す。

  Ле́том э́тот сад осо́бенно краси́в.　夏にはこの庭園は特に美しい。
              ＊ле́том 夏には　осо́бенно 特に
  За́втра я бу́ду свобо́ден.　明日私は暇です。
  На́ши роди́тели здоро́вы.　私たちの両親は元気です。

2. 長語尾形をもたず、短語尾形のみの形容詞もある。

  Я ра́да вас ви́деть.　私はあなたに会えて嬉しい。
  Мы о́чень ра́ды слы́шать об э́том.　私たちはそのことを聞いてとても嬉しい。
              ＊слы́шать 聞く

3. 短語尾中性形は副詞としても用いられる。

  Она́ свобо́дно говори́т по-япо́нски.　彼女は自由に日本語が話せる。
  Мы хорошо́ понима́ем по-ру́сски.　私たちはロシア語がよくわかります。

3 無人称文

 主語がなく、形容詞短語尾中性形などを述語とする文を無人称文という。述語動詞（быть など）は 3 人称単数中性形で表し（未来は бу́дет，過去は бы́ло）、動作の主体は与格で表す。

1. 自然現象や人間の心身の状態、一般的状況を表す。形容詞短語尾中性形を使う。

  Сего́дня тепло́, а вчера́ бы́ло хо́лодно.　今日は暖かいが、昨日は寒かった。
              ＊хо́лодно 寒い
  Мне о́чень гру́стно.　私はとても憂鬱だ。
  Де́душке прия́тно говори́ть о вну́чке.　お爺さんは孫娘の話をするのが嬉しい。
           ＊де́душка お爺さん　прия́тно 嬉しい
  Нам интере́сно смотре́ть ру́сские фи́льмы.　私たちはロシアの映画を見るのが面白い。

2. 義務、可能性などを表す。無人称述語 на́до, мо́жно, нельзя́ などを使う。

第 17 課

♦ на́до「～しなければならない」, мо́жно「～してもよい、～できる」は完了体動詞とも、不完了体動詞とも使われる。нельзя́ はふつう不完了体動詞を伴うと「～してはいけない」、完了体動詞を伴うと「～できない」の意味となる。ともに使われる動詞は不定形になる。

Вам на́до изуча́ть ру́сский язы́к. あなた方はロシア語を学ばなければなりません。
　　　　　　　　　　　　　　　　　　　＊изуча́ть¹ 不完 学ぶ
Ско́ро больно́му мо́жно бу́дет встава́ть с посте́ли. もうすぐ病人はベッドから起きてもよいだろう。
　　　　＊ско́ро じきに　больно́й 病人　встава́ть¹⁽特⁾ 不完
　　　　　起きる　с（＋生格）～から　посте́ль 女 寝台
Где мо́жно купи́ть биле́ты? 切符はどこで買えますか？
　　　　　　　　　　　　　　　　　　　＊купи́ть²＊ 完 買う
Без ключа́ нельзя́ бы́ло откры́ть дверь. 鍵なしではドアは開けられなかった。
　　　　＊без（＋生格）～なしで　ключ 鍵　откры́ть¹⁽特⁾ 完 開ける　дверь 女 扉
Ему́ нельзя́ кури́ть так мно́го. 彼はあんなに煙草を吸ってはいけない。
　　　　　　　　　　　　　　　　　　　＊кури́ть²＊ 不完 煙草を吸う

4 名詞複数生格形（一部）

　名詞複数形の格変化は第 19 課で学ぶが、生格形の一部のみここで学ぶ。複数生格形はさまざまな形があるが、硬変化の基本は、次のとおりである。
1. й 以外の子音字で終わる男性名詞（ただし ж, ч, ш, щ で終わるものを除く）→ 語尾が ов となる。стол → столо́в　парк → па́рков
2. а で終わる女性名詞 → ゼロ語尾となる。шко́ла → школ　вну́чка → вну́чек
3. о で終わる中性名詞 → ゼロ語尾となる。окно́ → о́кон　письмо́ → пи́сем
　♦ ゼロ語尾で語末に子音が重なる場合は、出没母音 о か е が登場する。

5 数量代名詞と名詞の生格

　数量代名詞 мно́го「たくさん」、немно́го「少し」や、数量を訊ねる疑問詞 ско́лько「いくつ」によって数量が表される名詞は生格形となる。その際、数えられる名詞は複数生格形、数えられない名詞は単数生格形となる。また数量代名詞を伴う主語を受ける述語は、ふつう単数中性形である。

Ско́лько у вас книг? — У меня́ мно́го книг. 「あなたはどのくらい本を持っているのですか？」「私はたくさん本を持っています」

Вчера́ он вы́пил мно́го вина́. 昨日彼はワインをたくさん飲んだ。

＊вы́пить[1](特) 圐 飲む　вино́ ワイン

У него́ бы́ло то́лько немно́го де́нег. 彼が持っていたお金は少しだけだった。

＊то́лько ただ～だけ

6 個数詞 1-20 と名詞　CD53

1. 個数詞 1-20 は次のようになる。

1	оди́н, одна́, одно́, одни́	11	оди́ннадцать
2	два, две	12	двена́дцать
3	три	13	трина́дцать
4	четы́ре	14	четы́рнадцать
5	пять	15	пятна́дцать
6	шесть	16	шестна́дцать
7	семь	17	семна́дцать
8	во́семь	18	восемна́дцать
9	де́вять	19	девятна́дцать
10	де́сять	20	два́дцать

♦1 と 2 のみいくつかの形がある。1 оди́н（男性形），одна́（女性形），одно́（中性形），одни́（複数形），2 два（男性形，中性形），две（女性形）

♦оди́ннадцать などの дцать は [tsət'] と発音する。

2. 数詞とともに使われる名詞は、数詞が 1 なら単数主格、2, 3, 4 なら単数生格、5 以上なら複数生格形となる。なお、ここでは主格およびそれに等しい対格のみを扱うこととし、それ以外の格の用法は第 27 課で解説する。

Я купи́л пять биле́тов. 私は 5 枚の切符を買った。　＊биле́т 切符

Ско́лько сестёр у ва́шего дру́га? — У него́ две сестры́. 「あなたの友人には何人の姉妹がいるのですか？」「彼には二人の姉妹がいます」

♦1 つのものを指すときは単数形を用いればよいので、通例わざわざ数詞 1（оди́н など）を使う必要はない。例外的に、「或る」「同じ」「～だけ」などのニュアンスを添える場合にのみ用いる。

В ко́мнате бы́ли одни́ де́ти. 部屋の中にいたのは子供たちだけだった。

В э́том до́ме жил оди́н стари́к. その家には或る老人が住んでいた。

第 17 課

コラム

四季の表現

四季の表現を覚えよう。

四季	名詞	時を表す副詞
春	весна́	весно́й
夏	ле́то	ле́том
秋	о́сень	о́сенью
冬	зима́	зимо́й

練習問題

① （　）内の形容詞を適当な短語尾形に変え、全文を日本語に訳しなさい。

1. Его́ оте́ц (больно́й), а мать (здоро́вый).
2. Э́то ме́сто (свобо́дный)? — Нет, (за́нятый).　　＊ме́сто 席
3. За́втра он бу́дет (свобо́дный)? Да, он бу́дет (свобо́дный).
4. Что вам (ну́жный)? — Мне (ну́жный) зо́нтик.　　＊зо́нтик 傘

② 次の日本語を無人称文を使ってロシア語に訳しなさい。

1. 昨日は暖かかった。
2. 私はロシア文学を読むのがおもしろい。　　＊文学 литерату́ра
3. 私たちは腰掛けてもいいですか？　　＊腰掛ける сади́ться
4. この文章は辞書なしではわからない。　　＊理解する поня́ть[1](特) 完

③ 次の文中の数字をロシア語に直し、（　）内の名詞を生格形（単数形か複数形）にして文を完成しなさい。また全文を日本語に訳しなさい。

1. В ко́мнате бы́ло мно́го (студе́нт).
2. Она́ вы́пила немно́го (молоко́).　　＊молоко́ ミルク
3. Ско́лько у вас бу́дет (экза́мен)? — У меня́ бу́дет 3 (экза́мен).
4. Ско́лько (маши́на) у ва́шего бра́та? — У него́ 2 (маши́на).　　＊маши́на 車
5. Сейча́с 12 (час) 17 (мину́та).　　＊сейча́с 今　час 時　мину́та 分

第18課
数詞（個数詞と順序数詞）
Уро́к но́мер восемна́дцать / Восемна́дцатый уро́к   CD54

テクスト

Серёжа: Дорога́я Ма́ша! Скажи́, пожа́луйста, кото́рый час?

Ма́ша: Сейча́с шесть часо́в шестна́дцать мину́т.

С.: Извини́, пожа́луйста, ты по́мнишь, во ско́лько мы должны́ бы́ли встре́титься?

М.: В пять часо́в? В полови́не пя́того? В четы́ре часа́! Прости́, соверше́нно забы́ла!

С.: Ви́дишь ли, я жду тебя́ уже́ два часа́. Терпе́ние моё ло́пнуло!

М.: Не серди́сь! Пойдём. Ведь мы собира́лись пойти́ в япо́нский рестора́н.

■単語■

Серёжа セリョージャ（男性の名前）
дорого́й 大切な、親愛なる
кото́рый час? 何時？
сейча́с 今
шесть 6
шестна́дцать 16
мину́та 分
по́мнить² 不完 覚えている
во ско́лько 何時に
должны́ (← до́лжен) 〜しなければならない、〜するはずだ
встре́титься² 完 会う、出会う
в (+対格) 〜時に
пять 5
полови́на 半分
пя́тый 5番目の

четы́ре 4
прости́ть² 完 ゆるす
соверше́нно まったく、すっかり
забы́ть¹⁽特⁾ 完 忘れる
ви́дишь ли あのねえ、わかるだろ（相手の注意を喚起して）(← ви́деть² 不完 見える、わかる)
два 2
терпе́ние 忍耐、我慢
ло́пнуть¹ 完 裂ける、壊れる
серди́ться²* 不完 怒る
пойдём 行きましょう (← пойти́¹⁽特⁾ 完 （歩いて）出かける、出発する)
ведь だって〜だから
собира́ться¹ 不完 〜するつもりだ

第 18 課

■訳■

セリョージャ：ちょっとマーシャ！　今、何時だい？

マーシャ：今は 6 時 16 分よ。

セ：悪いけど、僕たち何時に会うはずだったか、覚えてる？

マ：5 時？　4 時半？　4 時！　ごめんなさい。すっかり忘れてたわ！

セ：いいかい、僕は君をもう 2 時間も待ってるんだよ。僕、もう我慢できないよ。

マ：怒らないで！　行きましょう。だって私たち、日本食レストランに行くつもりだったでしょ。

解説

1 個数詞　21-2000

1. 合成数詞

　　21 以上の個数詞は、30 (три́дцать)，40 (со́рок)… などの節目の数詞以外は、節目の数詞と 1〜9 までの数詞を組み合わせた合成数詞を用いる。

　例：　21　два́дцать оди́н (одна́, одно́, одни́)

　　　　35　три́дцать пять

　　　　48　со́рок во́семь

2. 節目の数詞　**CD55**

30	три́дцать	300	три́ста
40	со́рок	400	четы́реста
50	пятьдеся́т	500	пятьсо́т
60	шестьдеся́т	600	шестьсо́т
70	се́мьдесят	700	семьсо́т
80	во́семьдесят	800	восемьсо́т
90	девяно́сто	900	девятьсо́т
100	сто	1000	ты́сяча
200	две́сти	2000	две ты́сячи

3. 個数詞と名詞

　　合成数詞の場合、ともに使われる名詞の形は、最後にくる個数詞に合わせる。その法則は、20 までの個数詞の場合と同じである。（第 17 課 P.100 を参照）。

例：	21 の部屋	два́дцать **одна́ ко́мната**
	32 分	три́дцать **две мину́ты**
	1512 メートル	ты́сяча пятьсо́т **двена́дцать ме́тров**

2 順序数詞　1-2000　 CD56

　順序数詞「〜番目の」は、名詞を修飾し、修飾する名詞の性・数・格によって変化する。変化は形容詞長語尾硬変化と同じになる（тре́тий「3番目の」のみは特殊な軟変化。第 28 課 P. 191 の物主形容詞格変化を参照）。

① 1-20

1	пе́рвый		11	оди́ннадцатый
2	второ́й		12	двена́дцатый
3	тре́тий		13	трина́дцатый
4	четвёртый		14	четы́рнадцатый
5	пя́тый		15	пятна́дцатый
6	шесто́й		16	шестна́дцатый
7	седьмо́й		17	семна́дцатый
8	восьмо́й		18	восемна́дцатый
9	девя́тый		19	девятна́дцатый
10	деся́тый		20	двадца́тый

例：	初恋（第 1 の恋）	пе́рвая любо́вь
	2 番目の窓	второ́е окно́
	6 階	шесто́й эта́ж

② 21-2000（節目の数詞）

30	тридца́тый		300	трёхсо́тый
40	сороково́й		400	четырёхсо́тый
50	пятидеся́тый		500	пятисо́тый
60	шестидеся́тый		600	шестисо́тый
70	семидеся́тый		700	семисо́тый
80	восьмидеся́тый		800	восьмисо́тый
90	девяно́стый		900	девятисо́тый
100	со́тый		1000	ты́сячный
200	двухсо́тый		2000	двухты́сячный

③ 21–2000（合成数詞）

21 以上の順序数詞は、30（тридца́тый）, 40（сороково́й）… などの節目の数詞以外は、合成数詞となる。その際、最後の数詞のみ順序数詞となり、それ以外の数詞は個数詞を用いる。順序数詞は形容詞と同じように格変化するが、合成数詞の場合、個数詞の部分は主格と同形のままでよい。

例： 32 人目の女子学生　три́дцать втора́я студе́нтка
　　 1956 年　ты́сяча девятьсо́т пятьдеся́т шесто́й год
　　 1812 年に　в ты́сяча восемьсо́т двена́дцатом году́
　　　　　　　＊год は в とともに使われる前置格は году́ という形になる。

3 時に関する表現

1. 世紀、「～世紀に」в＋順序数詞前置格

   18世紀 восемна́дцатый век　　18世紀に **в восемна́дцатом ве́ке**
   20世紀 двадца́тый век　　　　20世紀に **в двадца́том ве́ке**
   21世紀 два́дцать пе́рвый век　21世紀に **в два́дцать пе́рвом ве́ке**

2. 年、「～年に」в＋順序数詞前置格

   2000年　двухты́сячный год　　2000年に　**в двухты́сячном году́**
   2011年　две ты́сячи оди́ннадцатый год
   2011年に　**в две ты́сячи оди́ннадцатом году́**

   　　　　　　　　　　　　　　＊году́（← год の前置格）

3. 月、「～月に」в＋月を表す単語の前置格

   10月　октя́брь　　10月に　**в октябре́**
   1917年の10月に　**в октябре́** ты́сяча девятьсо́т семна́дцатого го́да

月を表す名詞

	月	～月に
1月	янва́рь	в январе́
2月	февра́ль	в феврале́
3月	март	в ма́рте
4月	апре́ль	в апре́ле
5月	май	в ма́е

6月	июнь	в июне
7月	июль	в июле
8月	а́вгуст	в а́вгусте
9月	сентя́брь	в сентябре́
10月	октя́брь	в октябре́
11月	ноя́брь	в ноябре́
12月	дека́брь	в декабре́

♦月を表す名詞は全て男性名詞である。
♦1月、2月および9月から12月までは主格形と対格形以外はアクセントが語尾に移動する。

4. 日、「〜日に」順序数詞生格
  今日は何日ですか？ Како́е сего́дня число́?
  今日は24日です。 Сего́дня два́дцать четвёртое.
  1991年12月31日に **три́дцать пе́рвого** декабря́ ты́сяча девятьсо́т девяно́сто пе́рвого го́да

5. 時間、「〜時〜分に」в＋個数詞対格、「〜時半に」в＋полови́не（полови́на の前置格）＋順序数詞の生格
  何時ですか？ Кото́рый час? (Ско́лько вре́мени?)
  8時21分です。 Во́семь часо́в два́дцать одна́ мину́та.
  何時に？ Во ско́лько?
  3時14分に **в три часа́ четы́рнадцать мину́т**
  6時半に **в полови́не седьмо́го**
     *この表現では順序数詞が1つ多い数字になる点に注意。

6. 継続期間と完了に要する期間
① 継続期間
 継続期間「〜間」は、「個数詞＋時間を表す名詞の対格」で表す。動詞はふつう不完了体である。
  彼女はモスクワに5年間住んでいた。 Она́ жила́ в Москве́ **пять лет**.
   *「年」год（単数主格）, го́да（単数生格）, лет（複数生格）

② 完了に要する期間

「～間で～してしまう」という表現では、期間は「за＋対格」で表し、動詞は完了体となる。

ドストエフスキーはこの長編小説を2年間で書き上げた。 Достое́вский написа́л э́тот рома́н **за два го́да**.

4 年齢の表現

「（〜）は〜歳です」というとき、次のような表現を使い、年齢の主体は与格で表す。

「あなたは何歳ですか？」	Ско́лько вам лет?
「私は38歳です」	Мне три́дцать во́семь лет.
「ではあなたのご主人は？」	А ва́шему му́жу?
「彼は42歳です」	Ему́ со́рок два го́да.

練習問題

① 次の文中の数字をロシア語の数詞に直し、（　）内の名詞を適当な形に変えなさい。また、全文を日本語に訳しなさい。

1. Ско́лько (час) вы спи́те? — Я сплю 8 (час).　　＊спать² 不完 眠る
2. Ско́лько (год) (ваш) (оте́ц)? — (Он) 54 (год).
3. В на́шей гру́ппе 16 (студе́нт) и 22 (студе́нтка).

　　　　　　　　　　　　　　　　　　　　　　＊гру́ппа グループ、クラス
4. Ка́ждое у́тро я встаю́ в 7 (час) 40 (мину́та).

　　　　　　　　　　　　　　　　　　＊встава́ть¹⁽特⁾ 不完 起きる
5. Он роди́лся 30 (а́вгуст) 1995 (год).　　＊роди́ться² 不完・完 生まれる
6. Мы живём не в 20 (век), а в 21 (век).
7. Пу́шкин у́мер в 1837 (год).

　　　　　　　　　　　　＊у́мер（男性過去形）← умере́ть¹⁽特⁾ 完 死ぬ
8. Они́ живу́т на 18 (эта́ж).

② 次の対話を日本語に訳しなさい。

Нина́ (стюарде́сса): Кото́рый час?

Друг: Сейча́с полови́на двена́дцатого. У тебя́ ещё есть вре́мя?

Н.: То́лько оди́н час. В два часа́ я должна́ быть в аэропорту́. Рейс в четы́ре часа́. И в двена́дцать часо́в но́чи я бу́ду уже́ в Хаба́ровске.

Д.: А когда́ ты бу́дешь в Москве́?

Н.: Послеза́втра, в час дня.

Д.: Бу́ду ждать тебя́ в аэропорту́.

Н.: Спаси́бо.

＊аэропо́рт 空港　рейс（飛行機、船などの）運行、航路、便　послеза́втра 明後日

♦時間の後に「朝」「夕」などの意味の単語の生格をつけると、「午前」「午後」などの意味になる。大体の時間帯は（　）内のとおり。утра́（3:00〜12:00），дня（12:00〜17:00），ве́чера（17:00〜23:00），но́чи（23:00〜3:00）

♦в, на＋前置格で、「〜で、〜に」という場所や時間を表すとき、男性名詞単数前置格で -у́, -ю́ という特殊な語尾をとるものがある。その場合、アクセントは必ず語尾に置かれる。

в саду́ 庭で　в лесу́ 森で　в году́ 年に　на краю́ はずれで

第 19 課
複数形の格変化（名詞・形容詞）
Уро́к но́мер девятна́дцать / Девятна́дцатый уро́к　CD57

テクスト

Матрёшка (1)

Среди́ традицио́нных ру́сских сувени́ров осо́бое ме́сто занима́ет матрёшка. Её зна́ют не то́лько в Росси́и, но и во мно́гих стра́нах ми́ра. Тру́дно пове́рить, что матрёшка совсе́м молода́, ей то́лько сто лет.

В конце́ девятна́дцатого ве́ка в ру́ки худо́жников попа́ла деревя́нная япо́нская ку́кла. В большо́й фигу́рке помеща́лось не́сколько ма́леньких.

■単語■

матрёшка マトリョーシカ（こけし型の入れ子細工木製人形）
среди́ (＋生格) ～のうちで、中で
традицио́нный 伝統的な
сувени́р みやげ品
осо́бый 特別の
занима́ть[1] 不完 占める
не то́лько..., но и ～のみならず、～も
Росси́я ロシア
во (← в)
мно́го 多くの
страна́ 国
мир 世界
пове́рить[2] 完 信じる
совсе́м まったく

сто 100
лет (← год) 年、歳
коне́ц 終わり、末
девятна́дцатый 19番目の
век 世紀
рука́ 手
худо́жник 美術家、芸術家
попа́сть[1(特)] 完 届く、入る
деревя́нный 木製の
ку́кла 人形
большо́й 大きい
фигу́рка 姿、人物像
помеща́ться[1] 不完 納まる、入る
не́сколько (＋生格) いくつかの
ма́ленький 小さい

■訳■

マトリョーシカ (1)

　伝統的なロシアのみやげ物の中で特別の場を占めているのはマトリョーシカであ

る。マトリョーシカはロシアばかりでなく世界の多くの国々でも知られている。マトリョーシカがまだ本当に若く、100歳にしかならないことを信じるのは難しい。

19世紀の末に木製の日本の人形を芸術家たちが手に入れた。大きな人形のからだの中にいくつかの小さなものが入っていた。

解説

1 名詞単数前置格形 -ии 型

単数主格形が -ий, -ия, -ие で終わる名詞の単数前置格形は、これらの語末の2字に代えて -ии となる。

гéний → гéнии「天才」, Япóния → Япóнии, задáние → задáнии
Он живёт в Япóнии ужé двáдцать лет. 彼は日本にもう20年間住んでいる。
В э́том здáнии пятнáдцать этажéй. この建物は15階建てです。
  *здáние 建物　этáж 階

2 名詞の複数形格変化（基本形）

1. 主格形と生格形は男性名詞、女性名詞、中性名詞でそれぞれ異なる。
2. 対格形は男性名詞と女性名詞では、活動体は生格形と、不活動体は主格形と同形となり、中性名詞では全て主格形と同形となる。
3. 与格形、造格形、前置格形は、ふつう全ての名詞で共通して、それぞれ -ам (-ям)、-ами (-ями)、-ах (-ях) となる。

第19課

1. 男性名詞

	硬変化	軟変化	
	студе́нт	музе́й	писа́тель
主	студе́нты	музе́и	писа́тели
生	студе́нтов	музе́ев	писа́телей
与	студе́нтам	музе́ям	писа́телям
対	студе́нтов	музе́и	писа́телей
造	студе́нтами	музе́ями	писа́телями
前	студе́нтах	музе́ях	писа́телях

2. 女性名詞

	硬変化	軟変化	
	ма́ма	неде́ля	но́вость
主	ма́мы	неде́ли	но́вости
生	мам	неде́ль	новосте́й
与	ма́мам	неде́лям	новостя́м
対	мам	неде́ли	но́вости
造	ма́мами	неде́лями	новостя́ми
前	ма́мах	неде́лях	новостя́х

3. 中性名詞

	硬変化	軟変化	мя 型変化
	письмо́	мо́ре	и́мя
主	пи́сьма	моря́	имена́
生	пи́сем	море́й	имён
与	пи́сьмам	моря́м	имена́м
対	пи́сьма	моря́	имена́
造	пи́сьмами	моря́ми	имена́ми
前	пи́сьмах	моря́х	имена́х

3 名詞の複数生格形

名詞複数生格形は、次のような語尾をもつ。出没母音にも注意。

1. -ов (-ев)

    男性名詞。ただし、-ь,-ж, -ч, -ш, -щ で終わるものを除く。

    ① -й 以外の子音字で終わるものは -ов となり、-й で終わるものは -ев となる。урóк → урóков, герóй → герóев

    ② -ц で終わり、語尾にアクセントがあるものは -ов となり、語尾にアクセントのないものは -ев となる。

    отéц → отцóв, япóнец → япóнцев

2. -ей

    ① -ж, -ч, -ш, -щ で終わる男性名詞。врач → врачéй

    ② -ь で終わる男性名詞。писáтель → писáтелей, день → дней

    ③ -ь で終わる女性名詞。нóвость → новостéй

    ④ -ья で終わる女性名詞。семья́ → семéй

    ⑤ -е で終わる中性名詞(ただし -ие, -ье および ц, ж, ш, щ＋е で終わるものを除く)。мóре → морéй

3. ゼロ語尾

    ① -а で終わる女性名詞。задáча → задáч

    ② -я で終わる女性名詞の大部分。недéля → недéль, ただし пéсня → пéсен

    ③ -о で終わる中性名詞。слóво → слов, письмó → пи́сем

    ④ ц, ж, ч, ш, щ＋е で終わる中性名詞。сéрдце → сердéц「心、心臓」

    ⑤ -мя で終わる中性名詞。и́мя → имён

4. -ий

    ① -ия で終わる女性名詞。фотогрáфия → фотогрáфий

    ② -ие で終わる中性名詞。задáние → задáний

    В э́том университéте у́чится мнóго япóнских **студéнтов**. この大学ではたくさんの日本の学生が学んでいる。

    У негó нé было ни **фотогрáфий**, ни **пи́сем** покóйного отцá. 彼は亡くなった父親の写真も手紙も持っていなかった。

    ＊покóйный 亡くなった　ни..., ни 〜も〜もない

4 形容詞（長語尾形）の複数形格変化

	硬変化 краси́вый	軟変化 си́ний
主	краси́вые	си́ние
生	краси́вых	си́них
与	краси́вым	си́ним
対	主 / 生	主 / 生
造	краси́выми	си́ними
前	краси́вых	си́них

♦対格は、中性名詞および不活動体に関わるものは主格と、活動体に関わるものは生格と同形になる。

　　　Я хорошо́ зна́ю **но́вых** студе́нтов из Росси́и.
　　　Мы чита́ем **ру́сские** газе́ты.

♦疑問詞 како́й は硬変化だが、複数形は正書法の関係で、каки́е, каки́х, каки́м... のような変化形となる。

5 所有代名詞、指示代名詞の複数形格変化

	所有代名詞	指示代名詞
主	мои́	э́ти
生	мои́х	э́тих
与	мои́м	э́тим
対	主 / 生	主 / 生
造	мои́ми	э́тими
前	мои́х	э́тих

♦所有代名詞 твои́, на́ши, ва́ши は、мои́ と同じ語尾変化となる。また его́, её, их は不変化である。

　　　Мы ча́сто пи́шем пи́сьма **на́шим** ста́рым роди́телям.　私たちはしばしば私たちの年老いた両親に手紙を書く。

♦数量代名詞 мно́го なども、生格以降の格変化は мно́гих, мно́гим など、所有代名詞と同じ語尾変化となる。

> Она́ знако́ма со **мно́гими** ру́сскими пиани́стами. 彼女は多くのロシア人ピアニストと知り合いです。

6 疑問代名詞 кто, что, чей の格変化

主	кто	что	чей	чьё	чья	чьи
生	кого́	чего́	чьего́		чьей	чьих
与	кому́	чему́	чьему́		чьей	чьим
対	кого́	что	主/生	主	чью	主/生
造	кем	чем	чьим		чьей	чьи́ми
前	ком	чём	чьём		чьей	чьих

♦кто, что の変化形は、辞書で動詞や前置詞などの格要求の表記に使われることがある。例えば「(〜について) 考える」は ду́мать (о＋前置格) だが、ду́мать о ком-чём と表記されることがある。

♦чей の格変化形はおおむね ь＋形容詞長語尾軟変化の語尾と考えればよいが、主格および対格は特殊な形となる。順序数詞 тре́тий も（男性単数主格以外は）このタイプの変化形である。

♦чей, чьи の対格形は、不活動体に関わるときは主格形と、活動体に関わるときは生格形と同形になる。чьё の対格形はつねに主格形と同形である。

> **Чьи** рома́ны вы лю́бите? — Я люблю́ рома́ны Достое́вского.
> 「あなたは誰の長編小説が好きですか？」「私はドストエフスキーの長編小説が好きです」
> ＊рома́н 長編小説
>
> **Чьих** дете́й вы ждёте здесь? — Я жду дете́й мое́й подру́ги.
> 「あなたはここで誰の子供たちを待っているのですか？」「私は、私の女友達の子供たちを待っています」
> ＊здесь ここで　де́ти 子供たち

第 19 課

練習問題

1. （　）内の語を必要な形に変えて文を完成させ、全文を日本語に訳しなさい。
   1. Кому́ вы пи́шете пи́сьма? — Мы пи́шем пи́сьма (на́ши знако́мые писа́тели). 　＊знако́мый 知り合いの
   2. Кого́ он лю́бит? — Он лю́бит (краси́вые ру́сские балери́ны).
   3. С кем А́нна игра́ет в ка́рты? — Она́ игра́ет в ка́рты с (япо́нские подру́ги). 　＊игра́ть в ка́рты トランプをする
   4. В э́том го́роде мно́го (хоро́шие музе́и и теа́тры).
   5. Чьих (сёстры) вы хорошо́ зна́ете? — Я хорошо́ зна́ю (сёстры) моего́ дру́га.

2. （　）内の語を複数生格形に変え、全文を日本語に訳しなさい。
   1. Его́ до́чке во́семь (ме́сяц). 　＊ме́сяц 月
   2. Он был в Москве́ то́лько пять (день).
   3. На у́лицах Москвы́ мно́го (авто́бус, маши́на и трамва́й).
      ＊маши́на 車　трамва́й 路面電車
   4. На ве́чере бы́ло мно́го (изве́стный писа́тель и врач).
      ＊ве́чер パーティ
   5. Ско́лько (япо́нец) живёт в Росси́и?

3. 次の日本語をロシア語に訳しなさい。
   1. 20 世紀の末に世界の多くの国々で戦争（複数）があった。 　＊戦争 война́
   2. 私の妹は小さな人形をたくさん持っている。
   3. 日本にはいくつかの伝統的な祭日がある。 　＊祭日 пра́здник [práz'nik]

第20課
関係代名詞（кото́рый, кто, что）
Уро́к но́мер два́дцать / Двадца́тый уро́к CD58

テクスト

Матрёшка (2)

Иде́я созда́ния ку́клы худо́жникам о́чень понра́вилась. Пригласи́ли лу́чшего ма́стера по изготовле́нию игру́шек. Вручну́ю сде́лали пе́рвую моде́ль — крестья́нскую де́вочку, кото́рую и назва́ли Матрёшкой. Прошли́ го́ды, у матрёшки появи́лось мно́го бра́тьев и сестёр, кото́рые разъе́хались по всему́ ми́ру. В любо́й семье́, в любо́м до́ме матрёшки создаю́т осо́бое пра́здничное настрое́ние, ра́дуют и дете́й, и взро́слых.

■単語■

иде́я 考え、アイディア
созда́ние 創作、作品
понра́виться² 園 気に入る
пригласи́ть² 園 招く
лу́чший 最も良い、より良い
ма́стер 職人、名人
по （＋与格）〜の分野の
изготовле́ние 製造、製作
игру́шка 玩具
вручну́ю 手で、手製で
сде́лать¹ 園 作る、する
пе́рвый 第一の、初めての
моде́ль 囡 見本、モデル
крестья́нский 農民の
де́вочка 女の子

и まさに〜だ（述語の前に置かれ、文頭の語を強調する）
кото́рый （関係代名詞）〜するところの
назва́ть¹⁽特⁾ 園 名づける
пройти́¹⁽特⁾ 園 過ぎ去る、通り過ぎる
появи́ться² 園 現れる
разъе́хаться¹⁽特⁾ 園 さまざまな方向へ散る、広がる
любо́й あらゆる
создава́ть¹⁽特⁾ 不完 創造する、創りだす
пра́здничный [práz'nitʃnij] 祝祭的な
настрое́ние 気分
ра́довать¹⁽特⁾ 不完 喜ばせる
де́ти 子供たち

■訳■

この人形を作るというアイディアが芸術家たちにはたいそう気に入った。玩具製造の最良の職人がよばれた。モデル第1号である農民の女の子が手作業で作られ、

まさにそれがマトリョーシカ*と名づけられた。何年もたち、マトリョーシカにはたくさんの兄弟姉妹が現れ、世界中に広がっていった。あらゆる家庭において、あらゆる家でマトリョーシカたちは特別に祝祭的な気分を創り出し、子供たちをも大人たちをも喜ばせている。

*マトリョーシカは、マトリョーナという女性の名前の愛称形。

解説

1 動詞 понрáвиться の用法

нрáвиться[2] 不完 / понрáвиться[2] 完 は「気に入る、好きだ」という意味の動詞だが、気に入る対象を主格で、気に入る主体を与格で表す。

Мне нрáвится рýсская литератýра.　私はロシア文学が好きだ。
Емý нрáвятся япóнские пéсни.　彼は日本の歌が好きだ。
Нам понрáвилась Москвá.　私たちはモスクワが気に入った。

2 動詞 назвáть の用法

называ́ть[1] 不完 / назвáть[1(特)] 完 は「名づける、呼ぶ」という意味の動詞だが、「A を B と名づける」という際、A は対格で、B は造格で表す。同じような用法の動詞に счита́ть[1(特)] [ʃʃʼitátʼ] 不完 / счесть[1(特)] [ʃʼtʃʼésʼtʼ] 完「(A を B と) みなす、考える」がある。

Роди́тели назвáли сы́на Николáем.　両親は息子をニコライと名づけた。
Я счита́ю её óчень ýмной студéнткой.　私は彼女をたいへん賢い女子学生だと思う。

3 名詞の複数形格変化 (変則型)

名詞複数形格変化には、第 19 課で学んだ基本型以外に変則型もある。ただし、これらも与格、造格、前置格の語尾は全て -ам (-ям), -ами (-ями), -ах (-ях) である。対格は、不活動体は主格と、活動体は生格と同形となる。代表的なものをいくつか覚えよう。

	дом 家	брат 兄（弟）	друг 友達	крестья́нин 農民
主	дома́	бра́тья	друзья́	крестья́не
生	домо́в	бра́тьев	друзе́й	крестья́н
与	дома́м	бра́тьям	друзья́м	крестья́нам
対	дома́	бра́тьев	друзе́й	крестья́н
造	дома́ми	бра́тьями	друзья́ми	крестья́нами
前	дома́х	бра́тьях	друзья́х	крестья́нах

1. дом と同型：го́род「町」（города́, городо́в...）, ма́стер「職人」（мастера́, мастеро́в...）
2. брат と同型：де́рево「木」（дере́вья, дере́вьев...）, стул「いす」（сту́лья, сту́льев...）
3. друг と同型：сын「息子」（сыновья́, сынове́й...）
4. крестья́нин と同型：англича́нин「イギリス人」（англича́не, англича́н...）

4 関係代名詞 кото́рый

1. 関係代名詞 кото́рый は、主節の中のある名詞（先行詞）を修飾する従属節を導く。先行詞は人でも物でもかまわない。кото́рый は従属節の中では先行詞の代わりの役割を果たす。
2. кото́рый の変化形は но́вый 型の形容詞長語尾硬変化と同じである。性、数は、主節中の先行詞と一致し、格は従属節の中の役割によって決まる。

♦主節になる文と従属節になる2つの文が、関係代名詞で結ばれると、どのような文になるか示す。主節と従属節の間には必ずコンマが打たれる。

（主）Я зна́ю де́вушку．（従）Э́та де́вушка изуча́ет япо́нский язы́к．

→ Я зна́ю де́вушку, кото́рая изуча́ет япо́нский язы́к．　私は日本語を学んでいる若い女性を知っている。

＊де́вушка 若い女性

（主）Мы говори́м о статье́．（従）Э́ту статью́ мы чита́ли вчера́．

→ Мы говори́м о статье́, кото́рую мы чита́ли вчера́.　私たちは昨日読んだ記事について話している。
　（主）Как зову́т ва́шего дру́га?　（従）Вы звони́ли дру́гу.
　　　　→ Как зову́т ва́шего дру́га, кото́рому вы звони́ли?　あなたが電話をかけたあなたの友人は何という名前ですか？

◆кото́рый が前置詞を伴う場合、前置詞は кото́рый の前に置かれる。また、кото́рый が「〜の」という意味の生格になる場合、кото́рый の生格形は修飾すべき単語の後に置かれる。
　（主）Я не получи́л письмо́.　（従）О письме́ вы сейча́с говори́те.
　　　　→ Я не получи́л письмо́, о кото́ром вы сейча́с говори́те.
　　　　私はあなたが今（それについて）話している手紙を受け取っていない。
　（主）Байка́л — э́то о́зеро.　（従）Глубина́ о́зера 1620 ме́тров.
　　　　→ Байка́л — э́то о́зеро, глубина́ кото́рого 1620 ме́тров.
　　　　バイカル湖——それは（その）深さが1620メートルある湖です。
　＊Байка́л バイカル湖（シベリアにある世界最深の湖）　о́зеро 湖　глубина́ 深さ

5 関係代名詞 кто, что

1. 先行詞が代名詞 тот「その人」, те「その人たち」, все「全ての人々」などの場合、関係代名詞 кто が使われ、то「そのこと、もの」, всё「全てのこと、もの」などの場合、関係代名詞 что が使われる。
2. кто は男性単数あつかい、что は中性単数あつかいであり、その格は従属節中の役割によって決まる。

　　Сча́стлив тот, у кого́ хоро́шая семья́.　良い家族をもっている人は幸せだ。　　　　　　　　　　　　　　＊счастли́вый [ʃʃˈɪslivij] 幸せな
　　Спрошу́ того́, кто зна́ет об э́том.　そのことについて知っている人に訊ねます。　　　　　　　　　　　　　　　　　＊спроси́ть[2] 園 訊ねる
　　Иногда́ она́ де́лает не то, что говори́т.　時々彼女は言っていることと違うことをする。
　　У него́ есть то, чего́ у меня́ нет.　彼は私には無いものを持っている。
　　Все, кто пришёл на ве́чер, получи́ли пода́рки.　パーティに来た人は皆、プレゼントをもらった。
　　　　＊прийти́[1](特) 園 来る　получи́ть[2] 園 受け取る　пода́рок プレゼント

Я дам кни́ги всем, кто хо́чет чита́ть.　私は、読みたい人には皆、本を貸します。　　　　　　　　　　＊дам（← дать^(不規則)）[完] 貸す、与える

Мне понра́вилось всё, что вы показа́ли.　私はあなたが見せてくれたもの全てが気に入りました。　　　　＊показа́ть[1] [特] ＊[完] 見せる

Тем, кто хо́чет хорошо́ знать ру́сскую культу́ру, на́до изуча́ть ру́сский язы́к.　ロシアの文化をよく知りたい人は、ロシア語を学ぶ必要がある。

◆諺などで従属節が先行詞の直後ではなく、主節の前あるいは主節全体の後に置かれることもある。

Кто не рабо́тает, тот не ест.　働かざる者食うべからず。
　　　　　　　　　　　　　　　　　　　　　　　＊есть 不規則 不完 食べる

Всё хорошо́, что хорошо́ конча́ется.　終わり良ければ全て良し。
　　　　　　　　　　　　　　　　　　　　　　　＊конча́ться[1] 不完 終わる

тот の格変化

	男性	中性	女性	複数
主	тот	то	та	те
生	того́	того́	той	тех
与	тому́	тому́	той	тем
対	主／生	то	ту	主／生
造	тем	тем	той	те́ми
前	том	том	той	тех

весь の格変化

	男性	中性	女性	複数
主	весь	всё	вся	все
生	всего́	всего́	всей	всех
与	всему́	всему́	всей	всем
対	主／生	всё	всю	主／生
造	всем	всем	всей	все́ми
前	всём	всём	всей	всех

6 関係副詞

　場所や時を表す先行詞を修飾する従属節を導き、従属節の中で場所や時を表す副詞の働きをするものを関係副詞という。関係副詞には、где, куда, откуда, когда などがある。

　　Мы хотим посмотреть дом, где жил Пушкин.　私たちはプーシキンが住んでいた家を見たい。

　　Он едет в Москву, куда давно хотел поехать.　彼は前から行きたいと思っていたモスクワに行くところだ。

　　　　　　　＊давно ずっと前から、前に　поехать[1](特) 完 行く、出かける

　　Это очень хорошая комната с большим окном, откуда видно красивое море.　これは、（そこから）美しい海が見える大きな窓のあるたいへん良い部屋です。　　　　　　　　　　　　＊видно 見える

　　Настала минута, когда я понял всю цену этих слов.　私がこれらの言葉の全面的な意義を理解する時がやってきた。

　　　　　　　＊настать[1](特) 完 到来する　цена 意義

◆где, куда, откудаは、主節の中のтам, кудаと対応して、あるいはтам, кудаは無くとも、場所を表す従属節を導くことができる。

　　Идите (туда), куда хотите.　あなたが行きたいところへ行ってください。

　　Где много слов, там мало мудрости.　言葉の多いところに知恵は少ない。（諺）　　　＊мало (＋生格) わずかな　мудрость 女 知恵、英知

練習問題

① ( ) 内に関係代名詞 **который** を必要な形にして入れ、かつ全文を日本語に訳しなさい。

1. Иван хорошо знает ваших друзей, ( ) живут в Москве.
2. Студентка, ( ) сидит рядом с Николаем, учится в нашем университете.

　　　　　　　＊рядом となりに　сидеть[2] 不完 座っている
　　　　　　　учиться[2] ＊ 不完 学ぶ　университет 大学

3. Мы хотим посмотреть фильм, о ( ) вы много говорили.

　　　　　　　＊фильм 映画

4. Где у́чится ма́льчик, с ( ) ты была́ на конце́рте в суббо́ту?

　　　　　　　　　　　　　　　　　　　　　　＊конце́рт コンサート

5. Я хочу́ спроси́ть вас о ва́ших бра́тьях, ( ) нет сего́дня до́ма.

6. Писа́тель, но́вый рома́н ( ) мне понра́вился, получи́л Но́белевскую пре́мию.

　　　　　　　　　　　　　　　　　　　　　　＊Но́белевская пре́мия ノーベル賞

2　次の文の（　）内に必要な語を入れて、和文露訳を完成させなさい。

1. ( ), ( ) чита́л рома́н «Бра́тья Карама́зовы», ду́мали о диле́мме Ива́на.
   長編小説『カラマーゾフの兄弟』を読んだ人たちは、イワンのジレンマについて考えた。　　　　　　　　　　　　　　　　　　　　　　＊диле́мма ジレンマ

2. ( ), ( ) живёт в том высо́тном зда́нии, о́чень бога́тые.
   あの高層ビルに住んでいる人たちは皆、たいそう金持ちです。

　　　　　　　　　　　　　　　　　　　　　　＊высо́тный 高層の

3. Ему́ бы́ло изве́стно ( ), о ( ) други́е ещё не подозрева́ли.
   彼は、他の人々がまだ想像もしていなかったことを知っていた。

　　　　　　　＊изве́стно（無人称文述語）知っている　подозрева́ть[1]（不完） 想像する

4. Де́ти рассказа́ли обо ( ), ( ) ви́дели на экску́рсии.
   子供たちは、遠足で見たことを全て話してくれた。

5. Я до́лго ду́мал о ( ), ( ) вы сказа́ли.
   私はあなたが言ったことを長いこと考えていた。

3　次の **кото́рый** を使った文を関係副詞を使った文に書き換えて、全文を日本語に訳しなさい。

1. Она́ е́дет в го́род, из кото́рого мы прие́хали.

　　　　　　　　　　　　　　　　　　　　　　＊прие́хать[1]（特） 完 やって来る

2. Мы посети́ли университе́т, в кото́ром у́чится мно́го япо́нских студе́нтов.

　　　　　　　　　　　　　　　　　　　　　　＊посети́ть[2] 完 訪問する

3. Он хо́дит на заня́тия по эконо́мике, на кото́рые сове́товали ему́ пойти́ друзья́.

　　　　　　＊заня́тие 授業　эконо́мика 経済　сове́товать 勧める　пойти́[1]（特） 完 行く、出かける

第 21 課
形容詞の比較級と最上級
Уро́к но́мер два́дцать оди́н / Два́дцать пе́рвый уро́к　CD59

テクスト

1. А́ня: Са́мое ва́жное в жи́зни челове́ка — э́то пи́ща. Пра́вильно, па́па?
   па́па: Да. Но тру́дно сказа́ть, кака́я пи́ща важне́е — физи́ческая (хлеб, мя́со, о́вощи) и́ли духо́вная, то есть пи́ща для души́. Что каса́ется еды́, лу́чше спроси́ть Ми́шу, он по́вар.

2. А́ня: Ра́ньше в ру́сском до́ме для встре́чи госте́й на столе́ бы́ли хлеб и соль. А како́й хлеб люби́ли бо́льше: чёрный и́ли бе́лый?
   Ми́ша: У ру́сских всегда́ был культ хле́ба. Традицио́нно в Росси́и чёрный хлеб люби́ли бо́льше, чем бе́лый.
   А.: А когда́ в Росси́и на́чали печь хлеб?
   М.: В девя́том ве́ке, возмо́жно, ещё ра́ньше.

■ 単語 ■

са́мый 最も
ва́жный 重要な
жизнь 囡 人生、生活、命
пи́ща 食べ物
пра́вильный 正しい
важне́е より重要な
физи́ческий 物質的な
хлеб パン
мя́со 肉
и́ли あるいは
духо́вный 精神的な
то есть つまり
для (+生格) ～にとって

душа́ 魂
что каса́ется (+生格) ～に関して言えば
еда́ 食事、食べ物
лу́чше より良い
спроси́ть[2*] 囲 訊ねる
по́вар コック
встре́ча 出会い、出迎え
гость 男 客
стол テーブル
соль 囡 塩
бо́льше より多く
чёрный 黒い
бе́лый 白い

всегда いつも
культ 信仰、崇拝
чем 〜よりも
начать[1(特)] 完 始める

печь[1(特)] 不完 焼く
возможно もしかしたら
ещё さらに
раньше より早く

■訳■

1. アーニャ：人間の生活で一番大事なもの、それは食べ物。そうでしょ、パパ？
   パパ：そうだね。しかし、どんな食べ物がより大切か——物質的な食べ物（パン、肉、野菜）か、それとも精神的な糧か、つまり魂のための食べ物か、それを言うのは難しい。食べ物のことなら、ミーシャに聞いた方がいいだろう。彼はコックだからね。

2. アーニャ：昔はロシアの家では、お客を迎えるために食卓にはパンと塩が置かれていたでしょう。どちらのパンがより好まれたの？ 黒パン、白パン？
   ミーシャ：ロシア人にはいつの時代にもパンに対する信仰があったんだ。伝統的にはロシアでは、黒パンの方が白パンより好まれていた。
   ア：ところでロシアではいつ頃からパンを焼き始めたの？
   ミ：9世紀か、もっと早い時期かもしれない。

解説

1 形容詞比較級

1. 長語尾形

① более, менее を使う場合

более「より〜」, менее「より〜でない」+形容詞長語尾形。(более, менее は変化しない。この表現で短語尾形が使われることもあるが、長語尾形の方がよく使われる。)

Я знаю **более** красивый сад.　私はもっと美しい庭園を知っている。
Я не знаю **более** умного человека.　私は(彼)より賢い人を知らない。
　　　　　　　　　　　　　　　　　　　　　　　　＊умный 賢い
Это **менее** интересная книга.　これは、もっとつまらない本だ。

② 接尾辞 -ший を使う場合

接尾辞 -ший 型の長語尾比較級として次のものなどがある。(そのうち、лучший, худший は最上級として用いられることもある。) 変化形は

хоро́ший と同じタイプの軟変化。

бо́льший (← большо́й), ме́ньший (← ма́ленький 小さい), лу́чший (← хоро́ший), ху́дший (← плохо́й 悪い)

Бо́льшую часть пути́ он спал.　道中大半を彼は眠って過ごした。
　　　　　　　　＊часть 囡 部分　путь 圐 道、旅 (путь の格変化は特殊で、[単数形] путь, пути́, пути́, путь, путём, пути́ [複数形] пути́, путе́й, путя́м, пути́, путя́ми, путя́х となる)

В пе́рвом магази́не я нашла́ хоро́ший сви́тер, а во второ́м нашла́ **лу́чший**.　1つ目の店で私は良いセーターをみつけたが、2つ目の店ではもっと良いものをみつけた。
　　　　　　　　　　　＊найти́[1](特) 園 みつける　сви́тер セーター

Он мой **лу́чший** друг.　彼は私の最良の友だ。

2. 短語尾形 (主に述語として使われる。主語の性・数による変化はしない。)
① 語幹＋-ee のもの
　大部分は形容詞の語幹に -ee をつけて比較級を作る。アクセントは短語尾女性形で語尾にあるものは比較級でも語尾に移動する。

интере́снее (← интере́сный), краси́вее (← краси́вый), важне́е (← ва́жный), трудне́е (← тру́дный)

② 個々に覚えるべきもの
　かなりの数のものは接尾辞 -е, -ше を伴う特殊な比較級短語尾形を作る。代表的なものをいくつか学ぶ。

лу́чше (← хоро́ший 良い), ху́же (← плохо́й 悪い), ста́рше (← ста́рый 古い、年老いた), моло́же (← молодо́й 若い), да́льше (← далёкий 遠い), бли́же (← бли́зкий 近い), вы́ше (← высо́кий 高い), ни́же (← ни́зкий 低い), доро́же (← дорого́й 高価な), деше́вле (← дешёвый 安い), ра́ньше (← ра́нний 早い), по́зже (← по́здний 遅い), бо́льше (← большо́й 大きい, мно́го たくさんの、多くの), ме́ньше (← ма́ленький 小さい, ма́ло わずかな)

　Э́та пробле́ма **важне́е**.　この問題の方が重要だ。
　Э́та кни́га **доро́же**.　この本の方が高価だ。

♦短語尾形はまた、副詞の比較級としても使われる。
интере́снее (← интере́сно), лу́чше (← хорошо́)

Ра́ньше он говори́л по-ру́сски пло́хо, а тепе́рь он говори́т **лу́чше**. 以前は彼はロシア語を話すのがへただったが、今では（前）よりよく話せる。　　　　　　＊ра́ньше は、「以前は」の意味でも使われる。

2 比較の対象「〜よりも」の表し方
1. 接続詞 чем を用いる
　比較の対象が何であれ使うことができる。чем の前にコンマ（,）を打つ。

　　　Ру́сский язы́к трудне́е, **чем** англи́йский.　ロシア語は英語より難しい。
　　　Сего́дня жа́рче, **чем** вчера́.　今日は昨日より暑い。
　　　　　　　　　　　　　　　　　　　　　　　　　＊жа́рче（← жа́рко「暑い」）
　　　Ле́гче сказа́ть, **чем** сде́лать.　言うことは行うことより易しい。（言うは易く、行うは難し。）　　＊ле́гче〔-хʧ'-〕（← лёгко〔-хk-〕）易しい、軽い

2. 名詞などの生格を用いる
　比較の対象が名詞、代名詞などであり、しかも主格、対格の場合には、それらを生格に変えることで「〜よりも」の表現となる。この表現は бо́лее を使う比較級とともには使われない。

　　　Жена́ моло́же **му́жа**.　妻は夫より若い。
　　　Я люблю́ Москву́ бо́льше **Петербу́рга**.　私はペテルブルグよりモスクワが好きだ。
　　　Светла́на говори́т по-англи́йски лу́чше **меня́**.　スヴェトラーナは私より英語を話すのがうまい。

3 比較級を含む表現
1. всё＋比較級（и＋比較級）「ますます〜」
　　　Дни стано́вятся **всё коро́че и коро́че**.　日はますます短くなっている。　　　　＊станови́ться² 不完 〜になる　коро́че（← коро́ткий 短い）
2. как мо́жно＋比較級「なるべく〜」
　　　Мы стара́емся реши́ть э́ту пробле́му **как мо́жно быстре́е**.
　　　我々はこの問題をなるべく速く解決しようと努めている。
　　　　　　　　　　　　　＊стара́ться¹ 不完 努力する　быстре́е（← бы́стрый 速い）
3. чем＋比較級, тем＋比較級「〜れば〜ほど、〜だ」
　　　Чем бо́льше, тем лу́чше.　大きければ（多ければ）大きいほど（多いほ

ど）良い。

4 数量の差の表現

比較級とともに「〜だけ」と数量の差を表すには на＋対格を用いる。個数詞の対格は主格と同形であるが、ともに使われる名詞は生格となる。（ただし個数詞の中で однá のみは対格は однý となり、ともに使われる女性名詞も対格となる。）

Мой брат стáрше меня́ **на** пять лет.　私の兄は私より5歳年上です。

5 形容詞の最上級

1. сáмый「最も」＋形容詞長語尾形

　　сáмый は、ともに使われる形容詞の性、数、格に応じて変化する。変化型は нóвый と同型の硬変化。

Фýдзи — **сáмая** высóкая горá в Япóнии.　富士は日本で一番高い山です。　　　　　　　　　　　　　　　　　　＊высóкий 高い　　горá 山
Мы ýчимся в **сáмом** стáром университéте Россúи.　私たちはロシアの最も古い大学で学んでいる。　　　　　　　　　　　　　　　　　＊стáрый 古い

2. наибóлее「最も」＋形容詞長語尾形

　　наибóлее は変化しない。この表現はより文語的である。

«Войнá и мир» — **наибóлее** извéстный ромáн Толстóго.　『戦争と平和』はトルストイの最も有名な長編小説である。
　　　　　　　　　　　　　　＊мир 平和　　извéстный [izv'ésnij] 有名な

3. 比較級短語尾形を用いた表現

　　「比較級＋всех」（← все）「全ての人より」,「比較級＋всегó」（← всё）「全てのものより」という表現は、結果的に最上級を意味することになる。

В университéте мнóго ýмных студéнтов, а Пáвлов **умнéе всех**.　大学には多くの賢い学生がいるが、パヴロフは誰よりも賢い。
　　　　　　　　　　　　　　　　　　　　　　　　　　＊ýмный 賢い
Он **бóльше всегó** лю́бит математику.　彼は何よりも数学が好きだ。
　　　　　　　　　　　　　　　　　　　　　　＊математика 数学

コラム

ロシアの諺と普遍人称文

ロシアの諺を覚えよう。諺には、比較級や普遍人称文が多く使われる。普遍人称文とは、述語が動詞の2人称単数形で、主語の表されない文である。可能性、必然性などを表し、任意の誰が行ってもよい行為について使われることから、諺に多用される。

Бо́льше де́нег, бо́льше хлопо́т.　金が多いほど気苦労も多い。
　　　　　　　　　　　　　　　　　　＊хло́поты 気苦労の多い仕事、奔走

Век живи́, век учи́сь.　1世紀生きて、一生学べ。(勉強は一生のこと。学びてやまず。)　　　　　＊век 1世紀、一生　учи́ться² ＊ 不完 学ぶ

Лу́чше по́здно, чем никогда́.　遅れても全然しないよりはマシ。
　　　　　　　　　　　　　　　　　　　　　　＊никогда́ 決して〜でない

На нет и суда́ нет.　無いものには裁きもない。(無いものを責めてもしかたない。無い袖は振れない。)　　　＊и 〜も　суд 裁き、批判

Не зна́ешь, где найдёшь, где потеря́ешь.　どこでみつけ、どこで無くすかわからないものだ。(思いがけない幸運や不幸にどこで出会うかわからない。)　　　　　＊найти́¹⁽特⁾ 完 みつける　потеря́ть¹ 完 無くす

Пода́льше поло́жишь, побли́же возьмёшь.　より遠くに置くほど、より近くで手に入る。(遠くに隠すほど、近くでみつかる。策を弄するほど、簡単に嘘がばれてしまうもの。)

　　　　　　　　＊пода́льше なるべくより遠くに (短語尾比較級に接頭辞 по- がつくと、「なるべく」か「少し」というニュアンスが加わる。)　положи́ть² ＊ 完 置く　побли́же なるべく近くで　взять¹⁽特⁾ 完 手に入れる

Поспеши́шь, люде́й насмеши́шь.　急ぐと人を笑わせることになる。(急いては事を仕損じる。)
　　　　　　　　　　　　＊поспеши́ть² 完 急ぐ　насмеши́ть² 完 笑わせる

Ста́рость не ра́дость.　老齢は喜びではない。(年をとるのはつらいもの。)
　　　　　　　　　　　　　　　　＊ста́рость 女 老齢　ра́дость 女 喜び

Ти́ше е́дешь, да́льше бу́дешь.　より静かに進めば、より遠くに行ける。(急がば回れ。)　　　　　　　＊ти́ше (← ти́хо) より静かに

Ум хорошо́, а два лу́чше того́.　知恵は1つでも良いが、2つあればそれより良い。(三人寄れば文殊の知恵。)　　　　　＊ум 知恵、知力

第21課

Язы́к до Ки́ева доведёт. 言葉はキエフまで導いてくれる。（言葉ができればキエフにもたどり着ける。）

＊довести́[1](特) 完 （＋до＋生格）（～まで）導いて行く

練習問題

[1] （ ）内の単語を比較級短語尾形に変えて文を完成させなさい。また全文を日本語に訳しなさい。

1. Ива́н (ста́рый) жены́ на четы́ре го́да.
2. Для меня́ матема́тика (тру́дная), чем фи́зика.　　＊фи́зика 物理学
3. Она́ зна́ет ру́сский язы́к (хорошо́) други́х студе́нтов.　＊друго́й 他の
4. Сего́дня у него́ температу́ра (высо́кая), чем вчера́.　＊температу́ра 熱
5. Фильм был (интере́сный), чем мы ду́мали.
6. Ка́ждое у́тро я встаю́ (ра́но) вас.　＊встава́ть[1](特) 不完 起きる
7. Чем (бли́зко) я её узнава́л, тем (мно́го) люби́л её.
　　　　　　　　　　　　　　　＊узнава́ть[1](特) 不完 知る
8. Земля́ (ма́ленький) Со́лнца.
　　　　　　　＊Земля́ 地球　Со́лнце 太陽（天体は語頭を大文字で書く）

[2] 次の日本語をロシア語に訳しなさい。

1. 明日はもっと面白い講義があります。　　　　　　＊講義 ле́кция
2. バイカル湖は世界で最も深い湖です。　＊深い глубо́кий　湖 о́зеро
3. 彼らはこの町で一番大きな家に住んでいます。
4. 東京の冬はモスクワの春より暖かい。　＊より暖かい тепле́е (← тепло́)
5. 私はこのマトリョーシカの方があちらのより気に入りました。

[3] 次のロシア語を日本語に訳しなさい。

Чем бо́льше я узнаю́ япо́нскую ку́хню, тем интере́снее для меня́ исто́рия ру́сской ку́хни. В ру́сской ку́хне секре́тов не ме́ньше. А са́мый гла́вный секре́т — э́то хлеб. До сих пор говоря́т ведь: «Хлеб на стол — и стол престо́л, а хле́ба ни куска́ — и стол доска́».

　＊ку́хня 料理　для (＋生格) ～にとって　исто́рия 歴史　секре́т 秘訣、秘密　гла́вный 主要な　до сих пор 今にいたるまで　ведь 何しろ～なのだから　престо́л 王座　ни куска́ 一片も無い (← кусо́к かけら)　доска́ 板

第22課
定動詞と不定動詞／接頭辞のある移動の動詞
Уро́к но́мер два́дцать два / Два́дцать второ́й уро́к　CD60

テクスト

1. Ма́ша: Како́й краси́вый брасле́т! Ле́на, где ты его́ купи́ла?
   Ле́на: Друг привёз из Екатеринбу́рга. Он три дня наза́д прие́хал в Москву́, а вчера́ принёс мне э́тот брасле́т.
   М.: Спроси́ его́, в како́м магази́не он купи́л. Я то́же ско́ро пое́ду в Екатеринбу́рг.

2. А́ня: У ста́нции метро́ «Ки́евская» в кни́жном магази́не прохо́дит вы́ставка книг совреме́нных писа́телей. Приходи́ за́втра туда́.
   Ю́ра: Хорошо́. А как я найду́ э́тот магази́н?
   А.: Вы́йдешь из метро́, пойдёшь напра́во. Пройдёшь ми́мо ба́ра, перейдёшь у́лицу и уви́дишь магази́н.

■単語■

брасле́т ブレスレット
привезти́[1](特) 完 (乗り物で)運んで来る
из (＋生格) 〜から
наза́д (＋対格) (時間的に)〜前に
прие́хать[1](特) 完 (乗り物で)来る
принести́[1](特) 完 (歩いて)運んでくる
ско́ро すぐに
пое́хать[1](特) 完 (乗り物で)出かける
ста́нция 駅
метро́ (不変化) 地下鉄
кни́жный 本の
магази́н 店
проходи́ть[2]* 不完 行われている

вы́ставка 見本市、展覧会
совреме́нный 現代の
приходи́ть[2]* 不完 (歩いて)来る
найти́[1](特) 完 見つける
вы́йти[1](特) 完 (歩いて)出る
пойти́[1](特) 完 (歩いて)出かける
напра́во 右へ
пройти́[1](特) 完 (歩いて)過ぎ去る
ми́мо (＋生格) 〜を通り過ぎて、〜の近くを
бар バー
перейти́[1](特) 完 (歩いて)渡る、移動する
у́лица 通り
уви́деть[2] 完 見る、見える

第22課

■訳■

1. マーシャ：なんてきれいなブレスレットなの！ レーナ、これどこで買ったの？
   レーナ：友達がエカテリンブルグのお土産にくれたの。彼は3日前にモスクワに帰って来たんだけど、昨日私のところにこのブレスレットを持ってきてくれたのよ。
   マ：どこのお店で買ったのか、彼に聞いて。私ももうすぐエカテリンブルグに行くのよ。

2. アーニャ：地下鉄の「キエフスカヤ」駅のそばの本屋で、現代作家の本の見本市をやっているの。明日そこへいらっしゃいよ。
   ユーラ：OK. その店はどうしたら見つけられる？
   ア：地下鉄を降りたら、右へ曲がって、バーの横を通って、通りを渡れば、店が見えるわ。

解説

1 定動詞と不定動詞

移動の動詞については、定動詞 идти́/е́хать, 不定動詞 ходи́ть/е́здить を第14課で学んだ。この課では、さらにいくつかの動詞を学ぶ。現在、過去変化ともに特殊なものが多い点に注意すること。過去変化で規則的なものは表示しない。なお、これらは全て不完了体である。

定動詞	不定動詞	意味
бежа́ть （現）бегу́, бежи́шь… бегу́т	**бе́гать** （現）бе́гаю, бе́гаешь…	走る
плыть （現）плыву́, плывёшь… （過）плыл, плыла́, плы́ло…	**пла́вать** （現）пла́ваю, пла́ваешь…	泳ぐ、船が航行する、船で行く
лете́ть （現）лечу́, лети́шь…	**лета́ть** （現）лета́ю, лета́ешь…	飛ぶ、飛行機で行く
нести́ （現）несу́, несёшь… （過）нёс, несла́…	**носи́ть** （現）ношу́, но́сишь…	歩いて運ぶ

везти́ （現）везу́, везёшь… （過）вёз, везла́…	**вози́ть** （現）вожу́, во́зишь…	乗り物で運ぶ、 乗り物が運ぶ
вести́ （現）веду́, ведёшь… （過）вёл, вела́…	**води́ть** （現）вожу́, во́дишь…	連れて行く、導 く

ここで、定動詞、不定動詞の用法・意味の差を比べてみよう。

Посмотри́те, как бы́стро **бежи́т** э́тот спортсме́н.（定動詞）　この選手がどれほど速く走っているか、見てごらんなさい。

＊бы́стро 速く　спортсме́н スポーツマン、選手

Пётр лю́бит игра́ть в футбо́л, но игра́ет пло́хо, потому́ что не уме́ет бы́стро **бе́гать**.（不定動詞）　ピョートルはサッカーをするのが好きだが、へたです。なぜなら速く走れないからです。

＊футбо́л サッカー　потому́ что なぜなら

♦第14課で学んだ特性以外に、不定動詞は単独で（あるいはуме́ть[1] 不完 「～できる」とともに）運動の能力を表すときにも使われる。

Ло́дка бы́стро **плывёт** по тече́нию.（定動詞）　ボートは流れに乗って素早く進んでいく。　　＊ло́дка ボート　тече́ние 流れ

Капита́н уже́ мно́го лет **пла́вает** на теплохо́де.（不定動詞）　船長はもう長年ディーゼル船で航行している。

＊капита́н 船長　теплохо́д ディーゼル船

Вы опя́ть **лети́те** отдыха́ть в Испа́нию?（定動詞）　あなたはまたスペインに休暇に（飛行機で）行くのですか？

＊отдыха́ть[1] 不完 休養する　Испа́ния スペイン

В хоро́шую пого́ду пти́цы **лета́ют** высоко́ в не́бе.（不定動詞）　天気の良い時に鳥たちは空高く飛び回る。

＊в хоро́шую пого́ду 良い天気のときに　пти́ца 鳥　высоко́ 高く　не́бо 空

В аэропорту́ стару́ха с трудо́м **несла́** тяжёлый чемода́н к вы́ходу.（定動詞）　空港で老婆が重いスーツケースを苦労して出口に向かって運んでいた。

＊с трудо́м 苦労して　тяжёлый 重い　чемода́н かばん、スーツケース　вы́ход 出口

Он всегда́ **но́сит** с собо́й портфе́ль.（不定動詞）　彼はいつも書類かばんを持ち歩いている。　＊собо́й (← себя́) 自分　портфе́ль 男 書類かばん

⎰ Сейча́с она́ **везёт** му́жа в аэропо́рт на маши́не.（定動詞）　今彼女
　　⎱　は夫を車で空港へ送る途中だ。
　　⎰ Когда́ мой оте́ц лежа́л в больни́це, я ча́сто **вози́л** ему́ све́жие
　　⎱　журна́лы.（不定動詞）　私の父が入院中、私は彼のところへしょっちゅう新しい雑誌を届けていた。
　　＊лежа́ть в больни́це 入院している　ча́сто しばしば　све́жий 新しい、新鮮な
　　⎰ Экскурсово́д **ведёт** тури́стов в музе́й.（定動詞）　ガイドは旅行者
　　⎱　たちを美術館へ連れて行くところだ。
　　　　　　　　　　　　　　＊экскурсово́д 観光ガイド　тури́ст 旅行者
　　⎰ Ка́ждое у́тро мать **во́дит** ма́ленького Ми́шу в парк.（不定動詞）
　　⎱　毎日母親は小さなミーシャを公園へ連れて行く。

2 転義で使われる定動詞、不定動詞

　　移動の動詞が本来の意味を離れて特殊な意味で使われることがある。その際は、定動詞／不定動詞の対応関係は成り立たず、慣用的に定動詞か不定動詞のどちらかしか用いられない。

　　На у́лице **идёт** дождь.　外では雨が降っている。
　　О чём **идёт** речь?　何の話ですか？（何についての話が行われているのか？）
　　Вам о́чень **идёт** э́тот сви́тер.　あなたはこのセーターがとてもお似合いです。
　　Де́ти **веду́т** себя́ о́чень хорошо́.　子供たちはたいそう行儀が良い。
　　　　　　　　　　　　　　　　　　　　　　＊вести́ себя́ 振る舞う
　　Ему́ всегда́ **везёт** в жи́зни.　彼は人生でいつもついている。
　　Она́ **но́сит** очки́.　彼女は眼鏡をかけている（身につけている）。

3 接頭辞のある移動の動詞

1. 定動詞と不定動詞に接頭辞がつくと、定動詞／不定動詞の区別は無くなり、接頭辞＋定動詞 → 完了体（例：прийти́）、接頭辞＋不定動詞 → 不完了体（例：приходи́ть）となる。

2. 接頭辞がつく移動の動詞は、つづりやアクセントの位置が多少異なるものがある。
　　① идти́ は接頭辞がつくと、-йти となる（例：дойти́）。　人称変化形は、

дойду́, дойдёшь... となる。過去変化は接頭辞がない場合と同じ（дошёл, дошла́...）。прийти́ だけは、人称変化形は приду́, придёшь... となる。идти́ に子音字で終わる接頭辞（в-, от- など）がつく場合は、войти́ のように接頭辞の後に -о- が加わる。

② е́здить は接頭辞がつくと、-езжа́ть となる（例：приезжа́ть）。また子音字で終わる接頭辞は、въе́хать, отъезжа́ть のように接頭辞の後に -ъ- が加わる。

③ бе́гать は接頭辞がつくと、アクセントの位置が変わり、-бега́ть となる（добега́ть）。

④ пла́вать は接頭辞がつくと、-плыва́ть となる（例：переплыва́ть）。

3. 移動の動詞の接頭辞の意味

それぞれの接頭辞には次のような意味がある。代表的な接頭辞を覚えよう。

в- (〜の中へ入る), вы- (〜の外へ出る), под- (〜に接近する), от- (〜から離れる), при- (〜に到着する), у- (〜を去る), до- (〜まで行く), пере- (〜を横断する、移動する), про- (〜を通り過ぎる), об- (〜を迂回する、1周する)

Обы́чно я **прихожу́** домо́й по́здно, но вчера́ **пришёл** ра́но.
たいてい私は帰宅が遅いが、昨日は早く帰った。

Самолёт **вылета́ет** в 8 часо́в 15 мину́т. 飛行機は8時15分に飛び立つ。

По́езд **прохо́дит** ми́мо ста́нции. 列車は駅を通過していく。

Он всегда́ **перебега́ет** у́лицу на кра́сный свет. 彼はいつも赤信号で通りを走って渡っていく。

Ло́дка **отплыла́** от бе́рега. ボートは岸を離れた。

Мы **объе́хали** о́зеро и **въе́хали** в лес. 私たちは湖を（乗り物で）迂回し、森に入った。

Ма́льчик **добежа́л** до угла́ у́лицы и **побежа́л** нале́во. 少年は通りの角まで走って来ると、左に向かって駆け出した。

＊побежа́ть については **4** を参照

Он **унёс** мой слова́рь. 彼は私の辞書を持ち去ってしまった。

Она́ **подвела́** ба́бушку к вхо́ду. 彼女はお婆さんを入口まで連れて行った。

4 接頭辞 по- と移動の動詞

по- だけは他の接頭辞と用法が異なる。

1. по-＋定動詞

「～し出す、し始める」を意味する完了体となり、ペアの不完了体は無い。

> Она́ написа́ла письмо́ и **пошла́** на по́чту.　彼女は手紙を書き上げると、郵便局に出かけた。

2. по-＋不定動詞

「しばらく、ちょっと～する」を意味する完了体となり、ペアの不完了体は無い。

> У́тром он немно́го **пое́здил** на но́вой маши́не.　朝、彼は新しい車にしばらく乗ってみた。

5 転義で使われる接頭辞のある移動の動詞

接頭辞のある移動の動詞が本来の意味を離れて特殊な意味で使われる例もある。完了体、不完了体の両方が使われるものが多いが、どちらかしか使われないものもある。

> Вре́мя **прошло́** бы́стро.　時は素早く過ぎ去った。
>
> В клу́бе **проходи́ла** конфере́нция.　クラブで会議が行われていた。
> （この意味では、不完了体のみ）
>
> Украи́на **ввози́т** нефть из Росси́и.　ウクライナはロシアから石油を輸入している。　＊「輸出する」は вывози́ть[2] 不完
>
> Он неда́вно **перевёл** рома́н Достое́вского на япо́нский язы́к.
> 最近彼はドストエフスキーの長編小説を日本語に翻訳した。

練習問題

1 （　）内の動詞をどちらか選び、適当な形に変化させなさい。1～5は現在形、6～8は過去形にすること。また全文を日本語に訳しなさい。

1. Когда́ я зову́ мою́ соба́ку, она́ сра́зу (бежа́ть, бе́гать) ко мне.
　　　　　　　　　　　　　　　　　　　　　　＊сра́зу すぐに
2. Обы́чно самолёты э́той авиакомпа́нии (лете́ть, лета́ть) из А́зии в Евро́пу.
　　＊самолёт 飛行機　авиакомпа́ния 航空会社　А́зия アジア　Евро́па ヨーロッパ
3. Дельфи́ны всегда́ (плыть, пла́вать) краси́во. Посмотри́те, вот они́ (плыть, пла́вать) к нам.　　　　　　　　　　　＊дельфи́н イルカ
4. Алёша ещё совсе́м ма́ленький и не (идти́, ходи́ть), поэ́тому мать всегда́ (нести́, носи́ть) его́ на рука́х.
　　　　　　　　　　　　　　　　　＊поэ́тому それゆえ　рука́ 手
5. Вот идёт А́ня. Она́ (вести́, води́ть) соба́ку гуля́ть.
　　　　　　　　　　　　　　　　　　　　＊гуля́ть[1] 不完 散歩する
6. В а́вгусте, как обы́чно, Никола́й (лете́ть, лета́ть) отдыха́ть в Гре́цию.　　　　　　　　　　　　　　　　　　　　　＊Гре́ция ギリシャ
7. Ми́мо них бы́стро прое́хала маши́на ско́рой по́мощи. Она́ (везти́, вози́ть) больно́го в больни́цу.　　＊ско́рая по́мощь 救急　больно́й 病人
8. Экскурсово́д хорошо́ знал доро́гу, шёл бы́стро и (вести́, води́ть) нас о́чень уве́ренно.　　　　　　　　　　　　　＊уве́ренно 自信をもって

2 （　）内の動詞をどちらか選び、適当な形に変化させなさい。1～5は過去形に、6～8は現在形にすること。また全文を日本語に訳しなさい。

1. Когда́ мы обе́дали, к столу́ не́сколько раз (подойти́, подходи́ть) официа́нт.　　　　　　　　　　＊не́сколько раз 数回　официа́нт ウェーター
2. В конце́ обе́да в зал вошёл по́вар и (внести́, вноси́ть) большо́й торт.
　　　　　　　　　　　　　　　　　　＊обе́д ディナー　зал ホール　торт ケーキ
3. Как то́лько наступи́ло ле́то, дете́й (отвезти́, отвози́ть) на да́чу.
　　　　＊как то́лько ～するやいなや　наступи́ть[2] ＊不完 (季節が) 来る　да́ча 別荘
4. Маши́ны останови́лись, и мы споко́йно (перейти́, переходи́ть) у́лицу.　　　　　　　　　　＊останови́ться[2] ＊不完 止まる　споко́йно 落ち着いて
5. Шофёр (обойти́, обходи́ть) вокру́г свое́й маши́ны и уви́дел, что всё в поря́дке.　　　　　　　　　＊шофёр 運転手　всё в поря́дке 万事良好である

第22課

6. Ка́ждый ве́чер, когда́ оте́ц возвраща́ется домо́й, к нему́ из ко́мнаты (вы́бежать, выбега́ть) де́ти.　　　＊возвраща́ться¹ 不完 帰る

7. Ка́ждый год о́сенью пти́цы (улете́ть, улета́ть) на юг, а весно́й они́ сно́ва (прилете́ть, прилета́ть) к нам.　　＊пти́ца 鳥　юг 南　сно́ва 再び

8. Обы́чно я (дое́хать, доезжа́ть) до университе́та на метро́ за час.

＊за час　1時間で

3　次の日本語をロシア語に訳しなさい。

1. 彼は店から出ると車に乗り、大学に向かった。

＊乗った сел（← сесть¹⁽特⁾ 完 腰掛ける、座る）

2. 雪が降っているから、私は外へ出たくない。　　　　＊外へ на у́лицу

3. これは最近彼がロシア語から日本語に訳した本です。　＊〜から с＋生格

第23課
仮定法／否定代名詞・否定副詞
Уро́к но́мер два́дцать три́ / Два́дцать тре́тий уро́к

テクスト

1. — Посмотри́, попуга́и! Э́то о́чень у́мные пти́цы! Жаль, что э́ти не уме́ют говори́ть.
   — Почему́ жаль?
   — Потому́ что в зоопа́рке всегда́ мно́го наро́да. А попуга́и до́лго живу́т и за свою́ до́лгую жизнь, наве́рное, узна́ли, что представля́ют собо́й лю́ди. Е́сли бы они́ уме́ли говори́ть, то могли́ бы рассказа́ть о нас, лю́дях, мно́го интере́сного.

2. Я никогда́ ниче́м не боле́л, и то́лько в де́тстве ма́ма води́ла меня́ в поликли́нику к зубно́му врачу́. Но одна́жды у меня́ заболе́ло го́рло. Я позвони́л знако́мому врачу́, что́бы он посове́товал, что де́лать, но врача́ не́ было до́ма. Мне сказа́ли, что он на неде́лю уе́хал. Тогда́ я реши́л пойти́ в библиоте́ку, что́бы почита́ть медици́нский спра́вочник. В библиоте́ке я прочита́л всё о боле́знях го́рла, а пото́м — на вся́кий слу́чай — реши́л почита́ть и о други́х боле́знях. И все э́ти боле́зни я нашёл у себя́! Из библиоте́ки я ушёл совсе́м больно́й.

   Че́рез неде́лю врач осмотре́л меня́ и дал реце́пт: «Оди́н сала́т, оди́н бифште́кс — принима́ть ка́ждый ве́чер. Прогу́лка — ка́ждый день. И ничего́ не чита́ть о боле́знях».

■単語■

попуга́й オウム
у́мный 賢い
пти́ца 鳥
жаль 残念だ
уме́ть[1] 不完 できる

зоопа́рк 動物園
наро́д 人々、民族
до́лгий 長い
за （＋対格（期間））〜で
свой 自分の

第23課

наве́рное 多分
узна́ть[1] 完 知る
представля́ть[1] 不完 (+собо́й) ～である
е́сли бы もし～なら (仮定法)
рассказа́ть[1(特)]* 完 物語る
лю́ди 人々
никогда́ 決して、1度も
ниче́м (← ничто́) 何も～ない
боле́ть[1] 不完 病む
де́тство 幼年時代
води́ть[2]* 不完 連れて行く
поликли́ника クリニック、医院
зубно́й 歯の
одна́жды ある時
заболе́ть[2] 完 痛み出す
го́рло 喉
позвони́ть[2] 完 電話をかける
знако́мый 知り合いの
что́бы ～するように
посове́товать[1(特)] 完 アドヴァイスする
на (+対格（期間）) ～の予定で

неде́ля 1週間
уе́хать[1(特)] 完 去る
тогда́ その時、そこで
реши́ть[2] 完 決める
библиоте́ка 図書館
почита́ть[1] 完 ちょっと読む
медици́нский 医学の
спра́вочник 案内書
боле́знь 女 病気
на вся́кий слу́чай 念のため
друго́й 別の
уйти́[1(特)] 完 去る
больно́й 病気の、病人
че́рез (+対格) ～後に
осмотре́ть[2]* 完 観察・診察する
реце́пт 処方箋
сала́т サラダ
бифште́кс ビフテキ
принима́ть[1] 不完 摂取する
ка́ждый 毎～
прогу́лка 散歩

■ 訳 ■

1. 「見て、オウムよ！ あれはとても賢い動物よ！ あのオウムたちが喋れないのは残念だわ」「どうして残念なの？」「だって動物園にはたくさんの人がいるでしょ。オウムは長生きで、長い一生の間に多分人間がどんなものか知ったでしょう。もしあのオウムたちが喋れたら、私たち人間について、面白いことをたくさん話せるのに」

2. 私は1度も何の病気にもなったことがない。ただ子供の頃、母親に歯医者の医院に連れて行かれただけだ。ところがある時、私は喉が痛み出した。私は知り合いの医者に電話をかけて、どうしたらいいかアドヴァイスしてもらおうとしたが、医者は不在だった。彼は1週間留守だと言われた。そこで私は医学の案内書を読むために図書館に行くことにした。図書館で私は喉の病気についての全てを読んだ。それから念のため、ほかの病気についても読むことにした。すると、それら全ての病気が自分にあることを発見したのだ！ 図書館から私はまったくの病人になって出てきた。

1週間後、医者は私を診察し、処方箋を出した。「サラダを1皿、ビフテキを1皿、毎晩食べること。散歩を毎日。そして病気について何も読まないこと」

解説

1 仮定法

「もし～ならば～だろうに」と、現在、過去の事実に反すること、未来の起こりそうもないことを仮定する場合に、仮定法を使う。仮定法では、「もし～ならば」という仮定を если で始まる従属節、「～だろうに」という帰結を主節で表す。また если で始まる従属節にも主節にも бы を用い、動詞は過去形となる。意味が過去、現在、未来のいずれであるかは、文脈から判断する。

 Если бы у меня́ бы́ло вре́мя, я с удово́льствием пошла́ бы на конце́рт.　もし私に時間があれば、喜んでコンサートに行くのだが。
＊с удово́льствием 喜んで

 Если бы вчера́ вы смогли́ прийти́ пора́ньше, вы уви́дели бы изве́стного актёра.　もしあなたが昨日もう少し早く来ることができたなら、有名な俳優に会えたのに。　＊смочь[1](特) 園 できる　актёр 俳優

 За́втра бу́дет дождь, а е́сли бы была́ хоро́шая пого́да, экску́рсия была́ бы прекра́сной.　明日は雨ですが、もし良い天気なら、遠足は素晴らしいものになるはずなのに。
＊дождь 園 雨　экску́рсия 遠足　прекра́сный 素晴らしい

仮定法ではない単なる条件文では бы は用いず、動詞の時制も過去、現在、未来のいずれも使われる。

 Если вы бу́дете свобо́дны за́втра, приходи́те к нам.　もしあなたが明日お暇なら、私たちのところへいらっしゃい。

 Если вы хоти́те посмотре́ть карти́ны ру́сских худо́жников, на́до пойти́ в Ру́сский музе́й.　もしあなたがロシア人画家の絵画を見たいなら、ロシア美術館に行くべきです。

2 бы を使う婉曲な願望の表現

仮定法の条件部分（従属節）、帰結部分（主節）のどちらかのみを使ったり、бы＋хоте́ть, хоте́ться の過去形で、婉曲な願望、丁寧な提案などを

表すことができる。

　　　Я бы погуля́л ещё немно́го.　私はまだもう少し散歩がしたい。
　　　Е́сли бы была́ весна́!　春だったらなあ！
　　　Мне хоте́лось бы попроси́ть стака́н воды́.　水を1杯いただきたい
　　のですが。

❸ что́бы の用法

　что́бы は、「〜するために、するように、することが」など、目的、希望、必要などを表す従属節を導く。что́бы で始まる従属節の述語は過去形になる。

1. 目的を表す。

　　　Я разбуди́ла сы́на в семь часо́в, что́бы он не опозда́л на экску́рсию.　私は、息子が遠足に遅れないように、7時に起こした。
　　　　　　　　　　　　＊разбуди́ть² ＊ 園 起こす　опозда́ть¹ 園 遅れる

♦ただし、主節と従属節の主語が同じものである場合は、動詞は過去形ではなく不定形となる。

　　　Я вста́ла в семь часо́в, что́бы не опозда́ть на экску́рсию.　私は、遠足に遅れないように7時に起きた。

♦また、主節の動詞が移動の動詞であり、かつ目的の部分に не を含まない場合は、что́бы なしの不定形だけでよい。

　　　Я вы́шла на у́лицу посмотре́ть на пара́д.　私はパレードを見るために、表へ出た。　　　　　　　　　　　　　　＊пара́д パレード
　　　(Cf. Я пое́хала на такси́, что́бы не опозда́ть на экску́рсию.
　　　私は遠足に遅れないようにタクシーででかけた。)

2. 希望、必要などを表す。

　　　Я хочу́, что́бы он понима́л меня́.　私は彼に私のことを理解してもらいたい。
　　　На́до, что́бы рабо́ту зако́нчили в срок.　仕事が期限内に終えられることが必要だ。
　　　Жела́тельно, что́бы все помога́ли друг дру́гу.　皆がお互いに助け合うことが望ましい。

♦друг дру́га「お互いに」、この表現では2つ目の друг は使われる動詞の要求によっていろいろな格になり前置詞を伴うこともある。

　　люби́ть друг дру́га　　お互いに愛し合う
　　сове́товаться друг с дру́гом　　お互いに相談し合う

4 де́ти, лю́ди の格変化

　де́ти「子供たち」, лю́ди「人々」の複数形格変化は特に造格が特殊な形となる。なお、単数形は ребёнок「子供」, челове́к「人」というまったく異なる語が使われる。

	単数形 ребёнок (ребёнка…)	単数形 челове́к (челове́ка…)
	複数形	複数形
主	де́ти	лю́ди
生	дете́й	люде́й
与	де́тям	лю́дям
対	дете́й	люде́й
造	детьми́	людьми́
前	де́тях	лю́дях

5 接頭辞 по- の用法

　第22課で移動の動詞とともに使われる接頭辞 по- の用法は学んだが、そのほかにもこの接頭辞にはいくつかの用法がある。

1. 形容詞（副詞）の短語尾形比較級とともに使われ「なるべく〜」「少し〜」の意味になる。どちらの意味かは文脈で判断する。

　　У нас ма́ло вре́мени. Рабо́тайте побыстре́е.　私たちは時間がわずかしかありません。なるべく速く仕事をしてください。
　　Она́, наве́рное, помоло́же меня́.　彼女は多分、私よりちょっと若い。

2. 継続を表す不完了体動詞について「しばらく、少し〜する」の意味を表す完了体動詞を作る。

Мне хотéлось бы поговорúть с вáми.　私はあなたとちょっとお話し
たいのですが。

Он погулял по пáрку и пошёл домóй.　彼は公園をしばらく散歩し
てから家に向かった。

6 否定代名詞、否定副詞

疑問代名詞、疑問副詞 кто, что, где, когдá などに ни-, не- のついたも
のを否定代名詞、否定副詞という。ни- がつくものと не- がつくもので、
それぞれ意味や用法が異なるので注意が必要である。否定代名詞は格変化
する。前置詞が必要なときは ни（не）と疑問詞の間に入れる。

1. ни- がつくもの（никтó, ничтó, нигдé, никогдá など）
   必ず述語が не を伴う。「～も～でない」という意味になる。

   Никтó не отвечáл на мой вопрóс.　誰も私の質問に答えなかった。
   В кóмнате **никогó не** было.　部屋には誰もいなかった。
   Онá **ни с кем не** разговáривала на вéчере.　彼女はパーティで誰と
   も話さなかった。
   Ничегó плохóго **не** было в том, что он сказáл.　彼が言ったこと
   には何も悪いことは無かった。
   В воскресéнье он **никудá не** ходúл.　日曜日に彼はどこへも行かな
   かった。
   Я **никогдá не** вúдел такóго большóго тóрта.　私は1度もあんなに
   大きなケーキを見たことがない。

2. не- がつくもの（нéкого, нéчего（この２つは主格は無い）, нéгде,
   нéкогда など）
   動詞不定形とともに使う。意味上の主体は与格で表す。「～すべき～が
   ない」という意味になる。

   Мне **нéкому** писáть пúсьма.　私は手紙を書く相手がいない。
   Ей **нé с кем** было совéтоваться.　彼女は相談する相手がいなかった。
   Нам **нéчего** боя́ться.　私たちは恐るべきものが無い。
   Емý бýдет **нéгде** жить.　彼は住むべき場所が無くなるだろう。
   Мне **нéкогда** читáть кнúги.　私は本を読む暇がない。

練習問題

① 次の文を仮定法に変えなさい。そして全文を日本語に訳しなさい。
1. Éсли у него есть деньги, он сразу даст их бедным детям.
   *сразу すぐに　бедный 貧しい
2. Éсли мой друг поможет, я смогу решить эти задачи.
3. Éсли он был свободен вчера, он был в гостях у друга.
   *быть у＋生格 в гостях 〜のところに遊びに行く

② 次の（ ）内に **что** か **чтобы** を入れ、全文を訳しなさい。
1. Сегодня я узнал, (　) Иван поступил в Московский университет.
   поступить² 园 入学する　Московский университет モスクワ大学
2. Мать хочет, (　) сын поступил в Московский университет.
3. Мне нравится, (　) он всегда выполняет свои обещания.
   *выполнять¹ 不完 遂行する　обещание 約束
4. Желательно, (　) он всегда выполнял свои обещания.
5. Я хочу купить эту книгу, (　) послать её другу.
   *послать¹⁽特⁾ 园 送る

③ 次の（ ）の中に適当な否定代名詞、否定副詞を入れて、日本語の意味に合うようなロシア語の文を完成しなさい。
1. Я (　) не была в России.　私は1度もロシアへ行ったことがない。
2. Она (　) не любит.　彼女は誰のことも愛していない。
3. Он (　) не нашёл (　) подарка для жены.　彼はどこでも何のプレゼントも妻のためにみつけることができなかった。
4. Ему (　) работать в Токио.　彼は東京では働く場所がない。
5. Мне (　) у (　) взять деньги.　私はお金を貸してくれる人がいない。

④ 次の日本語をロシア語に訳しなさい。
1. 私は子供たちと一緒にロシアへ行きたいのだが。（бы を使って）
2. 明日は私たちのところになるべく早く来てください。
3. 私たちはしばらく友人と喫茶店で話して、それから彼と一緒に地下鉄で美術館にでかけた。
   *喫茶店 кафе

第24課
不定代名詞と不定副詞
Уро́к но́мер два́дцать четы́ре / Два́дцать чевёртый уро́к　CD62

テクスト

1. Когда́ дочь была́ ма́ленькой, мать говори́ла ей:
   — Иди́ гуля́ть, я сама́ всё сде́лаю.
   Дочь ста́ла большо́й и не хоте́ла помога́ть ма́тери. Она́ говори́ла:
   — Сде́лай всё сама́, я иду́ гуля́ть!

2. Медве́дь (по расска́зу М. Жига́ловой)
   Э́то был большо́й медве́дь. Таню́ша уви́дела его́ в магази́не. Там бы́ло мно́го краси́вых игру́шек, но де́вочка смотре́ла то́лько на медве́дя.
   — Ма́мочка, я о́чень хочу́ э́того медве́дя.
   — Не сейча́с, Таню́ша. Сейча́с я не могу́ купи́ть его́.
   Таню́ше бы́ло шесть лет. Оте́ц её у́мер три го́да наза́д. Ка́ждый день Таню́ша встреча́ла мать о́коло до́ма и помога́ла нести́ су́мку с проду́ктами.
   После́дние три дня ма́ма приходи́ла по́здно. Таню́ша ложи́лась спать одна́ без неё.
   И вот в воскресе́нье ма́ма подошла́ к крова́ти Таню́ши и сказа́ла:
   — Встава́й, до́чка. Пойдём в магази́н покупа́ть медве́дя.
   Де́вочка была́ о́чень ра́да.
   В магази́не бы́ло мно́го медве́дей, но Таню́ша хоте́ла то́лько медве́дя, кото́рого она́ ви́дела ра́ньше.
   Пото́м Таню́ша побежа́ла в парк. Она́ хоте́ла показа́ть медве́дя свои́м друзья́м. Медве́дь понра́вился всем. Вдруг к Та́не подбежа́ла кака́я-то незнако́мая де́вочка.
   — Како́й у тебя́ краси́вый медве́дь! — закрича́ла де́вочка. —

Дай мне его, я хочу поиграть с ним.

Танюша не хотела отдавать медведя, но она не хотела быть жадной и ответила.

— Возьми медведя, только завтра принеси.

На другой день девочка не принесла медведя. Не принесла она его и через день. Танюша не могла поверить, что её обманули.

Однажды мать принесла Танюше медведя. Это был такой же медведь, только с другой лентой.

— Видишь, дочка, девочка вернула твоего медведя, — сказала мама. — Это, наверное, хорошая девочка. Она сразу поняла, что медведю больше идёт другая лента.

— Я думала, что девочка больше уже никогда не придёт, — сказала Танюшка.

— Как ты могла так думать? — ответила мать. — Нужно верить людям. Если ты будешь верить людям, они тебя никогда не обманут.

■ 単語 ■

гулять[1] 不完 散歩する、遊ぶ
сам 自分で
сделать[1] 完 する
стать[1(特)] 完 (＋造格) 〜になる
помогать[1] 不完 助ける
медведь 男 熊
по (＋与格) 〜による
рассказ 短編小説
там そこで
смотреть[2] 不完 (＋на＋対格) 〜の方を見る
только ただ
мамочка (← мама)
умереть[1(特)] 完 死ぬ
встречать[1] 不完 出迎える
около (＋生格) 〜のそばで
сумка バッグ

продукты 食料品
поздно [pózn ə] 遅く
ложиться[2] 不完 横たわる
спать[2] 不完 眠る
подойти[1(特)] 完 近づく
кровать 女 ベッド
вставать[1(特)] 不完 起きる
дочка (← дочь)
рад 嬉しい
побежать[2] 完 駆け出す
показать[1(特)]* 完 見せる
вдруг 突然
какой-то 何かの
незнакомый 見知らぬ
закричать[2] 完 大声で言う
поиграть[1] 完 ちょっと遊ぶ
отдавать[1(特)] 不完 渡す、返す

第24課

жа́дный ケチな
отве́тить² 完 答える
взять¹⁽特⁾ 完 取る、借りる
принести́¹⁽特⁾ 完 持って来る
на друго́й день 翌日に
че́рез (＋対格) 〜後に
пове́рить² 完 (＋与格) 〜を信じる
обману́ть¹ 完 騙す

одна́жды ある時
тако́й же 同じような
ле́нта リボン
сра́зу すぐに
поня́ть¹⁽特⁾ 完 わかる、理解する
ду́мать¹ 不完 思う、考える
ну́жно 〜しなければならない
ве́рить² 不完 信じる

■訳■

1. 娘が小さかったとき、母親は彼女に言った。
「遊びに行ってらっしゃい、私が自分で何もかもやるから」
娘は大きくなったが、母親を手伝いたがらなかった。彼女は言った。
「全部自分でやってよ。私は遊びに行くから！」

2.「熊」（M. ジガロヴァ作の短編小説より）
　それは大きな熊だった。タニューシャはそれを店で見た。そこにはたくさんのきれいなおもちゃがあったのだが、女の子は熊だけをみつめていた。
「ママ、わたしこの熊がとっても欲しいの」
「今はだめよ、タニューシャ。今は買ってあげられないわ」
　タニューシャは6歳だった。彼女の父親は3年前に亡くなっていた。毎日タニューシャは母親を家のそばで迎え、食料品の入ったバッグを運ぶのを手伝った。
　最後の3日間は、ママの帰宅は遅かった。タニューシャはママなしで1人で寝た。
　そして日曜日、ママはタニューシャのベッドに近寄ると、言った。
「さあ起きなさい。お店に熊を買いに行きましょう」
　女の子はとても嬉しかった。
　店にはたくさんの熊があったが、タニューシャは前に見た熊だけが欲しかった。
　それからタニューシャは公園に駆けて行った。彼女は熊を自分の友達に見せたかったのだ。皆、熊が気に入った。突然、ターニャのそばにどこかの見知らぬ女の子が駆け寄った。
「なんてすてきな熊をもってるの！」女の子は大きな声で言った。「私にそれを貸して。私、それでちょっと遊びたい」
　タニューシャは熊を渡したくなかったが、けちんぼにはなりたくなかったので、答えた。

「熊を持って行ってもいいわ。でも明日持って来てね」

　翌日、女の子は熊を持って来なかった。もう１日後にも持って来なかった。タニューシャは騙されたことが信じられなかった。ある時、母親はタニューシャに熊を持って来た。それは同じ熊だったが、別のリボンをつけていた。

「ほらね、あの女の子はあなたの熊を返してくれたのよ」母親は言った。「あれは多分、いい子なのよ。彼女はこの熊には別のリボンの方が似合うとすぐにわかったのよ」

「私、あの女の子はもう絶対に来ないのかと思っていたわ」

　タニューシャは言った。

「どうしてそんなことを考えたりできたの？」母親は答えた。「人を信じなくちゃいけないわ。もしあなたが人を信じれば、決して人に騙されることはないのよ」

解説

1 名詞 мать, дочь の格変化

мать, дочь は特殊な格変化となり、語尾の前に ер が加わる。

	単数形	複数形	単数形	複数形
主	мать	ма́тери	дочь	до́чери
生	ма́тери	матере́й	до́чери	дочере́й
与	ма́тери	матеря́м	до́чери	дочеря́м
対	мать	матере́й	дочь	дочере́й
造	ма́терью	матеря́ми	до́черью	дочерьми́ (дочеря́ми)
前	ма́тери	матеря́х	до́чери	дочеря́х

2 動詞 умере́ть, дать, лечь の変化

　この課のテキストに出てきた動詞のうち、умира́ть[1] 不完 / умере́ть 完, дава́ть[1(特)] 不完 / дать 完, ложи́ться[2] 不完 / лечь 完 の完了体の変化形は特殊なものなので、注意を要する（дава́ть の変化は第 12 課）。

第 24 課

人称代名詞	不定形	умере́ть	дать	лечь
я	人称変化形（未来形）	умру́	дам	ля́гу
ты		умрёшь	дашь	ля́жешь
он		умрёт	даст	ля́жет
мы		умрём	дади́м	ля́жем
вы		умрёте	дади́те	ля́жете
они́		умру́т	даду́т	ля́гут
он	過去形	у́мер	дал	лёг
она́		умерла́	дала́	легла́
оно́		у́мерло	да́ло	легло́
они́		у́мерли	да́ли	легли́
	命令形	умри́(те)	дай(те)	ляг(те)

3 сам と са́мый の用法

сам と са́мый は変化形も意味も似ているために、使い分けに注意する必要がある。

1. сам

ふつう、名詞・人称代名詞とともに使われ、それ自体が動作の主体・客体であることを示す。сам の性・格はともに使われる名詞と等しくなる。
「独立して、自分の力で」「自身、自体」と訳される。сам の格変化は次の通り。

	男性形	中性形	女性形	複数形
主	сам	само́	сама́	са́ми
生	самого́		само́й	сами́х
与	самому́		само́й	сами́м
対	主 / 生	само́	саму́	主 / 生
造	сами́м		само́й	сами́ми
前	само́м		само́й	сами́х

♦男性形、複数形の対格は、不活動体は主格と、活動体は生格と同じ形になる。

Она́ вы́учила япо́нский язы́к сама́, без учи́теля. 彼女は自分だ

149

けで、教師なしに日本語を習得した。
＊вы́учить² 完 習得する　учи́тель 男 先生

Скажи́те об э́том не роди́телям, а ему́ самому́.　そのことについては、両親ではなく、彼自身に話してください。

♦時々 себя́ とともに使われることもある。（себя́ は、「自分自身」を意味する再帰代名詞。主格はなく、生格以降は себя́, себе́, себя́, собо́й, себе́ となる。）

Он хорошо́ зна́ет самого́ себя́.　彼は自分自身のことをよく知っている。

2. са́мый

格変化形は、形容詞硬変化と同じ。са́мый は形容詞最上級を作るときに用いられるほか、э́тот, тот とともに使われ「まさにそのこと」を強調したり、境界を示す単語とともに使われ境界性を強調する。

Об э́том са́мом я и говорю́ сейча́с.　まさにそのことについて私は話しているんです。

Она́ рабо́тала с са́мого утра́.　彼女は朝っぱらから働いていた。

Они́ живу́т в са́мом це́нтре го́рода.　彼らは町のど真ん中に住んでいる。

4 不定代名詞、不定副詞

疑問代名詞、疑問副詞の後に -то, -нибу́дь (-ли́бо) が、また前に ко́е- がついたものを不定代名詞、不定副詞と呼ぶ。「誰か」「何か」「どこか」などの意味になる。

1. -то のつくもの

不定とはいえ、実は特定の人、状況などを指しているが、話者がそれを明言しない場合に使われる。

Она́ сказа́ла мне **что́-то**, но я не слы́шал.　彼女は私に何か言ったが、私は聞こえなかった。　＊слы́шать² 不完 聞こえる、聞く

Я ви́дела вас вчера́, когда́ вы разгова́ривали с **ке́м-то**.　私は昨日、あなたが誰かと話していたとき、あなたを見かけました。

2. -нибу́дь (-ли́бо) のつくもの
　不特定の、話者にその存在の有無もわからないような人や状況を指している。通常、未来形、命令形、疑問文、条件文などで使われる。

　　Он зна́ет **что-нибу́дь** об э́том?　彼はそのことについて何か知っているの？
　　Когда́-нибу́дь в свобо́дное вре́мя приходи́те к нам в го́сти.
　　いつかお暇なときに私たちのところへ遊びにいらしてください。

3. ко́е- のつくもの
　あれこれ、いくつかのものがあるという意味で不定である。前置詞が必要なときは、ко́е と疑問詞の間に入れる。

　　Ко́е-где уже́ видна́ трава́.　もうあちこちに草が見える。
　　Я хочу́ рассказа́ть вам **ко́е о чём**.　私はあなたにあれこれお話したいのです。

5　1人称命令形

1. 主語なしの未来形1人称複数形（不完了体、完了体）を使い、「～しよう」と相手に誘いかける表現を1人称命令形という。相手が вы の場合は語尾に -те をつける。

　　Пойдём(те) вме́сте в парк!　一緒に公園へ行こう（行きましょう）！
　　Бу́дем(те) говори́ть то́лько по-ру́сски!　ロシア語だけで話すことにしよう（しましょう）！

2. さらに口語的な表現として文頭に дава́й(те) をつけることもある。дава́йте を用いた場合は、その後の動詞の語尾には -те は不要。дава́й(те) ＋不定形（不完了体）、あるいは未来1人称複数形（不完了体）、あるいは未来1人称複数形（完了体）となる。

　　Дава́й(те) **чита́ть** ру́сские газе́ты!　ロシアの新聞を読もう（読みましょう）！
　　Дава́й(те) **бу́дем чита́ть** ру́сские газе́ты!　ロシアの新聞を読もう（読みましょう）！
　　Дава́й(те) **пое́дем** в Москву́!　モスクワに行こう（行きましょう）！

6 表愛形と指小形

テキストの中に Танюша という女の子の名前が出てくるが、これは Татьяна の愛称形 Таня のさらなる愛称形（ターニャちゃん）とも言うべきものである。ロシア語の場合、こうした表愛形は固有名詞に限らず普通名詞にも及び、мамочка（← мама）などがそれにあたる。また、指小形と呼ばれる形がさまざまな普通名詞にある。指小形は、そのものが実際に小さいか（指小）、話者が主観的に対象を小さくあるいは愛らしく表現するか（表愛）、時には軽蔑的に呼ぶ場合（表卑）にも使われる。さまざまな語尾形を取るが、いくつか例を挙げる。

стол → столик「机」, палец → пальчик「指」, лист → листок「葉」, голова → головка「頭」, рука → ручка「手」, песня → песенка「歌」, сестра → сестричка「姉(妹)」, тарелка → тарелочка「皿」, хлеб → хлебушек「パン」, дом → домишко「家」

形容詞が指小形で使われることもある。

милый → миленький「可愛い」, тихий → тихонький「静かな」

7 所有代名詞 свой

свой は「自分の」という意味の所有代名詞である。格変化の語尾は мой と同じものとなる。主語が1人称、2人称でも使われるが、これらの場合は、свой の代わりに、мой, твой, ваш を使うこともできる。主語が3人称の場合は、「その人の」という意味では必ず свой が用いられる。

Я играла в теннис со своей (с моей) сестрой.　私は自分の（私の）姉（妹）とテニスをした。

Иван очень любит своего сына.　イワンは自分の息子をたいへん愛している。

*ここで своего の代わりに его を使うと、Иван ではない「別の彼の」という意味になってしまう。

練習問題

[1]　次の（　）内の名詞は適当な格に、動詞は指示通りの時制の変化形に変え、全体を日本語に訳しなさい。

1. Отец（дать 未来形）（дочь）сувенир из Японии.

第24課

2. Máша былá на концéрте с (мать).
3. Éсли емý не (сдéлать 未来形) операцию, он (умерéть 未来形).
    *операция 手術
4. Вчерá онá (лечь 過去形) спать óчень поздно.
5. Мать (умерéть 過去形), когдá ей бы́ло сéмьдесят пять лет.

2 ( )内に **сам** か **сáмый** の適当な変化形を入れ、全体を日本語に訳しなさい。
  1. Автóбус остановился пéред ( ) теáтром.
      *автóбус バス остановиться² 止まる пéред (＋造格) ～の前に
  2. Мы получили разрешéние от ( ) президéнта.
      *получить² 受ける разрешéние 許可 президéнт 社長、大統領
  3. Пойдём обрáтно той же ( ) дорóгой. *обрáтно 元へ дорóга 道
  4. Мне нáдо видеть её ( ), а не её мать.
  5. Бóльше всех он лю́бит ( ) себя́.
  6. Он хорошó рабóтал до ( ) концá своéй жи́зни.
      *до ～まで конéц 最後

3 次の( )内に **-то** か **-нибýдь** のどちらかを入れ、全体を日本語に訳しなさい。
  1. Он закóнчит рабóту в срок, éсли емý кто ( ) помóжет.
      *закóнчить² 終える в срок 期限内に помóчь¹⁽特⁾ 助ける
  2. Он не успéл закóнчить рабóту, потомý что емý что ( ) помешáло.
      *успéть¹ 間に合う помешáть¹ 邪魔する
  3. Лéтом мы поéдем кудá ( ) на юг. *юг 南
  4. По какóй ( ) причи́не вчерá онá не пришлá на вéчер.
      *причи́на 理由

4 次の日本語をロシア語に訳しなさい。
  1. 私たちは学生たちのうちのだれかれと話をした。 *～のうちの из
  2. 美術館にシャガールの絵（複数）を観にいきましょう。
      *絵 карти́на シャガール Шагáл
  3. 彼女は自分の夫を信じている。

第25課
副動詞と形動詞 ①
Уро́к но́мер два́дцать пять / Два́дцать пя́тый уро́к

テクスト

«Воробе́й» по И. Турге́неву

イワン・トゥルゲーネフ（1818-1883）は、中編『初恋』や長編『父と子』などで知られる、19世紀を代表するロシア作家の1人であるが、ここに多少の編集の上、載せる「雀」は、『散文詩』と呼ばれる短い詩的散文集の中の一編で、1878年に書かれた作品である。

　Я возвраща́лся с охо́ты и шёл по алле́е са́да. Соба́ка бежа́ла впереди́ меня́.

　Вдруг она́ уме́ньшила свой шаги́.

　Я гля́нул вдоль алле́и и увида́л молодо́го воробья́. Он упа́л из гнезда́ и сиде́л неподви́жно, беспо́мощно растопы́рив едва́ прораста́вшие кры́лышки.

　Моя́ соба́ка ме́дленно приближа́лась к нему́, как вдруг, сорва́вшись с бли́зкого де́рева, ста́рый воробе́й ка́мнем упа́л пе́ред са́мой её мо́рдой — и с отча́янным и жа́лким пи́ском пры́гнул ра́за два в направле́нии зуба́стой раскры́той па́сти.

　Каки́м грома́дным чудо́вищем должна́ была́ ему́ каза́ться соба́ка! И всё-таки он не мог усиде́ть на свое́й ве́тке… Си́ла, сильне́е его́ во́ли, сбро́сила его́ отту́да.

　Мой Трезо́р останови́лся … Ви́дно, и он призна́л э́ту си́лу.

　Я поспеши́л отозва́ть смущённого пса — и удали́лся, благогове́я.

　Да; не сме́йтесь. Я благогове́л пе́ред той ма́ленькой, герои́ческой пти́цей, пе́ред любо́вным её поры́вом.

　Любо́вь, ду́мал я, сильне́е сме́рти и стра́ха сме́рти. То́лько е́ю, то́лько любо́вью де́ржится и дви́жется жизнь.

■ 単語 ■

воробе́й 雀
по Турге́неву トゥルゲーネフによる（по ＋与格「〜の著作を基に」）
возвраща́ться¹ 不完 帰る
охо́та 狩り
алле́я 並木道
впереди́（＋生格）前方を、前方に
уме́ньшить² 完 小さくする、減らす
шаг 歩み
гля́нуть¹⁽特⁾ 完 見る、眺める
вдоль（＋生格）〜に沿って
увида́ть 完（過去形のみ）見る、見える
упа́сть¹⁽特⁾ 完 落ちる
гнездо́ 巣
сиде́ть² 不完 座っている
неподви́жно じっと動かずに
беспо́мощно 力なく、頼りなげに
растопы́рить² 完 広げる
едва́ かろうじて、やっと〜したばかりで
прораста́ть¹ 不完 生える
крыл́ышко（← крыл́о の指小形）翼、羽
ме́дленно ゆっくりと
приближа́ться¹ 不完 近づく
как 〜していると
сорва́ться¹⁽特⁾ 完 離れ落ちる
бли́зкий 近い
де́рево 木
ка́мень 男 石
пе́ред（＋造格）〜の前に
са́мый まさにその
мо́рда （動物の）顔
отча́янный 絶望したような、必死の
жа́лкий 哀れな
писк ピーピーいう声
пры́гнуть¹⁽特⁾ 完 飛び込む
раз 〜回
направле́ние 方向、方角

зуба́стый 鋭い歯をもつ
раскры́ть¹⁽特⁾ 完 開く
пасть 女（動物の）口
грома́дный 巨大な
чудо́вище 怪物
до́лжен 〜に違いない
каза́ться¹*⁽特⁾ 不完 〜に見える
всё-таки それでもやはり
усиде́ть² 完 じっと座っている
ве́тка 枝
си́ла 力
во́ля 意志
сбро́сить² 完 投げ下ろす、ふり落とす
отту́да そこから
Трезо́р トレゾール（犬の名前）
останови́ться²* 完 止まる
ви́дно おそらく、きっと
призна́ть¹ 完 認める
поспеши́ть² 完 急ぐ
отозва́ть¹⁽特⁾ 完 呼び寄せる、呼び戻す
смути́ть² 完 狼狽させる、当惑させる
пёс 犬
удали́ться² 完 遠ざかる、離れる
благогове́ть¹ 不完 畏敬の念を抱く
смея́ться¹⁽特⁾ 不完 笑う
перед（＋造格）〜に対して
герои́ческий 英雄的な
поры́в 激発、衝動
любо́вный 愛の
любо́вь 女 愛
си́льный 強い
смерть 女 死
страх 恐怖
е́ю（← она́）*она́ の造格はこの形が使われることもある
держа́ться²* 不完 守られる、保たれる
дви́гаться¹⁽特⁾ 不完 動かされる

■訳■

トゥルゲーネフ作「雀」より

　狩りの帰り道、私は庭園の並木道を歩いていた。犬が私の前方を走っていた。

　不意に犬が歩を緩めた。

　並木道を見回すと、私は子雀がいるのに気づいた。子雀は巣から落ちて、生えかけたばかりの翼を力なく広げたまま、じっと動かずにいた。

　私の犬はゆっくりと子雀に近づいていったが、そのとき突然、年老いた雀が近くの木から飛び降りて、石のように犬の顔の真ん前に落ちてくると、必死に哀れな甲高い声をあげて、ぱっくりと開いた鋭い歯のはえた犬の口をめがけて、2度ほど飛び掛ってきた。

　雀にとって、犬はどんなに巨大な化け物に見えたに違いないだろう！　それでも雀は自分の枝に座っていることはできなかった…。彼の意志よりも強い力が、雀を枝から振り落としたのだ…。

　私のトレゾールは立ち止まった…。おそらくトレゾールもこの力を認めたのだろう。

　私は、面食らっている犬を急いで呼び戻し、畏敬の念を抱きながら、その場を離れた。

　そうだ。笑わないでもらいたい。私はこの小さな英雄的な小鳥に対して、その愛の衝動に対して、畏敬の念を抱いたのである。

　愛は、死よりも、死の恐怖よりも強いものだと私は思った。ただ愛によってのみ、命は保たれ、動かされているのだ。

解説

1 副動詞

　動詞から派生した副詞的な役割をもつ形を副動詞という。英語の分詞構文に似た特性をもつ。不完了体副動詞と完了体副動詞がある。

1. 不完了体副動詞

① 形態

　不完了体動詞の現在語幹（現在2人称単数変化形の変化語尾を除いた部分）にふつう -я を（ж, ч, ш, щ の後では -а を）つける。アクセントの位置はふつう現在1人称単数と同じだが、移動するものもある。

第25課

不定形	現在人称変化形	副動詞
чита́ть	чита́-ю, чита́-ешь	чита́**я**
сиде́ть	сиж-у́, сид-и́шь	си́д**я**
лежа́ть	леж-у́, леж-и́шь	лёж**а**
смотре́ть	смотр-ю́, смо́тр-ишь	смотр**я́**
собира́ться	собира́-юсь, собира́-ешься	собира́**ясь**

例外：-ава́ть 動詞は、不定形語幹から作る。встава́ть → встава́я
　　　またまったく違う語尾になるものもある。быть → бу́дучи

② 意味と用法

　述語動詞と同時に行われる動作を表すので、「～しながら、～するとき」などと訳せるが、場合によっては、原因、条件、譲歩の意味で使われるときもある。

　Чита́я письмо́ сы́на, мать улыба́лась.　息子の手紙を読みながら、母親は微笑んでいた。

　Ка́ждое у́тро си́дя в электри́чке, мы с Ва́ней разгова́риваем о свои́х дела́х.　毎朝、私とワーニャは電車に乗っているとき、自分たちのいろいろなことについて話します。

　　　　　　　　　＊мы с Ва́ней は、「私とワーニャ」という意味。мы с му́жем は「私と夫」、мы с ва́ми は「私とあなた」

　Не зна́я англи́йского языка́, он не мо́жет перевести́ э́тот текст.　英語を知らないので、彼はこの文章が訳せません。

2. 完了体副動詞
① 形態
　完了体動詞の過去語幹にふつう a) 母音字の後には -в を、b) 子音字の後には -ши をつける。ся 動詞は、過去語幹に c) 母音字の後には -вшись を、d) 子音字の後には -шись をつける。アクセントの位置は原則として不定形に同じ。

不定形	過去語幹	副動詞
a) прочита́ть	прочита́ (-л)	прочита́**в**
b) лечь	лёг	лёг**ши**
c) верну́ться 帰る	верну́ (-лся)	верну́**вшись**
d) увле́чься 夢中になる	увлёк (-ся)	увлёк**шись**

例外: уйти́, принести́ など、接頭辞のつく移動の動詞は、不完了体副動詞と同様に、現在語幹に -я, -a をつけて作られる形もあり、使用頻度はその方が高い。уйти́ → уйдя́ (уше́дши), принести́ → принеся́ (принёсши), перевести́ → переведя́ (переве́дши)

② 意味と用法

述語動詞に先立って行われた動作を表すので、「〜してから、〜してしまうと」などと訳せるが、ときには原因、条件、譲歩などの意味で使われる。

Прочита́в журна́л, он положи́л его́ на стол. 雑誌を読み終えると、彼はそれを机の上に置いた。

Хорошо́ отдохну́в ле́том, вы бу́дете успе́шно занима́ться о́сенью. 夏によく休めば、秋には仕事（勉強）がうまくいきますよ。

Верну́вшись домо́й, я узна́л, что ко мне приходи́л мой друг. 家に帰ると、私のところに友人が訪ねて来たことを知った。

Придя́ домо́й, Светла́на уви́дела на столе́ письмо́. 家に着くと、スヴェトラーナは机の上に手紙があるのを見た。

Прочита́в э́то письмо́, вы всё поймёте. この手紙を読めば、全てわかります。　　　＊поймёте ← поня́ть[1]([特]) 園 わかる、理解する

2 形動詞の種類

動詞から派生した形容詞的役割をもつ形を形動詞という。形動詞には次のように4種類がある。形容詞と同じように、関係する名詞の性・数・格に合わせて変化する。чита́ть, прочита́ть を例に、男性単数主格形と意味を示す。

第 25 課

能動形動詞現在	不完了体動詞から作られる	читающий	読んでいる
能動形動詞過去	不完了体・完了体動詞から作られる	читавший прочитавший	読んでいた 読んでしまった
被動形動詞現在	不完了体動詞から作られる	читаемый	読まれている
被動形動詞過去	主に完了体動詞から作られる	прочитанный	読まれた

この課では、能動形動詞過去と被動形動詞過去を学ぶ。

3 能動形動詞過去

1. 形態

　動詞の過去語幹に ① 語幹が母音字で終わる場合は -вший を、② 語幹が子音字で終わる場合は -ший をつけて作る。アクセントは、① の場合は不定形と、② の場合は原則として過去男性単数形と同じになり、変化語尾は хороший の場合と同じになる。そのほかに ③ 特殊な型をもつものもある。

	不定形	過去語幹	能動形動詞過去
①	писа́ть	писа́-л	писа́вший
	отдохну́ть	отдохну́-л	отдохну́вший
	смея́ться	смея́-лся	смея́вшийся
②	нести́	нёс	нёсший
	расти́	рос	ро́сший
③	идти́	шёл	ше́дший
	вести́	вёл	ве́дший

2. 意味と用法

① 完了体、不完了体のいずれの動詞からも作られ、「〜してしまった、〜していた（ところ）の」という意味をもつ。形動詞を使った文は который を使った文に言い換えることができ、口語ではそちらの方がよく使われる。

　　Лежа́вшие на земле́ ли́стья вдруг загоре́лись зо́лотом.　地面に散り敷いた木の葉が、不意に黄金色に輝いた。(Ли́стья, кото́рые лежа́ли на земле́, вдруг...)

*лежа́ть² 不完 横たわっている　земля́ 地面　лист 葉
загоре́ться² 完 燃える、輝く　зо́лото 黄金

② 形動詞とそれに従属する語からなる形動詞句は、修辞される名詞の後にコンマで区切って独立させて置く場合が多い。

Я хорошо́ зна́ю писа́теля, <u>написа́вшего</u> э́ту кни́гу.　私はこの本を書いた作家をよく知っています。(Я ... писа́теля, кото́рый написа́л...)

В на́шем университе́те бу́дет ле́кция изве́стного хи́мика, <u>получи́вшего</u> Но́белевскую пре́мию.　私たちの大学でノーベル賞を取った有名な化学者の講義がある。(В ... хи́мика, кото́рый получи́л...)
*хи́мик 化学者

4 被動形動詞過去（長語尾形）

1. 形態

次のように作られ、変化語尾は形容詞硬変化と同じになる。

① 不定形が -ать, -ять, -еть に終わる動詞は、不定形語幹に -нный を加えて作る。アクセントは、不定形で語幹の最後の母音字にあれば、1 音節前に移動する。それ以外では不定形に一致する。

不定形	被動形動詞過去	意味
написа́ть	напи́са**нный**	書かれた
уви́деть	уви́де**нный**	見られた

② 不定形が -ить で終わる第 2 変化動詞は、原則として、現在単数 1 人称の現在語幹に -енный を加えて作る。アクセントは、原則として現在単数 2 人称と同じ。現在単数 2 人称でアクセントが語尾にある場合は、-ённый となる。

不定形	単数 1 人称、2 人称	被動形動詞過去	意味
подари́ть	подар-ю́, пода́р-ишь	пода́ре**нный**	贈られた
пригласи́ть	приглаш-у́, приглас-и́шь	приглашё**нный**	招かれた
купи́ть	купл-ю́, ку́п-ишь	ку́пле**нный**	買われた

③ 特殊な変化の動詞で現在語幹が子音字に終わるものは、現在単数 2 人称

の現在語幹に -енный を加えて作る。アクセントは原則として現在単数2人称と同じ。現在単数2人称でアクセントが語尾にある場合は、-ённый となる。

不定形	単数1人称、2人称	被動形動詞過去	意味
перевести́	перевед-у́, перевед-ёшь	переведённый	翻訳された
увле́чь	увлек-у́, увлеч-ёшь	увлечённый	夢中になった

④ 若干の特殊な変化動詞は、不定形語幹に -тый を加えて作る。

不定形	被動形動詞過去	意味
откры́-ть	откры́тый	開かれた
забы́-ть	забы́тый	忘れられた

2. 意味と用法

　原則として対格を補語とする完了体動詞から作られ、「〜された（ところの）」という意味をもつ。「〜によって」という表現には造格を使う。また、能動形動詞過去と同じように、形動詞句を、修辞される名詞の後にコンマで区切って独立させて置く場合が多い。

　　Я купи́л во́дку в магази́не, неда́вно откры́том на на́шей у́лице. 私は、最近私たちの通りに開店した店でウォトカを買った。(Я купи́л во́дку в магази́не, кото́рый неда́вно откры́ли на на́шей у́лице.)

　　Ей понра́вился брасле́т, привезённый из Екатеринбу́рга. 彼女は、エカテリンブルグから持ってこられた（お土産の）ブレスレットが気に入った。(Ей понра́вился брасле́т, кото́рый привезли́ из Екатеринбу́рга.)

　　Го́сти, приглашённые на́ми на встре́чу Но́вого го́да, прие́хали из Росси́и. 私たちが新年を迎えるパーティに招待したお客さんたちは、ロシアから来た人たちです。(Го́сти, кото́рых мы пригласи́ли на встре́чу Но́вого го́да, прие́хали из Росси́и.)

5 概数の表し方

「約〜」という概数の表現は、次のようなものがある。

1. 前置詞 óколо をつけて、個数詞（1 の場合は数詞は省かれるので単数の名詞）を生格にする。（個数詞の格変化については、第 27 課で詳しく学ぶ。）

    Я живу́ в Москве́ уже́ о́коло го́да.　私はモスクワにもう 1 年近く住んでいる。

2. 副詞 почти́「ほとんど」, приме́рно「約」, приблизи́тельно「およそ」などをつける。数詞の格は変わらない。

    На э́том заво́де рабо́тает приме́рно ты́сяча челове́к.　この工場では約 1000 人が働いている。

    ＊челове́к の複数生格は人数を表す場合は челове́к。

3. 数詞と名詞の位置を入れ替える。前置詞がある場合、その前置詞は名詞と数詞の間に置く。

    Мы с Ни́ной разгова́ривали часо́в пять.　私とニーナは 5 時間ぐらいお喋りした。

    Я верну́сь домо́й часа́ че́рез три.　私は大体 3 時間後に家に帰ります。

6 до́лжен の用法

述語 до́лжен は、形容詞短語尾形のように до́лжен（男性）, должна́（女性）, должно́（中性）, должны́（複数）の 4 つの形をもち、動詞の不定形とともに使われる。否定形で使われる場合、動詞の体によって意味が異なる。

1. ＋不定形（不完了体、完了体）「～しなければならない、～するはずだ」

    Вы всегда́ должны́ приходи́ть во́время.　あなた方はいつも時間通りに来なくてはいけない。　　　＊во́время 時間通りに

    Она́ должна́ была́ реши́ть тру́дную пробле́му.　彼女は難しい問題を解決しなければならなかった。

2. не＋不定形（不完了体）「～してはならない、する必要はない」

    Студе́нты не должны́ опа́здывать на ле́кции.　学生たちは講義に遅れてはならない。

3. не＋不定形（完了体）「～するはずがない」

    Никола́й о́чень пунктуа́льный челове́к: он не до́лжен опозда́ть на ле́кцию. ニコライはとても几帳面な人です。彼が講義に遅れるはずはない。

練習問題

1 ( )内の動詞を副動詞に変えて、全文を日本語に訳しなさい。
 1. (гуля́ть) по го́роду, тури́сты покупа́ли сувени́ры.
 2. (почу́вствовать) себя́ пло́хо, Ма́ша вы́шла из ко́мнаты.
      ＊почу́вствовать [pat'ʃústvəvət']¹⁽特⁾ 完 感じる
 3. (заболе́ть), она́ должна́ была́ лежа́ть до́ма.
      ＊заболе́ть¹ 完 病気になる
 4. (пропуска́ть) заня́тия, вы не смо́жете сдать экза́мен.
      ＊пропуска́ть¹ 不完 抜かす、サボる　заня́тие 授業
      смочь¹⁽特⁾ 完 できる　сдать 不規則 完 受かる

2 次の文を形動詞を使った文に書き換え、日本語に訳しなさい。
 1. Тури́сты, кото́рые прие́хали в Петербу́рг, посети́ли Эрмита́ж.
      ＊посети́ть² 完 訪ねる
 2. Я познако́мился с худо́жником, кото́рый написа́л э́ту карти́ну.
      ＊познако́миться² 完 知り合いになる　худо́жник 画家　карти́на 絵
 3. Стари́к, кото́рый продава́л я́блоки, подошёл ко мне.
      ＊стари́к 老人　продава́ть¹⁽特⁾ 不完 売る　я́блоко りんご
 4. На стене́ виси́т карти́на, кото́рую оте́ц подари́л мне на день рожде́ния.
      ＊стена́ 壁　висе́ть² 不完 掛けてある　день рожде́ния 誕生日
 5. Всем понра́вились поэ́ты, кото́рых мы пригласи́ли на ве́чер поэ́зии.
      ＊поэ́т 詩人　ве́чер поэ́зии 詩の夕べ
 6. Я принесла́ зо́нтик, кото́рый вы забы́ли.　　＊зо́нтик 傘

3 次の日本語をロシア語に訳しなさい。
 1. 私と夫は息子を1時間近く待たねばならなかった。
 2. 子供たちは遅く就寝してはいけない。
      ＊就寝する ложи́ться спать (ложи́ться² 不完 横たわる　спать² 不完 眠る)
 3. ウラジーミルが寝過ごすはずはない。彼はいつも早く起きるのだから。
      ＊寝過ごす проспа́ть² 完　起きる встава́ть¹⁽特⁾ 不完

第 **26** 課
『名も無き花』① ／ 形動詞 ②
Уро́к но́мер два́дцать шесть / Два́дцать шесто́й уро́к　CD64

テクスト

Неизве́стный цвето́к (1)　　　　　　　　　　　по А. Плато́нову

アンドレイ・プラトーノフ（1899–1951）は、プロレタリアートの家庭に生まれ、青春の真っ只中で迎えたロシア革命は、彼にとって理想社会をもたらすはずのものだった。実際、1920年代の半ばまで、プラトーノフは土地改良技師として社会主義建設に情熱を傾けていたが、党の官僚主義との衝突に挫折し、革命の意味を真剣に問い直す小説『チェヴェングール』『土台穴』『ジャン』などを書くようになった。しかしこれらのほとんどはソ連時代の末期になるまで国内での発表は許されなかった。プラトーノフは独自の世界感覚を持ち、この世の皆が抱える孤独を сиро́тство「孤児状態」と捉え、その孤絶状態から人間をも自然をも救済し、友愛と親和に満ちた世界、つまり родство́「血の繋がりのある関係」を築くことを夢見ていた。彼は、人間や動物のみならず植物にも、また機械や道具類など、周りの全てに息づく魂を感じ、それら小さきものの声なき声に耳を澄まし、それらと交感し合う鋭敏な感覚をもっていた。ここに多少編集した上で紹介する『名も無き花』は晩年の1950年に執筆された小説だが、この作品もそうした作者の感覚によって書かれた童話風の小説である。

　　Жил на све́те ма́ленький цвето́к. Никто́ и не знал, что он есть на земле́. Он рос оди́н на пустыре́; коро́вы и ко́зы не ходи́ли туда́, и де́ти из пионе́рского ла́геря там никогда́ не игра́ли. На пустыре́ трава́ не росла́, а лежа́ли одни́ ста́рые се́рые ка́мни.

　　Не́чем бы́ло ему́ пита́ться в ка́мне; ка́пли дождя́, упа́вшие с не́ба, сходи́ли по ве́рху земли́ и не проника́ли до его́ ко́рня, а цвето́к всё жил и жил и рос помале́ньку вы́ше.

　　Днём цвето́к сторожи́л ве́тер, а но́чью росу́. Он труди́лся день и ночь, чтобы жить и не умереть. Он превозмогал терпением свою боль от голода и усталости. Лишь один раз в сутки цветок радовался: когда первый луч утреннего солнца касался его утомлённых листьев.

Цветок, однако, не хотел жить печально; поэтому, когда ему бывало совсем горестно, он дремал.

В середине лета цветок распустил венчик сверху. До этого он был похож на травку, а теперь стал настоящим цветком. Венчик у него был составлен из лепестков простого светлого цвета. И как звезда, он светился живым мерцающим огнём, и его видно было даже в тёмную ночь. А когда ветер приходил на пустырь, он всегда касался цветка и уносил его запах с собою.

■ 単語 ■

неизвестный [n'ıizv'esnij] 見知らぬ
цветок 花（複数形は цветы, цветов …）
свет 世界、この世
и ～さえ
земля 大地、土地
расти[1]⁽特⁾ (расту, растёшь … растут//рос, росла …) 育つ
пустырь 男 荒地
корова 牝牛
коза ヤギ
из (＋生格) ～から(の)、～の
пионерский лагерь ピオネール・キャンプ（子供たちが夏や冬の休暇を過ごすための保養地の施設）
играть[1] 不完 遊ぶ
трава 草
лежать[2] 不完 横たわる
серый 灰色の
питаться[1] 不完 (＋造格) ～を養分・エネルギーとする
капля 水滴
дождь 男 雨
с (＋生格) ～から

небо 空
сходить[2]* 不完 脇へそれる
верх 表面
проникать[1] 不完 浸透する
до (＋生格) ～まで
корень 男 根
всё いつも、変わらず
помаленьку 少しずつ
выше (← высоко) より高く
сторожить[2] 不完 見張る、番をする
ветер 風
роса 露
трудиться[2]* 不完 働く、励む
ночь 女 深夜
превозмогать[1] 不完 打ち克つ
боль 女 痛み
от (＋生格) ～ゆえの
голод 飢え
усталость 女 疲れ
лишь ただ
сутки 一昼夜（複数形の名詞、生格は суток）
радоваться[1]⁽特⁾ 不完 喜ぶ
луч 光線

у́тренний 朝の
со́лнце [sóntsə] 太陽
каса́ться¹ 不完 触れる
утомлённый 疲れた
лист 葉
одна́ко だが、とはいえ
печа́льно 悲しく、みじめに
поэ́тому それゆえ
быва́ть¹ 不完 （ときどき）ある、〜である
го́рестно [gór'ısnə] 悲しい、憂鬱だ
дрема́ть¹⁽特⁾* 不完 まどろむ
середи́на 真ん中
ле́то 夏
распусти́ть²* 完 広げる、開く
ве́нчик 花冠、花びら全体
све́рху 上方で
похо́ж (на+対格) 〜に似ている
тра́вка (← трава́)（小さな）草
тепе́рь 今では

настоя́щий 本物の
соста́вить² 完 組み立てる、成す
лепесто́к 花びら
просто́й 単純な、素朴な
све́тлый 明るい
цвет 色
как 〜のように
звезда́ 星
свети́ться²* 不完 光る
живо́й 生き生きした
мерца́ть¹ 不完 明滅する、瞬く
ого́нь 男 火
ви́дно 見える
да́же 〜さえも
тёмный 暗い
приходи́ть²* 不完 来る
уноси́ть²* 不完 運び去る
собо́ю (=собо́й)
за́пах 匂い

■訳■

A. プラトーノフ作「名も無き花」より (1)

　この世に小さな花がひとつ、生きていた。誰一人、それが地上に存在することさえ知らなかった。それはひとりぼっちで荒地で育っていたのだ。牡牛たちもヤギたちもそこへは行かなかったし、ピオネール・キャンプの子供たちもそこでは1度も遊んだことがない。荒地には草は生えず、ただ古い灰色の石がごろごろしているばかりだった。

　その花には、石の中で養分を取れるものなど、何も無かった。空から降ってきた雨の雫も、地面の上っ面を流れて行ってしまい、花の根っこにまでは届かなかったのだ。それでも花は、ひたすら生きに生き、少しずつ背も高くなっていった。

　花は、昼間は風がそよぐのを、そして夜は夜露が降りるのを、じっと待っていた。昼も夜も、生き抜くために、死なないようにと、懸命に働いていたのだ。飢えと疲れゆえの自らの痛みは、忍耐心で克服した。1日のうちでただ1度だけ、花は嬉しい気持ちになることがあった。それは、朝の太陽の最初の光が疲れきった花の葉に触れるときだった。

　それでも花は、みじめな気持ちで生きるのはいやだった。だから、本当に悲しい

ときは、まどろむことにしていた。

　夏のさなか、花は上の方の花びらを開いた。それまではただの草みたいだったけれど、これで本物の花になった。花の頭は、素朴な明るい色の花びらでできていた。そして花は、星のように生き生きとしてちらちらと瞬くともしびとなって光を放ち、その姿は暗い夜でさえも見えた。風が荒地に吹くとき、風はいつも花にそっと触れ、その匂いを一緒に運び去って行った。

解説

1 能動形動詞現在

1. 形態

　不完了体動詞の現在 3 人称複数形の語末の -т を -щий に代える。アクセントは、第 1 変化動詞では 3 人称複数形と、第 2 変化動詞では不定形と同じ。性・数・格は、関係する名詞に対応し変化する。変化語尾は хоро́ший と同じになる（ただし ш → щ）。ся 動詞から作る形動詞の語末は、常に -ся となり、母音字の後でも -сь とならない。

2. 意味と用法

　名詞を修飾する定語として用いられ、「～する、している（ところの）」という意味をもつ。他の形動詞と同じく、形動詞句を、修辞される名詞の後にコンマで区切って独立させて置くことができる。

不定形	複数 3 人称現在	能動形動詞現在
знать	зна́ю-т	зна́ю**щий**
быть	бу́ду-т	бу́ду**щий**
проси́ть	про́ся-т	прося́**щий**
занима́ться	занима́ю-тся	занима́ю**щийся**

　Там лежи́т спя́щая краса́вица.　あそこには眠れる美女が横たわっている。(Там лежи́т краса́вица, кото́рая спит.)

＊краса́вица 美人

　Вы зна́ете пою́щую де́вушку?　あなたは、歌っている女の子を知っていますか？ (Вы зна́ете де́вушку, кото́рая поёт?)

＊петь (пою́, поёшь … пою́т) 不完 歌う

　Лю́ди, хорошо́ зна́ющие иностра́нный язы́к, понима́ют люде́й, говоря́щих на э́том языке́.　ある外国語をよく知っている

人々は、その言語を話す人々のことを理解している。(Лю́ди, кото́рые хорошо́ зна́ют иностра́нный язы́к, понима́ют люде́й, кото́рые говоря́т на э́том языке́.) ＊иностра́нный 外国の

Вчера́ я познако́милась с ру́сскими студе́нтами, интересу́ющимися япо́нской литерату́рой. 昨日私は、日本文学に興味を持っているロシアの学生たちと知り合った。(Вчера́ я познако́милась с ру́сскими студе́нтами, кото́рые интересу́ются япо́нской литерату́рой.) ＊познако́миться[2] 完 知り合いになる

2 被動形動詞現在

1. 形態

原則として対格を補語とする不完了体動詞から作られる。現在1人称複数形の語末の -м を -мый に代える。アクセントは不定形と同じ。(ただし不定形が -ава́ть で終わる動詞は -ава́емый という形になる。)名詞を修飾する定語として使われる長語尾形(変化は形容詞長語尾硬変化と同じ)と、述語として使われる短語尾形(変化は形容詞短語尾形と同じ)があるが、被動形動詞現在は、形容詞として使われる特定のもの(люби́мый「愛すべき、お気に入りの」、уважа́емый「尊敬すべき、尊敬される」など)以外、口語ではあまり使われない。

不定形	現在1人称複数形	被動形動詞現在	意味
повторя́ть	повторя́-ем	повторя́**емый**	繰り返される
люби́ть	люби-м	люби́**мый**	愛される
издава́ть	издаё-м	издава́**емый**	発行される

2. 意味と用法

「〜される(ところの)」という意味をもつ。他の形動詞と同じく、形動詞句を、修飾される名詞の後にコンマで区切って独立させて置くことができる。

Пробле́мы, иссле́дуемые а́втором, о́чень ва́жны. 著者によって検討されている諸問題はたいへん重要なものである。(Пробле́мы, кото́рые а́втор иссле́дует, о́чень ва́жны.)

＊иссле́довать[1](特) 不完 研究する、検討する а́втор 著者

У вас есть журна́л «Но́вый мир», издава́емый в Москве́? あなたはモスクワで発行されている雑誌「新世界」を持っていますか? (У

第 26 課

вас есть «Но́вый мир», кото́рый издаю́т в Москве́?)

＊издава́ть[1][特] 出版する

Э́ти пе́сни люби́мы ру́сским наро́дом.　これらの歌はロシア民族に愛されている。

3 被動形動詞過去（短語尾形）

第25課で学んだ被動形動詞過去には、短語尾形もある。

1. 形態

① -тый 型は、形容詞短語尾形と同じく、男性はゼロ語尾、女性は -a, 中性は -o, 複数は -ы となる。

② -нный 型は、н を1つ省いた上で、男性はゼロ語尾、女性は -a, 中性は -o, 複数は -ы となる。

③ -ённый 型は ② と同様に作るが、短語尾形ではアクセントは常に最終音節に置かれる。

長語尾形	男性	女性	中性	複数
откры́тый	откры́т	откры́та	откры́то	откры́ты
напи́санный	напи́сан	напи́сана	напи́сано	напи́саны
переведённый	переведён	переведена́	переведено́	переведены́

2. 意味、用法

「～された」という意味で受身（受動相、被動相）の文の述語として用いられる。

　　　Магази́н откры́т.　店は開かれた。（既に開いている）
　　　Письмо́ напи́сано.　手紙は書かれた。（既に書かれてある）
　　　Рома́н переведён.　小説は翻訳された。（翻訳済みである）

3. 時制

被動形動詞過去短語尾形を使った文は、時制が現在の場合は быть を用いないが、過去および未来の場合には、それぞれ必要な形で быть の諸形が用いられる。

　　Не́сколько лет наза́д э́тот япо́нский рома́н был переведён изве́стным перево́дчиком на ру́сский язы́к.　数年前にこの日本の小説は有名な翻訳家によってロシア語に翻訳された。

В бу́дущем году́ здесь бу́дет постро́ена но́вая гости́ница. 来年、ここには新しいホテルが建てられる。

＊перево́дчик 翻訳家、通訳
＊бу́дущий 来るべき、来〜　постро́ить² 完 建設する　гости́ница ホテル

4 受身 (受動相・被動相) の表現

ロシア語では受身を表す決まった 1 つの表現がなく、次の 3 通りがそれに相当する。

1. 被動形動詞過去 (短語尾) を使う

用法などは **3** を参照のこと。この表現は、第 25 課で見たように、完了体動詞しか用いられない。

2. ся 動詞

不完了体動詞を使う受身の表現は ся 動詞によって表される。ただし、不活動体名詞の 3 人称が主語の場合にしかこの表現は使われない。動作主体を示す場合は、造格を用いる。(この意味の不完了体の ся 動詞は辞書の項目としてはふつう載せられていない。)

В э́том магази́не продаётся вку́сный хлеб. この店ではおいしいパンが売られている。　＊продава́ть¹⁽特⁾ 不完 売る　вку́сный おいしい

В Сиби́ри молодёжью стро́ится но́вая желе́зная доро́га. シベリアでは新しい鉄道が若者たちによって建設されている。

＊Сиби́рь 女 シベリア　желе́зная доро́га 鉄道

3. 不定人称文を使った表現

一般的に、受身の文の代わりとして、第 9 課で学んだ不定人称文が広く使われる。不定人称文では、誰 (何) が動作を行ったかは明らかにされないので、動作の主体は表すことができない。

В газе́те пи́шут, что ско́ро начнётся вы́ставка ру́сского аванга́рда. もうすぐロシア・アヴァンギャルド展が始まると新聞に書かれている。　＊нача́ться¹⁽特⁾ 完 始まる　аванга́рд アヴァンギャルド

Э́того челове́ка в го́роде хорошо́ зна́ют. この人物は町ではよく知られている。

5 оди́н の用法

оди́н は個数詞の「1」であるが、第 17 課で学んだように、単に「1」を表すなら、ともに使われる名詞を単数にするだけでよい。わざわざ оди́н が使われるのは、なんらかのニュアンスが強調される場合である。また оди́н は格変化する。

	男性	中性	女性	複数
主	оди́н	одно́	одна́	одни́
生	одного́		одно́й	одни́х
与	одному́		одно́й	одни́м
対	主 / 生	одно́	одну́	主 / 生
造	одни́м		одно́й	одни́ми
前	одно́м		одно́й	одни́х

1. 「1 人」、「1 つ」の強調
「ひとりぼっちで、ただ 1 つだけ」のように 1 であることを強調する場合。
 Стару́ха живёт одна́. 　老婆は 1 人ぼっちで暮らしている。
 До́ма оста́лись одни́ де́ти. 　家に残ったのは、子供たちだけだった。
 Я была́ в Москве́ то́лько оди́н раз. 　私はモスクワにたった 1 回しか行ったことがない。

2. 同一の
しばしば и тот (та, то, те) же を伴い、「同じ、同一の」の意味を表す。
 Он повторя́ет одно́ и то же. 　彼は同じことばかり繰り返している。
 Мы с Ната́шей учи́лись в одно́м (и том же) университе́те. 　私とナターシャは同じ大学で学びました。

   ＊тот の性・数・格は оди́н に一致する。

3. 或る～
 В оди́н (прекра́сный) день ко мне зашёл ста́рый друг. 　ある日、私のところに古い友人が立ち寄ってくれた。

   ＊この場合の прекра́сный に特に意味はない。
 Я зна́ю одного́ америка́нца, жи́вшего в Москве́ де́сять лет. 　私は、モスクワに 10 年住んでいたあるアメリカ人を知っている。

4. оди́н, друго́й の表現

друго́й との対比で「一方は〜、他方は〜」という表現に使われる。

Одни́ изуча́ют францу́зский язы́к, а други́е — япо́нский.　ある者たちはフランス語を、別の者たちは日本語を学んでいる。

Она́ говори́т одно́, а ду́мает друго́е.　彼女は言うことと考えていることが違う。

6 「〜に〜回」の表現

「2 週間に 1 回」、「1 日に 3 回」などは、「個数詞＋раз в＋時を表す語の対格」で表現する。

Принима́йте э́то лека́рство три ра́за в день.　この薬は 1 日に 3 回飲んでください。

Он прихо́дит к свое́й ста́рой ма́тери раз в де́сять дней.　彼は自分の年老いた母親のところに 10 日に 1 回やって来る。

7 ви́дно, слы́шно の用法

ви́дно「〜が見える」、слы́шно「〜が聞こえる」は、無人称文の述語であり、肯定の場合「〜が」は対格で、否定の場合「〜が」は生格で表す。ただ双方とも、ви́ден, видна́ …, слы́шен, слышна́, … のようにふつうの形容詞短語尾形として、主語に合わせた述語変化をする使い方もある。この場合、見える（聞こえる）対象が主語になる。

Отсю́да хорошо́ ви́дно весь го́род, а реки́ не ви́дно.（Cf. ви́ден го́род … не видна́ река́ …）　ここからは町全体がよく見えるが、川は見えない。
　　　　　　　　　　　　　　　　　　＊отсю́да ここから　река́ 川

Не слы́шно зву́ков маши́н, слы́шно то́лько весёлую му́зыку.（Cf. слы́шны зву́ки … слышна́ му́зыка …）　車の音は聞こえず、楽しい音楽が聞こえるだけだ。
　　　　　　　　　　＊звук 音　весёлый 楽しい　му́зыка 音楽

8 時を表す в＋対格

「〜曜日に」「〜時に」という表現が в воскресе́нье, в де́сять часо́в のように в＋対格で表されることは既に学んだが、ほかにも日時など時を表すときに в＋対格が用いられる。

第26課

в тот день その日に，в те дни それらの日々に，во врéмя войны́ (в войну́) 戦時中に，в хоро́шую пого́ду 良いお天気のときに，в про́шлую зи́му 去年の冬に

練習問題

1 次の **кото́рый** を使った文を、能動形動詞現在を使った文に書き換え、全文を日本語に訳しなさい。
  1. Дом, кото́рый стои́т на горе́, хорошо́ ви́ден издалека́.
     *гора́ 山　издалека́ 遠くから
  2. Мы зна́ем студе́нтку, кото́рая хорошо́ говори́т по-япо́нски.
  3. Она́ ча́сто звони́т роди́телям, кото́рые живу́т в Москве́.
  4. Идёт выступле́ние журнали́ста, кото́рый расска́зывает о свое́й пое́здке в Ира́к.　*выступле́ние 講演　пое́здка 旅行　Ира́к イラク

2 次の **кото́рый** を使った文を、被動形動詞現在を使った文に書き換え、全文を日本語に訳しなさい。
  1. Писа́тель хорошо́ зна́ет жизнь, кото́рую он изобража́ет.
     *изобража́ть[1] 不完 描く
  2. Маши́ны, кото́рые выпуска́ет заво́д в Петербу́рге, по́льзуются больши́м спро́сом.
     *заво́д 工場　выпуска́ть[1] 不完 生産する
     по́льзоваться[1](特) 不完 得る、博する　спрос 需要
  3. Олимпи́йские и́гры — са́мые интере́сные междунаро́дные спорти́вные соревнова́ния, кото́рые прово́дят раз в четы́ре го́да.
     *олимпи́йские и́гры オリンピック　междунаро́дный 国際的な
     спорти́вный スポーツの　соревнова́ние 競技会　проводи́ть[2]* 不完 行う
  4. Вопро́с, кото́рый иссле́дуют э́ти хи́мики, име́ет большо́е нау́чное значе́ние.
     *хи́мик 化学者　име́ть[1] 不完 もつ　нау́чный 科学的な　значе́ние 意義

3 次の日本語をロシア語に訳しなさい。
  1. 来年、新しい地下鉄の駅がオープンする。
  2. これらの言葉は歌から取られたものです。　*取られる взя́ты (← взять)
  3. 長編小説の中で著者によってカフカスの生活が素晴らしく描かれている。

＊カフカス Кавка́з　素晴らしく прекра́сно
4. 1880年にドストエフスキーによって最後の長編小説が書かれた。
＊ドストエフスキー Достое́вский
5. 私とレーナは同じ家に住んでいます。

第27課
『名も無き花』②／個数詞の格変化／話法
Уро́к но́мер два́дцать семь / Два́дцать седьмо́й уро́к　CD65

テクスト

Неизве́стный цвето́к (2)

　И вот шла одна́жды поутру́ де́вочка Да́ша ми́мо того́ пустыря́. Она́ жила́ с подру́гами в пионе́рском ла́гере, а ны́нче у́тром просну́лась и заскуча́ла по ма́тери. Она́ написа́ла ма́тери письмо́ и понесла́ письмо́ на ста́нцию, что́бы оно́ поскоре́е дошло́.

　На краю́ пустыря́ Да́ша почу́вствовала благоуха́ние. Она́ погляде́ла вокру́г. Вблизи́ никаки́х цвето́в не́ было, а пусты́рь был во́все го́лый; но ве́тер шёл с пустыря́ и приноси́л отту́да за́пах, как зову́щий го́лос ма́ленькой неизве́стной жи́зни.

　Она́ пошла́ на пусты́рь и уви́дела о́коло ка́мня тот ма́ленький цвето́к.

　— Как тебя́ зову́т? — спроси́ла Да́ша.

　— Меня́ никто́ не зовёт, — сказа́л ма́ленький цвето́к, — я оди́н здесь живу́.

　— Как же ты оди́н живёшь, как же ты вы́рос и не у́мер, ма́ленький тако́й?

　Да́ша склони́лась и поцелова́ла его́ в светя́щуюся голо́вку.

　На друго́й день в го́сти к ма́ленькому цветку́ пришли́ все пионе́ры. Они́ хоте́ли, что́бы и на пустыре́ земля́ ста́ла до́брой. Четы́ре дня рабо́тали пионе́ры, удобря́я зе́млю на пустыре́.

　А на друго́е ле́то Да́ша опя́ть прие́хала в тот же пионе́рский ла́герь. Всю до́лгую зи́му она́ по́мнила о ма́леньком неизве́стном по и́мени цветке́. И она́ то́тчас пошла́ на пусты́рь, что́бы прове́дать его́.

　Да́ша уви́дела, что пусты́рь тепе́рь стал друго́й, он заро́с тепе́рь тра́вами и цвета́ми, и над ним лета́ли пти́цы и ба́бочки.

　Одна́ко прошлого́днего цветка́ уже́ не́ было. Должно́ быть, он у́мер в мину́вшую о́сень. И Да́ше ста́ло гру́стно. Она́ пошла́ обра́тно и вдруг останови́лась. Меж двумя́ те́сными камня́ми вы́рос но́вый цвето́к. Цвето́к э́тот был живо́й и терпели́вый, как его́ оте́ц, и ещё сильне́е отца́, потому́ что он жил в ка́мне.

■ 単語 ■

одна́жды ある時、ある日
поутру́ 朝に、朝早く
Да́ша ダーシャ（女性の名前 Да́рья の愛称形）
ны́нче 現在、今日
просну́ться[1](特) 园 目覚める
заскуча́ть[1] 园 寂しくなる
по（＋与格）〜を慕って
написа́ть[1](特)* 园 書く
понести́[1](特) 园 持っていく
поскоре́е なるべく早く
дойти́[1](特) 园 到達する
край はずれ
почу́вствовать[1](特) 园 感じる
благоуха́ние 芳香
погляде́ть[2] 园 見る
вокру́г 周囲に、周囲を
вблизи́ 近くに
во́все まったく
го́лый 裸の、むき出しの
го́лос 声
уви́деть[2] 园 見る、見える
же（疑問詞とともに使われ、それを強調する）
вы́расти[1](特) 园 育つ
склони́ться[2]* 园 身をかがめる
поцелова́ть[1](特) 园 (＋対格＋в＋対格)〜の〜にキスをする
голо́вка (← голова́)（小さな）頭
на друго́й день 翌日に

прийти́[1](特) 园 в го́сти к (＋与格)〜のところに遊びに来る
пионе́р ピオネールの子
до́брый 善良な、優しい
удобря́ть[1] 不完 肥沃にする、施肥する
опя́ть 再び
прие́хать[1](特) 园 来る
тот же その同じ
зима́ 冬
по（＋与格）〜に関して、〜の点で
то́тчас すぐさま
прове́дать[1] 园 訪ねる
прошлого́дний 去年の
тепе́рь 今では
зарасти́[1] 园 (＋造格)〜が繁茂する
над（＋造格）〜の上（空）を
лета́ть[1] 不完 飛び回る
ба́бочка 蝶
должно́ быть（挿入語）おそらく〜に違いない
мину́вший (← ми́нуть[1](特) 园 の能動形動詞過去) 過ぎる
о́сень 园 秋
обра́тно 後ろへ、元へ
останови́ться[2]* 园 立ち止まる
меж（＝ме́жду）(＋造格)〜の間に
двумя́ (← два)
те́сный 狭い、ぎっしり詰まった
терпели́вый 忍耐強い

■ 訳 ■

そしてある朝、女の子のダーシャがこの荒地のそばを通りかかった。彼女は、友

第27課

人たちとピオネール・キャンプで暮らしていたのだが、今朝目覚めたら、お母さんが恋しくなったのだ。彼女はお母さんに手紙を書いて、それがなるべく早く着くようにと思い、駅へ持って出かけた。

　荒地のはずれで、ダーシャは良い匂いがするのに気づいた。彼女は辺りを見回した。傍には花などひとつもなかったし、荒地は何も生えていないまるきり裸の土地だった。それでも風が荒地から吹いており、そこから、まるで小さな名も無き命の呼び声のような香りを運んでいた。

　彼女は荒地に向かって歩き出すと、石のそばに、あの小さな花があるのをみつけた。

　「おまえは何ていう名前なの？」ダーシャは訊ねた。

　「僕のことは誰も名前を呼んでくれない」と小さな花は答えた。「僕はひとりでここで生きているんだ」

　「よくおまえはひとりで生きて、よく今まで死にもせずに育ったわね、こんなに小さいのに」

　ダーシャは身を屈めて、花の光り輝く頭にキスをした。

　翌日、小さな花のもとにピオネールの子供たち全員が遊びにやって来た。子供たちは、荒地でも土地が良いものになってほしいと思った。4日間、子供たちは荒地に肥料をやって働いた。

　翌年の夏、ダーシャは再び同じピオネール・キャンプにやって来た。長い冬の間ずっと、彼女は小さな名も無き花のことを覚えていた。そして彼女はすぐに花を訪ねるために、荒地に向った。

　ダーシャは、荒地が今ではすっかり変わって、草や花が生い茂り、その上を鳥や蝶が舞っているのを見た。

　けれども去年の花はもう無かった。おそらくあの花は、過ぎ去った秋に死んでしまったのだろう。それでダーシャは悲しくなった。彼女は今来た方へ戻ろうとして、ふと立ち止まった。きっちりと間の詰まった2つの石と石の隙間から、新しい花が生えていたのだ。この花は父親と同じように元気で忍耐強かったが、父親よりもさらに強かった。なぜならそれは、石の中で生きていたからだ。

解説

1 個数詞の格変化

① 2, 3, 4, 5-20, 30

	2	3	4	5	8
主	два (две)	три	четы́ре	пять	во́семь
生	дв**ух**	тр**ёх**	четыр**ёх**	пят**и́**	восьм**и́**
与	дв**ум**	тр**ём**	четыр**ём**	пят**и́**	восьм**и́**
対	主／生	主／生	主／生	пять	во́семь
造	дв**умя́**	тр**емя́**	четыр**ьмя́**	пят**ью́**	восьм**ью́**
前	дв**ух**	тр**ёх**	четыр**ёх**	пят**и́**	восьм**и́**

♦ 2, 3, 4 の対格は、不活動体に関わるときは主格と、活動体に関わるときは生格と同形になる。(合成数詞に使われる場合については、P. 180 を参照せよ。)

♦ 5-20, 30 の格変化は、-ь で終わる女性名詞の格変化と同じ。ただし 5-10, 20, 30 はアクセントが語尾に移動する。対格は常に主格と同形。

♦ 8 は特殊な変化となる。造格は восемью も使われる。

② 40, 50, 60, 70, 80, 90, 100

	40	50	80
主	со́рок	пятьдеся́т	во́семьдесят
生	сорока́	пяти́десяти	восьми́десяти
与	сорока́	пяти́десяти	восьми́десяти
対	со́рок	пятьдеся́т	во́семьдесят
造	сорока́	пятью́десятью	восьмью́десятью
前	сорока́	пяти́десяти	восьми́десяти

♦ 40, 90, 100 は対格は主格と同形で、他の格は全て -a の語尾となる。
90 девяно́сто — девяно́ста　100 сто — ста

♦ 50, 60, 70, 80 は数詞を構成する 2 つの要素 (例えば 50 なら、〔5〕пять と 〔10〕де́сять) がそれぞれ変化する。この場合、10 は主格と対格では де́сять ではなく деся́т となる。80 の造格は восемью́десятью も使われる。

③ 200–900

	200	300	400	500
主	двести	триста	четыреста	пятьсот
生	двухсот	трёхсот	четырёхсот	пятисот
与	двумстам	трёмстам	четырёмстам	пятистам
対	двести	триста	четыреста	пятьсот
造	двумястами	тремястами	четырьмястами	пятьюстами
前	двухстах	трёхстах	четырёхстах	пятистах

200–900 も数詞を構成する2つの要素（例えば200なら、〔2〕две と〔100〕сто）がそれぞれ変化する。この場合100は複数変化になる。

④ 1000, 1000,000

тысяча（1000），миллион（1000,000）は単数名詞と同じ語尾変化となる。

2 個数詞と名詞、形容詞

1. 2以上の数詞と結合する名詞、形容詞は、基本的には複数形になり、数詞と同じ格になる。

　　Я была на концерте с пятью русскими студентами．　私は5人の
　　ロシア人学生とともにコンサートに行った。（全て造格）

2. ただし、数詞が 2, 3, 4 で、
① 結びつく名詞が不活動体の場合は、個数詞が主格形および同形の対格形でも、名詞は単数生格形、形容詞は複数生格形（女性名詞の場合は、形容詞は複数主格形）となる。

　　Я знаю два хороших учебника（две хорошие книги）．　私は2冊
　　の良い教科書（2冊の良い本）を知っている。

② 結びつく名詞が活動体なら、
　ⓐ 個数詞が主格形の場合は、結びつく名詞、形容詞は不活動体のときと同じである。
　ⓑ 個数詞が対格形の場合は、個数詞は生格と同形、名詞、形容詞は複数

生格形となる。

  ⓐ У меня́ два хоро́ших студе́нта（две хоро́шие студе́нтки）．私には2人の良い学生（2人の良い女子学生）がいる。

  ⓑ Я зна́ю двух хоро́ших студе́нтов（двух хоро́ших студе́нток）．私は2人の良い学生（2人の良い女子学生）を知っている。

3. 合成数詞の最後にくる 2, 3, 4 は、活動体名詞と関わる場合にも、対格が主格と同形になる。

  Я зна́ю два́дцать три хоро́ших студе́нта．私は23人の良い学生を知っている。

4. ты́сяча と結合する名詞、形容詞は、数詞の格と無関係に生格になることがある。миллио́н と結合する名詞、形容詞は常に生格となる。

  Мы говори́м о ты́сяче студе́нтов（студе́нтах）．私たちは1000人の学生たちについて話している。

  Мы говори́м о миллио́не студе́нтов．私たちは100万人の学生たちについて話している。

「2674 メートル」は次のような格変化となる。

主	две	ты́сячи	шестьсо́т	се́мьдесят	четы́ре	ме́тра
生	двух	ты́сяч	шестьсо́т	семи́десяти	четырёх	ме́тров
与	двум	ты́сячам	шестиста́м	семи́десяти	четырём	ме́трам
対	две	ты́сячи	шестьсо́т	се́мьдесят	четы́ре	ме́тра
造	двумя́	ты́сячами	шестьюста́ми	семью́десятью	четырьмя́	ме́трами
前	двух	ты́сячах	шестиста́х	семи́десяти	четырёх	ме́трах

3 直接話法と間接話法

 直接話法から間接話法への書き換えは、次のようになる。主節と従属節の間には、コンマ（,）を打つ。また、英語のような主節と従属節の間の「時制の一致」はない。

1. 平叙文

    従属節を что でつなぐ。

    （直接話法）Он сказа́л мне: «Я пойду́ в парк».　彼は私に言った。「僕は公園に出かける」

    （間接話法）Он сказа́л мне, что он пойдёт в парк.

2. 疑問詞のある疑問文

    従属節を疑問詞でつなぐ。英語のような疑問詞の後の語順の入れ替えはない。

    （直接話法）Я спроси́ла де́вушку: «Где живу́т ва́ши роди́тели?»　私は若い女性に訊ねた。「あなたの両親はどこに住んでいるのですか」

    （間接話法）Я спроси́ла де́вушку, где живу́т её роди́тели.

3. 疑問詞のない疑問文

    疑問の中心になる単語を従属節の一番初めに置き、直後に小詞 ли「～かどうか」を加える。

    （直接話法）Она́ спроси́ла нас: «Вы понима́ете то, что я говорю́?»　彼女は私たちに訊ねた。「あなた方は私が話していることが分かりますか」

    （間接話法）Она́ спроси́ла нас, понима́ем ли мы то, что она́ говори́т.

4. 命令形

    従属節を что́бы でつなぎ、従属節の中の動詞は過去形にする。

    （直接話法）Алёша говори́т сестре́: «Купи́ биле́ты в кино́».　アリョーシャは姉妹に言う。「映画の切符を買ってよ」

    ＊биле́т в кино́ 映画の切符

    （間接話法）Алёша говори́т сестре́, что́бы она́ купи́ла биле́ты в кино́.

4 前置詞 по の用法

与格を要求する前置詞 по にはさまざまな意味がある。

1. 移動、運動の領域を表す。

    Лю́ди иду́т по у́лице.　人々が通りを歩いていく。

    Всё у́тро гид води́л тури́стов по музе́ю.　午前中ずっとガイドは旅行者を美術館の中をあちこち案内していた。

Я люблю́ ходи́ть по кни́жным магази́нам.　私は本屋めぐりをするのが好きだ。

2. 複数名詞とともに繰り返しの動作が行われるときの「～ごとに」を表す。
По воскресе́ньям я хожу́ в це́рковь.　毎日曜日、私は教会に行く。
＊це́рковь 女 教会
По утра́м мы де́лаем заря́дку.　毎朝、私たちは体操をする。
＊заря́дка 体操

3. 通信手段を表す。
Я смотре́л э́тот фи́льм по телеви́зору.　私はこの映画をテレビで見た。
Он посла́л мне кни́гу по по́чте.　彼は私に本を郵便で送ってくれた。
＊по́чта 郵便

4. 専門・領域・関係「～に関して、～という点で」などを表す。
Наш профе́ссор — специали́ст по ру́сской исто́рии двадца́того ве́ка.　私たちの教授は、20世紀ロシア史の専門家だ。
Мои́ ро́дственники по ма́тери живу́т в Ки́еве.　私の母方の親戚はキエフに住んでいる。
＊ро́дственник 親戚
Э́то пе́рвая по высоте́ гора́ в Евро́пе.　これはヨーロッパで一番高い山だ。
＊высота́ 高さ

5. 動作の依拠「～によって、従って」を表す。
Ба́бушка пое́хала на мо́ре по сове́ту врача́.　祖母は医者の忠告に従って海辺に出かけた。
＊сове́т 忠告、アドヴァイス
По́езд отправля́ется то́чно по расписа́нию.　列車は時刻表に正確に従って発車している。
＊отправля́ться[1] 不完 出発する　расписа́ние 予定表

6. 感情の対象「～を慕って」を表す。
У меня́ си́льная тоска́ по ро́дине.　私は故郷がひどく懐かしい。
＊си́льный 強い　тоска́ 憂愁　ро́дина 故郷
Он заскуча́л по друзья́м.　彼は友人たちが恋しくなった。

5 場所、方向を表す疑問詞、副詞、前置詞の用法
「～で」「～へ」「～から」を表す疑問詞、副詞、前置詞を整理すると、次

第 27 課

のようになる。

где? どこで?	куда? どこへ?	откуда? どこから?
здесь ここで	сюда ここへ	отсюда ここから
там あそこで	туда あそこへ	оттуда あそこから
в＋前置格　в шко́ле	в＋対格　в шко́лу	из＋生格　из шко́лы
на＋前置格　на по́чте	на＋対格　на по́чту	с＋生格　с по́чты
у＋生格　у бра́та	к＋与格　к бра́ту	от＋生格　от бра́та
за＋造格　за грани́цей	за＋対格　за грани́цу	из-за＋生格　из-за грани́цы

Где он рабо́тает? — Он рабо́тает в шко́ле (на по́чте, у бра́та, за грани́цей).

Куда́ она́ прие́хала? — Она́ прие́хала в Москву́ (на Кавка́з, к бра́ту, за грани́цу).

Отку́да он привёз карти́ну? — Он привёз её из Москвы́ (с Кавка́за, от бра́та, из-за грани́цы).

　　　　　　　　　　　＊грани́ца 国境　за 〜の向こう側で (へ)
　　　　　　　　　　　из-за 向こう側から　за грани́цей 外国で

練習問題

1　次の文の数字を適当な格のロシア語の数詞に直しなさい。また全文を日本語に訳しなさい。

1. Ко всем 60 пионе́рам, отдыха́ющим в ла́гере, в воскресе́нье прие́хали роди́тели.　　　　　　　　　　＊отдыха́ть[1] 不完 休息する
2. А́нна мно́го рассказа́ла нам о 3 года́х, проведённых в Япо́нии.
　　　　　　　　　　　　　　　　　　　　　　　＊провести́[1](特) 完 過ごす
3. О́коло 2 часо́в но́чи он верну́лся домо́й.　　＊верну́ться[1](特) 完 帰る
4. Без 5 мину́т де́сять она́ пришла́ на ста́нцию.　＊без (＋生格) 〜なしの
5. В олимпи́йских и́грах уча́ствовали спортсме́ны из 204 стран.
　　　　　　　　　　　　　　　　　　　　　　　＊уча́ствовать 不完 参加する
6. Я был в теа́тре «Кабу́ки» с 26 ру́сскими тури́стами.

② 次の直接話法の文を間接話法に書き換え、日本語に訳しなさい。
1. Иван спроси́л Алёшу: «Куда́ ты идёшь?»
2. Па́вел спроси́л меня́: «Ты был вчера́ в теа́тре?»
3. Светла́на написа́ла свои́м роди́телям: «Я ско́ро прие́ду домо́й».
4. Она́ сказа́ла ему́: «Верни́те мне мою́ кни́гу».

③ 次の日本語をロシア語に訳しなさい。
1. 日曜日に私の妻は、自分の女友達のためのプレゼントを買うために、あちこちの店を回った。
2. 私の母はラジオで音楽を聴くのが好きだ。
3. 彼はホームシックにかかっている（家を恋しがっている）。
   ＊寂しく思う скуча́ть[1] 不完
4. 彼は19世紀ロシア文学の専門家です。

④ 次の日本語をロシア語に訳しなさい。
1. 「あなたはどこへ行くのですか？」「私はカフカスの両親のところへ行くところです」
2. 「彼女はどこから帰ってきたのか？」「彼女は外国の兄のところから帰って来たのだ」
3. 「風は花の匂いをどこから運んでくるのか？」「荒野から」
4. 「彼はどこですか？」「彼は食卓の席についている」
   ＊食卓の席についている → 机の向こうに座っている
   ＊座っている сиде́ть[2] 不完

第28課
『ドクトル・ジヴァゴ』／ロシア人の姓の格変化／形容詞の最上級 (単一型)

Урóк нóмер двáдцать вóсемь / Двáдцать восьмóй урóк　CD66

テクスト

«Дóктор Живáго» (отры́вки из ромáна)　　　по Б. Пастернáку

> 『ドクトル・ジヴァゴ』(1955年)は20世紀のロシアを代表する詩人の一人、ボリス・パステルナーク (1890–1960) が書いた半自伝的長編小説である。医師であり詩人でもある主人公ユーリー (ユーラ)・ジヴァゴは、幼な馴染みのトーニャと結婚するが、革命と内戦で運命を翻弄される中で、トーニャや家族との別れ、ラーラという別の女性との恋愛を体験する。ジヴァゴの母の死で始まり、ジヴァゴの死で終わるこの小説は、多くの死と破滅の物語であるにもかかわらず、究極的には生命の賛歌であり、永遠の生命への信仰に貫かれている。(Живáго という苗字も形容詞 живóй「生命ある」から派生したもの。) ここに多少簡略化して引用するのは、婚約前のユーラとトーニャがスヴェンチツキー家のヨールカ祭り (ёлка は「もみの木」、また「もみの木祭り」、つまり「クリスマスツリーを囲むパーティ」) に向かうシーンであるが、これは、瀕死のアンナ・イワノヴナ (トーニャの母親) が若い二人の手を取り、二人が一緒になるように、と頼んだ後の出来事である。また、最後に出てくる「燃えるロウソク」は、偶然同じ晩に、ラーラがある家の窓辺で灯していたロウソクをユーラが目にしたもので、二人の運命的な出会いを象徴するものだが、後にユーラが書く詩のテーマともなり、また小説全編を貫くモチーフ「生命」のシンボルでもある。

Юра и Тóня веснóй слéдующего гóда должны́ бы́ли окóнчить университéт. Юра кончáл медици́нский. Тóня — юриди́ческий.

Юре бы́ло нетрýдно вы́брать профéссию. Емý óчень нрáвились искýсство и истóрия, но он считáл, что искýсство не мóжет быть профéссией, как не мóжет быть профéссией рáдость и́ли грусть.

Он интересова́лся фи́зикой, естествозна́нием и счита́л, что в жи́зни на́до занима́ться че́м-нибудь поле́зным. Вот он и стал ме́диком.

Ю́ра хорошо́ ду́мал и о́чень хорошо́ писа́л. Он ещё с гимнази́ческих лет мечта́л о про́зе, о кни́ге жизнеописа́ний. Но для тако́й кни́ги он был сли́шком мо́лод и вме́сто неё писа́л стихи́: так худо́жник пи́шет всю жизнь этю́ды к большо́й карти́не.

То́ня и Ю́ра е́хали в изво́зчичьих са́нках на ёлку к Свенти́цким. О́ба про́жили шесть лет[1] бок о́ бок нача́ло о́трочества и коне́ц де́тства. Они́ зна́ли друг дру́га до мельча́йших подро́бностей. У них бы́ли о́бщие привы́чки, своя́ мане́ра переки́дываться[2] коро́ткими остро́тами, своя́ мане́ра отвеча́ть. Так и е́хали они́ сейча́с, мо́лча, сжав[3] гу́бы на хо́лоде и обме́ниваясь коро́ткими замеча́ниями. И ду́мали ка́ждый о своём[4]. Но в одно́м их мы́сли сходи́лись.

Неда́вняя сце́на у А́нны Ива́новны обо́их переродила́. Они́ как бу́дто посмотре́ли друг на дру́га но́выми глаза́ми.

То́ня, э́тот стари́нный това́рищ, э́та поня́тная, не тре́бующая[5] объясне́ний очеви́дность, оказа́лась са́мым сло́жным из всего́, что мог себе́ предста́вить Ю́ра, оказа́лась же́нщиной. При не́котором уси́лии фанта́зии Ю́ра мог вообрази́ть себя́ взоше́дшим[6] на Арара́т геро́ем, проро́ком, победи́телем, всем чем уго́дно, но то́лько не же́нщиной.

И вот э́ту трудне́йшую и всё превосходя́щую[7] зада́чу взяла́ на свои́ ху́денькие и сла́бые пле́чи То́ня (она́ с э́тих пор вдруг ста́ла каза́ться Ю́ре худо́й и сла́бой, хотя́ была́ вполне́ здоро́вой де́вушкой). И у него́ появи́лось по отноше́нию к ней горя́чее сочу́вствие и ро́бкое изумле́ние, кото́рые и есть нача́ло любви́.

То же са́мое произошло́ по отноше́нию к Ю́ре с То́ней[8].

Ю́ра смотре́л по сторона́м[9] и ви́дел то же са́мое, что незадо́лго до него́[10] попада́лось на глаза́ Ла́ре[11]. Их са́ни поднима́ли неесте́ственно гро́мкий шум, пробужда́вший[12] неесте́ственно до́лгий о́тзвук под обледене́лыми дере́вьями в сада́х и на бульва́рах.

Они́ е́хали по Камерге́рскому[13]. Ю́ра обрати́л внима́ние, что в одно́м окне́ сквозь прота́явший[14] лёд был ви́ден ого́нь свечи́. Пла́мя в окне́ бы́ло похо́же на глаз. Каза́лось, что оно́ смотре́ло на тех, кто е́хал, и кого́-то жда́ло.

«Свеча́ горе́ла на столе́. Свеча́ горе́ла …» — шепта́л Ю́ра про себя́. Он наде́ялся, что продолже́ние придёт само́ собо́й[15]. Оно́ не приходи́ло.

---

1 шесть は対格。継続期間を表す。継続期間を表す語とともに使われる動詞はふつう不完了体動詞だが、прожи́ть など про- の接頭辞のつく「ある程度長い期間を過ごす」という意味をもつ動詞、また пожи́ть など по- の接頭辞のつく「少しの期間を過ごす」という意味をもつ動詞は完了体である。
2 この不定形は、直前の мане́ра を修飾する形容詞的用法である。мане́ра のような抽象名詞の場合にはこうした使い方ができる。例：пра́во жить「生きる権利」
3 сжав（← сжать の副動詞）
4 своё「自分のこと、自分のもの」
5 тре́бовать の能動形動詞現在。очеви́дность を修飾している。この部分を、кото́рый を使う文に書き換えれば、э́та поня́тная очеви́дность, кото́рая не тре́бует объясне́ний. となる。
6 взойти́ の能動形動詞過去。вообрази́ть＋A（対格）＋B（造格）は、「A を B であると想像する、思いこむ」の意味。この部分を、кото́рый を使う文に言い換えれば、Ю́ра мог вообрази́ть себя́ геро́ем, кото́рый взошёл на Арара́т. となる。
7 превосходя́щий（← превосходи́ть の能動形動詞現在）
8 A＋произойти́ с＋B（造格）は、「B に A が起きる」の意味。ここでは主語 A に相当するのは то же са́мое。
9 смотре́ть по сторона́м は、「（複数の）方角、側を＝辺り、両側を見回す」の意味。
10 незадо́лго до＋A（生格）は、「A の少し前に」の意味。него́（← он）は、Ю́ра を指す。
11 попада́ться на глаза́ Ла́ре は、попада́ться A（与格）が「A に出会う、ぶつかる」の意味で、A のさらに具体的などこかには、на＋B（対格）で表すので、「ラーラの目にとまる、映る」という意味になる。
12 пробужда́ть の能動形動詞過去。この部分を кото́рый を使う文に書き換えれば、гро́мкий шум, кото́рый пробужда́л … となる。
13 Камерге́рский переу́лок を指し、переу́лок「横町」は省略されている。移動の領域を表す по の要求で与格になっている。なお、камерге́р は「侍従」の意味なので、「侍従横町」とでも訳すこともできる。
14 прота́ять の能動形動詞過去。この直前のシーンで、ラーラがある家の窓辺でロウソクの火を灯したため、その窓ガラスの氷が炎の近くだけ溶けたという記述がある。
15 сам（сама́, само́, са́ми）собо́й は「ひとりでに」の意味。ここでは продолже́ние が中性名詞なので само́ собо́й の形がとられている。ここでユーラは詩の一節を思いつ

き、その先の言葉もひとりでに出てくることを期待したのだが、このときはその先は続かなかった。しかし後に、ユーラはこの言葉で始まる詩を書き上げる。

■ 単語 ■

до́ктор 医者、～先生（医者への呼びかけとして）
отры́вок 抜粋、断片
весно́й 春に
око́нчить² 完 終える、卒業する
университе́т 大学
конча́ть¹ 不完 終える
юриди́ческий 法学の
нетру́дно 楽だ、難しくない
вы́брать¹⁽特⁾ 完 選ぶ
иску́сство 芸術
исто́рия 歴史
счита́ть¹ 不完 考える、思う
ра́дость 女 喜び
грусть 女 悲哀
фи́зика 物理学
естествозна́ние 科学
занима́ться¹ 不完 従事する
поле́зный 有益な
вот и だからこそ
ме́дик 医師、医学生
гимнази́ческий ギムナジウム（高等中学校）の
мечта́ть¹ 不完 夢見る、念願する
про́за 散文
жизнеописа́ние 伝記、一代記
сли́шком あまりにも
вме́сто (+生格) ～の代わりに
стихи́ 複 詩の数行、詩作品
этю́д 習作、エチュード
карти́на 絵画
изво́зчичий [izvóʃʃʹitʃʹij]（← изво́зчик）辻馬車の
са́нки (← са́ни)（指小形）（複数形のみの名詞）橇

ёлка もみの木、もみの木（ヨールカ）祭り
о́ба 双方、両方
прожи́ть¹⁽特⁾ 完 （ある期間を）暮らす
бок о́ бок すぐそばで、一緒に
нача́ло 始まり
о́трочество 少年（少女）時代
коне́ц 終わり
мельча́йший (← ме́лкий) 最も微細な
подро́бность 女 詳細
о́бщий 共通の
привы́чка 習慣、習性
мане́ра やり方、癖
переки́дываться 不完 （+造格）投げ合う、交わす
коро́ткий 短い
острота́ しゃれ、警句
мо́лча 黙ったまま
сжать¹⁽特⁾ 完 握り締める、固く結ぶ
гу́бы (← губа́ の複数形) 唇
хо́лод 寒さ、寒いところ
обме́ниваться¹ 不完 （+造格）交換する
замеча́ние 意見、コメント
сходи́ться²* 不完 出会う、一致する
неда́вний 最近の
сце́на シーン、エピソード、出来事
перероди́ть² 完 生まれ変わらせる、一新する
как бу́дто まるで～かのように
глаз 目
стари́нный 昔からの
това́рищ 友人、同士
поня́тный 気心の知れた、理解し合える
тре́бовать¹⁽特⁾ 不完 要求する
объясне́ние 説明
очеви́дность 女 明白さ、自明性

第28課

оказа́ться[1](特)* 完 (+造格) ～であることが判明する
сло́жный 複雑な
предста́вить[2] 完 (+себе́) 想像する
же́нщина 女性
при (+前置格) ～のときに、～であれば
не́который ある種の、ちょっとした
уси́лие 努力
фанта́зия 想像力
вообрази́ть[2] 完 想像する
взойти́[1](特) 完 登る
Арара́т アララト山
геро́й 英雄
проро́к 預言者
победи́тель 団 勝利者
что уго́дно 何であれ
трудне́йший (← тру́дный) 最も難しい
превосходи́ть[2] 不完 優る、越える
ху́денький (← худо́й) (指小形) やせた
сла́бый 弱い
пле́чи (← плечо́) (複数形) 肩
с э́тих пор この時から
каза́ться[1](特)* 不完 (+造格) ～に見える、～のようだ
хотя́ ～とはいえ、～なのだが
вполне́ 極めて
здоро́вый 健康な
де́вушка 若い女性
появи́ться[2]* 完 現れる
по отноше́нию к (+与格) ～に対して
горя́чий 熱い
сочу́вствие [satʃˈústvʲijə] 共感、同情

ро́бкий おずおずとした、そこはかとない
изумле́ние 驚嘆
произойти́[1](特) 完 起こる
сторона́ 側、側面
незадо́лго до (+生格) ～の少し前に
попада́ться[1] 不完 出会う、ぶつかる
поднима́ть[1] 不完 持ち上げる、立てる
неесте́ственно 不自然に
гро́мкий (音に関して) 大きな
шум 騒音
пробужда́ть[1] 不完 起こす
о́тзвук 反響、こだま
под (+造格) ～の下で
обледене́лый 氷に覆われた
де́рево 木
бульва́р 並木道
обрати́ть[2] 完 向ける
внима́ние 注意
сквозь (+対格) ～を通して
протая́ть[1] 完 溶ける
лёд 氷
ви́ден 見える
свеча́ ロウソク
пла́мя 炎
похо́ж (похо́жа, похо́же, похо́жи) (на+対格) ～に似ている
горе́ть[2] 不完 燃える
шепта́ть[1](特)* 不完 囁く
про себя́ 自分だけで、一人で
наде́яться[1] 不完 期待する
продолже́ние 続き
сам собо́й 自然に、ひとりでに

■訳■

B. パステルナーク作『ドクトル・ジヴァゴ』より（抜粋）

　ユーラとトーニャは、翌年の春に大学を卒業するはずであり、ユーラは医学部を、トーニャは法学部を終えようとしていた。

　ユーラにとって、職業の選択は難しくなかった。彼は、芸術や歴史をたいそう好

んでいたが、喜びや憂愁が職業にはなりえないように、芸術は職業になりえないと考えていたのだ。彼は物理学や自然科学に関心があり、人生においては、何か実用性のあることに従事しなければならないと考えていた。だからこそ医学生になったのである。

　ユーラはよく思索し、文章を書くのもたいへんうまかった。まだギムナジウムの頃から、散文作品、自伝的な本を書くことを夢見ていたのだが、そうした本を書くには彼はあまりにも若すぎたので、代わりに詩を書いていた。このようにして芸術家は、一生涯、大作のエチュードを書き続けるのである。

　トーニャとユーラは辻橇に乗って、スヴェンチツキー家のヨールカ祭りに向かっていた。二人は、青春の始まりと幼年時代の終わりの６年間をごく身近で過ごしたので、互いのほんの些細なことまで知り尽くしていた。二人には共通の癖があり、ちょっとした冗談を交わすにも、それに応えるにも、独特のやり方があった。そんなふうに今も二人は揃って寒気の中で黙ったまま唇をぎゅっと結んでいた。時たまほんの短い意見を交わし合いながら。そしてそれぞれが自分のもの思いに耽っていたが、一点において二人の意見は一致していた。

　つい最近のアンナ・フョードロヴナの元での一件が二人を生まれ変わらせてしまった。まるで互いを新しい目でみつめ始めたようだった。

　トーニャという昔からの幼なじみが、この気心の知れた何の説明も必要としない自明の存在が、ユーラが想像することのできるあらゆるもののうちで最も複雑なもの、つまり女性であることがわかったのである。想像力を幾分働かせれば、ユーラは自身をアララト山に登頂した英雄にも、預言者にも、征服者にも、つまりは何にでも見立てることができたが、ただ女性であると思い描くわけにはいかなかった。

　そしてこの最も難しい、全てを凌駕する課題をトーニャは自分の痩せたか弱い肩に担っているのだ。（彼女はこの頃から不意にユーラにとって、痩せたか弱い女性に見えるようになった。極めて健康な若い女性であったのにもかかわらず。）そして彼には彼女に対する熱い共感とそこはかとない驚嘆が現れたが、それこそは愛の始まりにほかならない。

　まったく同じことが、トーニャのユーラに対する気持ちにも起こった。

　ユーラは辺りを見回して、彼よりほんの少し前にラーラの目に映ったのと同じものを目にしていた。彼らを乗せた橇は不自然に大きな音を立て、その音が庭園や並木道の氷に覆われた木々の下で不自然なほど長いこと反響していた。

　二人はカメルゲル横町を走っていた。ユーラは、ある窓の中に、溶けた氷越しにロウソクの火が見えたのを、注目した。窓の中の炎は目に似ていた。炎は馬車に乗っている人々をじっとみつめて、誰かを待っているかのようだった。

「机の上でロウソクが燃えていた。ロウソクが燃えていた…」ユーラは独り言で呟いてみた。その続きがひとりでに浮かんで来ることを期待したが、それは来なかった。

解説

1 物主形容詞 (**ий** 型)

動物や人間を指す名詞に -ий をつけて作る形容詞は物主形容詞と呼ばれる。格変化語尾は третий と同じ型となる。(男性主格形以外では変化語尾の前に -ь- が加わる。) 名詞から形容詞になる際、しばしば音韻変化を伴う。
соба́ка – соба́чий「犬の」、медве́дь – медве́жий「熊の」、пти́ца – пти́чий「鳥の」、каза́к – каза́чий「コサックの」、рыба́к – рыба́чий「漁師の」、изво́зчик – изво́зчичий「辻馬車の御者の」

	男性	中性	女性	複数
主	соба́чий	соба́чье	соба́чья	соба́чьи
生	соба́чьего	соба́чьего	соба́чьей	соба́чьих
与	соба́чьему	соба́чьему	соба́чьей	соба́чьим
対	主/生	соба́чье	соба́чью	主/生
造	соба́чьим	соба́чьим	соба́чьей	соба́чьими
前	соба́чьем	соба́чьем	соба́чьей	соба́чьих

Но́чью не слы́шно пти́чьих голосо́в.　夜中には鳥の声は聞こえない。
　　　　　　　　　　　　　　　　　　　　　＊го́лос 声
Они́ переплы́ли че́рез ре́ку на рыба́чьей ло́дке.　彼らは漁師のボートで川を渡った。
　　　　　　＊переплы́ть¹⁽特⁾ 完 (船で) 渡る　че́рез (＋対格)
　　　　　　　～を横切って　река́ 川　ло́дка ボート
Э́то медве́жья услу́га.　それはありがた迷惑 (熊の手伝い) だ。
　　　　　　　　　　　　　　　　　　　　　＊услу́га 助力、手伝い

2 ロシア人の姓の格変化

ロシア人の名前と父称は、名詞と同じ格変化をする。よくある姓のうち -ский, -ой, -ый などで終わるものは形容詞と同じ格変化となるが、-ов, -ев, -ин などで終わるものは、名詞と形容詞の入り交ざった変化となるので、注意が必要である。

	男性	女性	複数
主	Петро́в	Петро́ва	Петро́вы
生	Петро́ва	Петро́вой	Петро́вых
与	Петро́ву	Петро́вой	Петро́вым
対	Петро́ва	Петро́ву	Петро́вых
造	Петро́вым	Петро́вой	Петро́выми
前	Петро́ве	Петро́вой	Петро́вых

Верши́на тво́рчества Проко́фьева — о́пера «Война́ и мир» на сюже́т рома́на Льва Толсто́го. プロコフィエフの創作の頂点は、レフ・トルストイの長編小説の筋に基づいたオペラ『戦争と平和』である。

＊верши́на 頂上　тво́рчество 創作

сюже́т プロット　Льва（← Лев の生格）

А.С. Пу́шкин жени́лся на Ната́лье Никола́евне Гончаро́вой в 1831 году́.　A.S. プーシキンは、ナタリヤ・ニコラエヴナ・ゴンチャロワと 1831 年に結婚した。

＊жени́ться 不完（на＋前置格）（男性が）〜と結婚する

3 óба の用法

「両方の、双方の」を意味する óба は、両方とも、あるいはどちらかが男性名詞、中性名詞の場合は óба、両方とも女性名詞の場合は óбе を用いる。文中の役割に応じて格変化する。（対格形は、関係する名詞が不活動体なら主格形と、活動体なら生格形と同形となる。）また、述語動詞は複数形となる。

主	о́ба	о́бе
生	обо́их	обе́их
与	обо́им	обе́им
対	主 / 生	
造	обо́ими	обе́ими
前	обо́их	обе́их

① óба と結合する名詞、形容詞は、個数詞 2, 3, 4 の場合と同じく、基本的には複数形になり、óба と同じ格になる。

② ただし、óба が主格およびそれと同形の対格の場合、名詞は単数生格、

形容詞は複数生格か複数主格となる。

У меня́ два бра́та. Они́ о́ба у́чатся в университе́те. 私には２人の兄弟がいる。２人とも大学生です。（大学で勉強している。）

О́бе краси́вые до́чери о́чень похо́жи на мать. 美人の娘は２人とも母親似だ。

Оте́ц поднима́ет чемода́н обе́ими рука́ми. 父は両手でかばんを持ち上げようとしている。　＊чемода́н かばん

4 形容詞長語尾の最上級 (単一型)

形容詞長語尾の最上級は、第21課で学んだ са́мый を使う合成型のほかに、語尾を変化させる単一型もある。それは長語尾形の語幹に -ейший という語尾をつけて作るが、語幹が г, к, х で終わっているものは、音韻交替をし、ж, ч, ш＋айший となる。格変化は хоро́ший と同じ語尾となる。

тру́дный－трудне́йший「難しい」, си́льный－сильне́йший「強い」, бога́тый－богате́йший「豊かな」, высо́кий－высоча́йший「高い」, бли́зкий－ближа́йший「近い」, ме́лкий－мельча́йший「細かい」

Гимала́и — высоча́йшие го́ры в ми́ре. ヒマラヤは世界最高の山脈である。　　　　　　　　　　＊Гимала́и ヒマラヤ гора́ 山

Кропо́ткинская — ближа́йшая от э́той гости́ницы ста́нция метро́. 「クロポトキンスカヤ」がこのホテルから一番近い地下鉄の駅です。　　　　　　　　　　　　　　　　　　　　　＊гости́ница ホテル

5 直接目的語の否定生格

存在の否定生格については第８課で学んだが、動詞に не がつくと、直接目的語は対格ではなく、生格で表されることがある。特に直接目的語が抽象名詞の場合は必ず生格になる。

Он не име́ет возмо́жности по́льзоваться университе́тской библиоте́кой. 彼は大学の図書館を使うことができない。
　　　＊возмо́жность 囡 可能性、機会　по́льзоваться[1](特) 不完 利用する
　　　университе́тский 大学の　библиоте́ка 図書館
Мы не име́ем пра́ва уча́ствовать в э́той конфере́нции. 私たちはその会議に参加する権利を持っていない。

　　　　　　　　　　　　　　　　　　　　　　　＊пра́во 権利　конфере́нция 会議

　　Не обраща́йте на него́ внима́ния.　彼のことは気にするな。
　　　　　　　　　　　　　　　　　　　　　　　　＊обраща́ть[1] 不完 向ける

♦ただし、会話で直接目的語が具体的な普通名詞の場合は対格で表されることもある。

　　Я уже́ давно́ не ви́жу э́ту студе́нтку.　私はもう長いことその女子学生に会っていない。

6 疑問詞＋уго́дно の表現

кто, что, как, где, ско́лько などの疑問詞＋уго́дно で「任意の～」「～でも」という意味になる。

　　Бери́те ско́лько уго́дно.　いくらでもお取りなさい。
　　　　　　　　　　　　　　　　　　　　　　　　　　＊брать[1](特) 不完 取る
　　В воскресе́нье вы мо́жете идти́ куда́ уго́дно с кем уго́дно.　あなたは日曜日にはどこへでも、誰とでも出かけていい。
　　Пиши́те, пожа́луйста, как уго́дно.　どうぞ好きなように書いてください。

7 動詞 каза́ться の用法

動詞 каза́ться[1](特) ＊ 不完 /показа́ться[1](特) ＊ 完 にはいくつかの意味・用法がある。人称変化形は、сказа́ть と同じ型になる。

1. ＋A（造格）で、「A に見える、A のようだ」の意味。

　　Она́ каза́лась о́чень у́мной же́нщиной.　彼女はたいそう賢そうな女性に見えた。

2. 無人称動詞として、「～という気がする、～と思われる」の意味。
　　＊無人称動詞：主語はなく、動詞の形は、現在形、未来形は3人称単数、過去形は単数中性形のみ。動作の意味上の主体は与格で表す。

　　Мне ка́жется, что он что́-то хо́чет сказа́ть.　彼は何か言いたいのではないか――私はそんな気がする。

3. ка́жется, каза́лось の形で挿入語として使われる。「どうも～らしい、～のようだった」の意味。

　　Ива́н, ка́жется, зна́ет япо́нский язы́к дово́льно хорошо́.　どうもイワンは日本語をかなりよく知っているらしい。

第28課

♦оказываться[1] 不完/оказа́ться[1](特)* 完 「〜であることが判明する」も、上記の 1, 2 のような使い方ができる。

> Снача́ла он каза́лся совсе́м незнако́мым, а пото́м оказа́лся мои́м стари́нным това́рищем.　初め彼は、まったく見知らぬ人に見えたが、やがて、私の昔からの友人であることがわかった。
>
> Оказа́лось, что слух ло́жный.　噂は嘘であることがわかった。
>
> *слух 噂　ло́жный 偽りの

練習問題

[1] 次の文の下線部の名詞の代わりに物主形容詞を用いて文を書き換え、文全体を日本語に訳しなさい。

1. Что э́то? — Э́то гнездо́ пти́цы.　　　　　　　　　*гнездо́ 巣
2. Нюх соба́ки помога́ет в разыска́нии престу́пников.
   *нюх 嗅覚　разыска́ние 探索　престу́пник 犯人
3. Куба́нский хор казако́в — я́ркий представи́тель куба́нской культу́ры казако́в.
   *куба́нский クバン地方の　хор コーラス　я́ркий 顕著な、明らかな　представи́тель（男）典型、代表

[2] 次の（　）内の語を、指示された日本語に合うように、適当な格に変化させなさい。

1. Э́то письмо́ от (Ни́на Серге́евна Анто́нова) (Влади́мир Петро́вич Ивано́в).　これはニーナ・セルゲーヴナ・アントノワからウラジーミル・ペトローヴィチ・イワノフ宛の手紙です。
2. Когда́ (Фёдор Миха́йлович Достое́вский) бы́ло 45 лет, он уе́хал за грани́цу со свое́й но́вой жено́й, (А́нна Григо́рьевна Сни́ткина).　フョードル・ミハイロヴィチ・ドストエフスキーは45歳のとき、新妻アンナ・グリゴリエヴナ・スニトキナと一緒に外国へ行った。

[3] 次の（　）内の語を適当な格に変化させて文を完成し、文全体を日本語に訳しなさい。

1. В (о́ба го́рода) есть прекра́сные музе́и.
2. По (о́бе стороны́) у́лицы бы́ли ви́дны золоты́е купола́ церкве́й.

＊золото́й 黄金の　купола́（複数主格）（← ку́пол）丸屋根　це́рковь 囡 教会

3. Она́ о́чень лю́бит (о́ба бра́та).
4. Он был в теа́тре с (о́бе сестры́).

4　次の（　）内の形容詞を最上級（単一型）に変えて文を完成し、全体を日本語に訳しなさい。

1. Э́то одна́ из (ва́жных) пробле́м.
2. (Бли́зкая) апте́ка напро́тив э́того до́ма.　　　＊апте́ка 薬局
3. Он (у́мный) и (си́льный) челове́к.

5　次の日本語をロシア語に訳しなさい。
1. 彼はまだ人生の難しさを知らない。　　　＊тру́дность 囡 難しさ
2. どうぞ何ででも召し上がってください。フォークでも、お箸でも、手でも。
　　　　　　　　　　　　＊ку́шать 召し上がる　и́ли …, и́ли …
　　　　　　　　　　　　〜か、〜か　ви́лка フォーク　па́лочки 箸
3. 彼はとても健康な人のように見えたが、実は病人だった。（病人であることがわかった。）
4. どうやら彼女はもうモスクワへ帰ったらしい。

第29課
『黄金の言葉』①／原因を表す前置詞
Уро́к но́мер два́дцать де́вять / Два́дцать девя́тый уро́к　CD67

テクスト

«Золоты́е слова́[1]» (1)　　　　　　　　　　　　　по М. Зо́щенко[2]

> ミハイル・ゾーシチェンコ（1895-1958）は、1920-30年代にソヴィエト・ロシアで絶大な人気を誇ったユーモア短編作家である。作者自身の代わりに素朴で無教養な市民を語り手に選び、革命の理想とは裏腹なソ連の日常の悲喜劇を、その語り手の滑稽な文体で諷刺する作風を得意とした。しかしゾーシチェンコは、ユーモア小説の成功にもかかわらず、実はひどい鬱病持ちであった。30年代後半からは、自らの鬱病の原因を探るべく自身の生涯を振り返り、自伝的な作品を書くことを模索し始めた。ここに取り上げる『黄金の言葉』（1939年）は、子供向けに書かれた、自身の子供時代をテーマにした連作『リョーリャとミーニカ』の中の一篇であるが、この作品もそうした流れの中で自伝的なものとして書かれた。リョーリャはゾーシチェンコの姉、ミーニカ（ミハイルの愛称）はゾーシチェンコ自身がモデルとなっている。ゾーシチェンコはその後、1943年に自らの鬱病の根を断ち切るべく自身の心理を深く掘り下げながら生涯を振り返るというユニークな自伝『日の出前』を発表し始めたが、第二次世界大戦（独ソ戦）の最中の非常時に、個人的な問題に拘泥したそうした作品はふさわしくないとして発表は中断され、さらに戦後の1946年には、ゾーシチェンコは共産党から名指しで批判され、作家同盟も追放されるという悲運の晩年を迎えた。

　Когда́ я был ма́ленький, я о́чень люби́л у́жинать со взро́слыми. И моя́ сестрёнка[3] Лёля то́же люби́ла таки́е у́жины не ме́ньше[4], чем я.

　Во-пе́рвых, на стол ста́вилась[5] разнообра́зная еда́. И э́та сторона́ де́ла в осо́бенности прельща́ла нас с Лёлей[6].

　Во-вторы́х, взро́слые вся́кий раз расска́зывали интере́сные

фа́кты из свое́й жи́зни.

И э́то нас с Лёлей то́же забавля́ло.

Коне́чно, пе́рвые разы́[7] мы вели́ себя́ за столо́м ти́хо. Но пото́м осмеле́ли. Лёля ста́ла вме́шиваться в разгово́ры. Тарато́рила без конца́. И я то́же ино́й раз вставля́л свои́ замеча́ния.

На́ши замеча́ния смеши́ли госте́й. И ма́ма с па́пой снача́ла бы́ли да́же дово́льны, что го́сти ви́дят тако́й наш ум и тако́е на́ше разви́тие.

Но пото́м вот что произошло́ на одно́м у́жине.

Па́пин нача́льник на́чал расска́зывать каку́ю-то невероя́тную исто́рию о том, как он спас пожа́рного. Этот пожа́рный бу́дто бы угоре́л на пожа́ре. И па́пин нача́льник вы́тащил его́ из огня́.

Возмо́жно, что был тако́й факт, но то́лько нам с Лёлей э́тот расска́з не понра́вился.

И Лёля сиде́ла как на иго́лках[8]. Она́ вдоба́вок вспо́мнила одну́ исто́рию, вро́де э́той, но то́лько ещё бо́лее интере́сную. И ей поскоре́й хоте́лось рассказа́ть э́ту исто́рию, чтоб её не забы́ть.

Но па́пин нача́льник, как назло́, расска́зывал кра́йне ме́дленно. И Лёля не могла́ бо́лее терпе́ть.

Махну́в руко́й[9] в его́ сто́рону, она́ сказа́ла:

— Это что! Вот у нас во дворе́ одна́ де́вочка ...

Па́пин нача́льник покрасне́л от гне́ва. Ему́ неприя́тно ста́ло, что про его́ расска́з Лёля сказа́ла: «это что».

Обрати́вшись[10] к на́шим роди́телям, он сказа́л:

— Я не понима́ю, заче́м вы сажа́ете дете́й со взро́слыми. Они́ меня́ перебива́ют. И вот я тепе́рь потеря́л нить моего́ расска́за. На чём я останови́лся[11]?

Лёля, жела́я[12] загла́дить происше́ствие, сказа́ла:

— Вы останови́лись на том, что как угоре́вший пожа́рный сказа́л вам «мерси́»[13]. Но то́лько стра́нно, что он вообще́ что-нибудь мог сказа́ть, раз он был угоре́вший и лежа́л без созна́ния ... Вот у нас одна́ де́вочка во дворе́ ...

Лёля не зако́нчила свои́ воспомина́ния, потому́ что получи́ла от ма́мы шлепо́к.

Гости заулыбались. И папин начальник ещё более покраснел от гнева.

Видя[14], что дело плохо, я решил поправить положение. Я сказал Лёле:

— Ничего странного нету в том, что сказал папин начальник. Смотря какие угоревшие, Лёля. Другие[15] угоревшие пожарные, хотя и лежат в обмороке, но всё-таки они говорить могут. Они бредят. И говорят, сами не зная что … Вот он и сказал «мерси». А сам, может, хотел сказать «караул».

Гости засмеялись. А папин начальник, затрясшись от гнева, сказал нашим родителям:

Вы плохо воспитываете ваших детей. Они мне буквально пикнуть не дают — всё время перебивают глупыми замечаниями.

Бабушка, которая сидела в конце стола у самовара, сердито сказала, поглядывая на Лёлю:

Глядите, вместо того чтобы раскаяться в своём поведении, эта особа снова принялась за еду. Глядите, она даже аппетита не потеряла — кушает[16] за двоих …

Лёля не посмела громко возразить бабушке. Но она тихо прошептала:

— На сердитых воду возят[17].

Бабушка не расслышала этих слов. Но папин начальник, который сидел рядом с Лёлей, принял эти слова на свой счёт.

Он прямо ахнул от удивления, когда это услышал.

Обратившись к нашим родителям, он так сказал:

— Всякий раз, когда я собираюсь к вам в гости и вспоминаю про ваших детей, мне прямо неохота к вам идти.

Папа сказал:

— Ввиду того, что дети действительно вели себя крайне развязно и тем самым они не оправдали наших надежд, я запрещаю им с этого дня ужинать со взрослыми. Пусть они допьют свой чай и уходят в свою комнату.

Доев[18] сардинки, мы с Лёлей удалились под весёлый смех и шутки[19] гостей.

И с тех пор мы два месяца не садились вместе со взрослыми.

1 золотые слова は直訳は「金の言葉」であるが、比喩的に「金言＝素晴らしい言葉」の意味をもつ。両方の意味が出るように「黄金の言葉」という訳をあてた。
2 -енко で終わる姓は不変化である。
3 сестричка は表愛表現だが、сестрёнка は表愛的であるとともに表卑的表現でもある。親しみと愛情のほかに、なれなれしい感情表現が含まれている形で、的確な日本語に置き換えることは難しいが、「お姉ちゃん」といったところか。
4 не меньше は直訳は「より少なくなく」。ここでは「僕に劣らず、負けぬほど」という意味。
5 ставить「置く」の受身の意味で -ся を加えた ставиться となり、「置かれる」の意味になる。こうした受身の ся 動詞は、ふつう辞書に項目として載らない。
6 мы с ней「私と彼女」などの表現は、мы が格変化してもそのまま用いられる。ここでは мы が нас（対格）になっている。
7 первый раз なら「最初の1回」だが、первые разы は「最初の数回」の意味。
8 сидеть как на иголках は、文字通りには「まるで針の上に座っているようだ」だが、慣用句で「むずむず落ち着かない、居ても立ってもいられない」の意味。
9 махнув（← махнуть の副動詞）。махнуть рукой は「手を一振りする」という意味だが、「そんなことは駄目だ、ほっておけ」などを意味する仕草。
10 обратившись（← обратиться の副動詞）
11 остановиться на（＋前置格）は、文字通りには「～の上で立ち止まる」だが、「～で言葉を中断する」、また「～に注意を向ける、～を検討する」などの意味で使われることもある。
12 желая（← желать の副動詞）
13 消防士の台詞として、ふつうなら спасибо というべきところだが、わざわざフランス語からの мерси が使われているのは、子供たちが考えたように、パパの上司の話に信憑性がないことの1つの現れ。
14 видя（← видеть の副動詞）
15 один ..., другой で、「あるものは～で、別のものは～だ」という表現だが、ここでは одни（ふつうのガス中毒患者）の方は省かれている。другие угоревшие пожарные は、本来は「別のガス中毒になった消防士は」と訳すべきところだが、いきなり「別の」と言われても日本語では意味が取れないし、この「別の」は、暗黙のうちに「ある～は」を前提としたうえでのことなので、訳文としては「ある～は」と訳すことにする。
16 кушать は現代ロシア語では、Кушайте, пожалуйста.「どうぞ召し上がってください」など、丁寧な言い回しとして使われ、特に1人称が主語の場合は使われない。しかし、この言葉を使う「お祖母さん」は主に19世紀を生きてきた人物で、19世紀のロシア語では кушать は есть と同様に、特に丁寧な意味でなくとも使われたが、その前の эта особа は「このお偉方」の意味もあるので、ここでは「このお嬢さんときたら～召し上がっているよ」という皮肉っぽい敬語であるとも考えられる。

第29課

17 この表現は、直訳すれば「水は怒った人たちに乗せて運ぶもの」となる。「水を運ぶ」とは「辛い仕事」の代表で、「怒っていると辛い仕事をさせられる」→「怒っていると損をする」という慣用句。
18 доев (← доесть の副動詞)
19 под (＋対格) は под гитару「ギターの伴奏で」、под аплодисменты「拍手とともに」などのように「～の音に合わせて」の意味なので、「笑い声や冗談に送られて」という意味。

■単語■

золото́й 黄金の、すばらしい
сло́во 単語、言葉
у́жинать[1] 不完 夕食を取る
сестрёнка (← сестра́)（表卑・表愛）
ме́ньше より少なく
во-пе́рвых 第一に
ста́виться[2] 不完 置かれる
разнообра́зный さまざまな、多彩な
де́ло 事、事態、問題
осо́бенность 女 特徴、特性
прельща́ть[1] 不完 魅了する、ひきつける
во-вторы́х 第二に
вся́кий それぞれの、あらゆる
расска́зывать[1] 不完 物語る
факт 事実
забавля́ть[1] 不完 楽しませる、面白がらせる
вести́[1(特)] 不完 (＋себя́) 振る舞う
ти́хо 静かに
пото́м 後に、やがて
осмеле́ть[1] 完 大胆、無遠慮になる
стать[1(特)] 完 ～になる
вме́шиваться[1] 不完 参加する、介入する
разгово́р 会話
тарато́рить[2] 不完 ぺらぺら喋る
ино́й раз 時には
вставля́ть[1] 不完 差し挟む
смеши́ть 不完 笑わせる
гость 男 客
снача́ла 初めは
дово́лен 満足である

ви́деть[2] 不完 見る、見える
ум 頭脳、知力、知能
разви́тие 発達
у́жин 夕食
па́пин (← па́па) パパの
нача́льник 上司
невероя́тный 信じ難い、ありそうも無い
исто́рия 話
спасти́[1(特)] 完 救う、救助する
пожа́рный 消防士
бу́дто бы まるで～であるかのように
угоре́ть[2] 完 一酸化炭素中毒にかかる
пожа́р 火事
вы́тащить[2] 完 引き摺り出す
возмо́жно ありうる、そうかもしれない
понра́виться[2] 完 気に入る
сиде́ть[2] 不完 座っている
иго́лка 針
вдоба́вок そのうえ
вспо́мнить[2] 完 思い出す
вро́де (＋生格) ～のような、～に似た
поскоре́й (＝поскоре́е)
хоте́ться[2(特)]* 不完（無人称動詞）～したい
рассказа́ть[1(特)]* 完 物語る
чтоб (＝чтобы)
забы́ть[1(特)] 完 忘れる
как назло́ まるでわざとのように、あいにく
кра́йне 極端に
ме́дленно ゆっくり
терпе́ть[2]* 不完 我慢する、耐える

махну́ть 完 (1回) (+造格) 〜を振る
двор 中庭
покрасне́ть¹ 完 赤くなる
от (+生格) 〜ゆえに
гнев 怒り
неприя́тно 不愉快だ
про (+対格) 〜について
обрати́ться² 完 (+к+与格) 〜に対する、向かう
заче́м なぜ、なんのために
сажа́ть¹ 不完 座らせる
перебива́ть¹ 不完 遮る、中断させる
потеря́ть¹ 完 失う、無くす
нить 女 糸、繋がり
расска́з 話
жела́ть¹ 不完 望む
загла́дить² 完 平らにする、正す、償う
происше́ствие [prəiʃʃésʼtʼvʼijə] 事件、出来事
мерси́ メルシー、ありがとう (フランス語の merci より)
стра́нный おかしい、奇妙な
вообще́ そもそも、一般的に
раз 〜したからには、〜であるなら
созна́ние 意識
зако́нчить² 完 終える
воспомина́ние 思い出、思い出話
получи́ть²* 完 受け取る、もらう
шлепо́к 平手打ち
заулыба́ться¹ 完 微笑み始める
попра́вить² 完 正す
положе́ние 事態、状況
не́ту 存在しない、無い
смотря́ (+疑問詞) 〜によりけりだ
о́бморок 気絶、失神
бре́дить² 不完 うわごとを言う
мо́жет (=мо́жет быть) (挿入語) もしかしたら
карау́л 助けてくれ！(元来は「警護、番兵」という意味の名詞)

засмея́ться¹ 完 笑い出す
затрясти́сь¹⁽特⁾ 完 揺れ、震え始める
пло́хо 悪く
воспи́тывать¹ 不完 養育する
буква́льно 文字通り、まさに
пи́кнуть¹⁽特⁾ 完 (1回) ピーピー言う、文句を言う
дава́ть¹⁽特⁾ 不完 (+動詞不定形) 〜させる
глу́пый 愚かな、馬鹿な
ба́бушка おばあさん、祖母
самова́р サモワール (自動湯沸かし器)
серди́тый 怒っている、立腹した
погля́дывать¹ 不完 (時々) 見る、眺める、監視する
гляде́ть² 不完 見る、眺める
вме́сто того́ что́бы (+動詞不定形) 〜する代わりに、〜するどころか
раска́яться¹ 完 (в+前置格) 〜を後悔する
поведе́ние 行い、振る舞い
осо́ба 人物、(廃語) お偉方
сно́ва あらたに、再び
приня́ться¹⁽特⁾* 完 (+за+対格) 〜に着手する、とりかかる
аппети́т 食欲
ку́шать¹ 不完 食べる、召し上がる
за двои́х (←дво́е) 2人分、2人前
посме́ть¹ 完 あえて〜する、〜する勇気がある
возрази́ть² 完 反対する、反論する
прошепта́ть¹⁽特⁾ 完 囁く
вода́ 水
вози́ть²* 不完 (乗り物で) 運ぶ
расслы́шать² 完 聞き取る
ря́дом 隣に
приня́ть¹⁽特⁾* 完 受け入れる、受けとめる
на свой счёт [ɡʲɡʲót] 自分に関して、自分の金で
пря́мо 真っすぐに、じかに、率直に、まさに
а́хнуть¹ 完 (1回) あっと叫ぶ
удивле́ние 驚き

услы́шать² 完 聞く、聞こえる
собира́ться¹ 不完 ～へ行く支度をする、～するつもりである
вспомина́ть¹ 不完 思い出す
неохо́та（無人称文の述語）（＋動詞不定形）～したくない
ввиду́ того́, что ～を考慮して、～なので
действи́тельно 実際に、本当に
развя́зный 無遠慮な、なれなれしい
тем са́мым （← то са́мое）まさにそのことによって
оправда́ть¹ 完 是認する、応える
наде́жда 期待、希望
запреща́ть¹ 不完 禁じる
пусть（＋動詞3人称現在）～するがいい、させろ
допи́ть¹⁽特⁾ 完 最後まで飲む
уходи́ть²* 不完 去る
ко́мната 部屋
дое́сть⁽不規則⁾ 完 最後まで食べる
сарди́нка（← сарди́на）（指小形）イワシ（の缶詰）
под（＋対格）～の伴奏で、音に合わせて
весёлый 愉快な、楽しげな
смех 笑い（声）
шу́тка 冗談
с тех пор それ以来
ме́сяц 月、1ヶ月
сади́ться² 不完 座る、席に着く
вме́сте 一緒に

■訳■

M. ゾーシチェンコ作 『黄金の言葉』より (1)

　僕は小さかった頃、大人たちと一緒に夕食を食べるのが大好きだった。そして僕のお姉ちゃんのリョーリャもそういう夕食が、僕に負けぬほど好きだった。

　第一に、食卓には色々な食べ物が並べられた。事のこの側面が僕とリョーリャを殊のほか魅了した。

　第二に、大人たちは毎回、自分たちの生活の中の興味深い事柄を物語ってくれた。これもまた、僕とリョーリャを楽しませた。

　もちろん、初めのうちは、僕たちはテーブルの席でおとなしく振る舞っていた。しかしやがて、大胆になった。リョーリャは話にくちばしを突っ込み始め、際限なくベラベラ喋り続けた。そして僕もまた、時には自分の意見を差し挟んだ。

　僕らの意見はお客さんたちを笑わせた。それでママとパパは初めは、お客さんたちに、僕らがこんなに頭が良くて、こんなによく成長しているのを見てもらえることに満足さえしていた。

　ところがやがて、ある夕飯の席で、まさにこんなことが起こったのだ。

　パパの上司が、自分が消防士をいかに救ったかという、何だかありそうもない話をし始めた。その消防士はどうやら火事で一酸化炭素中毒にかかったらしい。そこでパパの上司が火の中から彼を引きずり出したというのだ。

　そんなこともあるのかもしれなかったが、ただ僕とリョーリャにはこの話はどうも気に食わなかった。

それでリョーリャはむずむずして、居ても立ってもいられなかった。そのうえ、彼女は、これに似ているけれどもっと面白い話を思い出したのだ。だからそれを忘れてしまわないように、なるべく早くその話をしたかった。
　ところがパパの上司ときたら、まるでわざとのように飛び切りのろのろと話していた。とうとうリョーリャはそれ以上我慢ができなかった。
　彼の方に手を一振りすると、彼女は言った。
「そんなの何よ！　うちの中庭である女の子がね…」
　パパの上司は、怒りのあまり真っ赤になった。リョーリャが自分の話について「そんなの何よ」と言ったことが不愉快になったのだ。
　僕らの両親の方を向くと、彼は言った。
「あなた方がどうして子供たちを大人と一緒の席に座らせるのか、私にはわからないね。この子たちは私の話の腰を折ってばかりいる。現に今も、私は話の筋道がわからなくなってしまった。どこまで話したんだったかな？」
　リョーリャは事態を改善しようとして、言った。
「あなたは、ガス中毒になった消防士があなたに『メルシー』と言ったところまで話したのよ。でもちょっとおかしいのは、そもそも彼が何か言うことができたってことよ。彼はガス中毒で意識を失って倒れていたんだから…うちの中庭である女の子が…」
　リョーリャは自分の思い出したことを最後まで話すことができなかった。ママからぴしゃりと平手打ちをくらったからだ。
　お客さんたちはにやりとした。それでパパの上司はますます怒りで赤くなった。
　事態が悪いのを見て、僕は状況を正そうと思った。僕はリョーリャに言った。
「パパの上司が言ったことは、ひとつもおかしくないよ。どんなガス中毒患者かによるんだよ、リョーリャ。あるガス中毒になった消防士たちは、気絶して倒れてはいても、それでもやっぱり喋れるんだよ。うわごとを言っているんだ。喋っているけど、自分でも何だかわからないんだよ…。だからこそ彼は『メルシー』なんて言ったのさ。自分では、もしかしたら『助けて』って言いたかったのかもしれないよ」
　お客さんたちは笑い出した。パパの上司は怒りでぶるぶる震えだして、僕たちの両親に言った。
「あなた方は、子供の教育がなっていない。この子たちは、文字通り一言も私に話させないじゃないか。しょっちゅう馬鹿げた意見で人の話の腰を折ってばかりいて」
　食卓の端のサモワールのそばに座っていたお祖母さんが、リョーリャの方を見ながら怒って言った。
「見てごらん、あの子ときたら自分のやったことを後悔するどころか、また食事に

取りかかったよ。見てごらん、このお嬢さんときたら食欲さえ失っていないんだから。2 人前も召し上がって…」

リョーリャはさすがに大声でお祖母さんに反論することはできなかったが、小さい声で囁いた。

「怒っていると、損するよ」

お祖母さんはこの言葉がよく聞き取れなかった。でも、リョーリャの隣に座っていたパパの上司は、この言葉が自分について言われたことだと受け取った。

彼はこれを聞いたとき、驚きのあまり、まさにあっと声をあげた。

私たちの両親の方を向くと、彼はこう言った。

「あなた方の家に行こうとしてお宅の子供たちのことを思い出すたびに、私はまさにお宅に行く気が失せるね」

パパは言った。

「子供たちはたしかにひどく無遠慮な振る舞いをし、まさにそのことで私たちの期待を裏切ったのだから、私は今日から子供たちには大人と一緒に夕食を取ることを禁じます。子供たちはさっさとお茶を飲んで自分の部屋に引き下がりなさい」

イワシを食べてしまうと、僕とリョーリャはお客さんたちの楽しげな笑い声と冗談に送られて、部屋に引き下がった。

そしてそれ以来 2 ヶ月間、大人と一緒の席には座れなかった。

解説

1 вот ＋疑問詞の表現

вот に где, кто, что, как などの疑問詞を添えると、疑問の意味は消え「これこそまさに〜だ」という強調の意味になる。

Вот где он роди́лся. まさにここで彼は生まれたのだ。
Вот в чём де́ло. まさにこの点に問題の核心がある。
Вот почему́ она́ не приходи́ла к нам вчера́. だからこそ彼女は昨日私たちのところに来なかったのだ。

2 -нуть で終わる「1 回〜する」の意味の完了体動詞

-нуть で終わる動詞のうちある種のもの、махну́ть[1](特)「1 回振る」, моргну́ть[1](特)「1 回瞬きする」, пи́кнуть[1](特)「1 回文句を言う」などは、1 回の行為、動作を表す完了体動詞である。

Он да́же не успе́л моргну́ть гла́зом.　彼は瞬きする間さえなかった。
Он пи́кнуть не сме́ет.　彼は一言も文句は言えないだろう。

3 за- で始まる「〜し始める」の意味の完了体動詞

不完了体動詞に接頭辞 за- をつけると、「〜し始める」という意味の完了体動詞になる。заигра́ть[1]「遊び、演奏しはじめる」, замолча́ть[2]「黙る、口をつぐむ」, запла́кать[1(特)]「泣き出す」, засмея́ться[1(特)]「笑い出す」など。

不完了体の игра́ть, молча́ть, пла́кать, смея́ться は対応の完了体をもたない動詞であり、一方それらに за- のつく動詞は完了体だけで、対応の不完了体をもたない。なお、заулыба́ться[1]「微笑み出す」は完了体だけだが、不完了体の улыба́ться は対応の完了体 улыбну́ться[1(特)] をもつ。

Она́ запла́кала от оби́ды.　彼女は悔しさのあまり泣き出した。
　　　　　　　　　　　　　　　　　＊оби́да 恨み、悔しさ

Докла́дчик на мину́ту замолча́л, а пото́м на́чал говори́ть совсе́м на другу́ю те́му.　報告者は一瞬黙り、それからまったく違うテーマについて語り出した。　　＊докла́дчик 報告者　те́ма テーマ

4 原因を表す前置詞 из-за, из, от, с, по

原因、理由を表す前置詞はいくつかあるが、それぞれニュアンスが異なる。

1. из-за（＋生格）

行為、状態の妨げの原因を表す。「〜のせいで」

Из-за плохо́й пого́ды мы не смогли́ игра́ть в те́ннис.　悪天候のせいで、我々はテニスができなかった。

2. из（＋生格）

意識的行為の原因（感情）を表す。「〜ゆえに」

Они́ соверши́л по́двиг из любви́ к ро́дине.　彼らが偉業を成し遂げたのは、祖国への愛ゆえである。

　　　　　　　　＊соверши́ть[2] 園 行う　по́двиг 偉業　ро́дина 祖国、故郷

3. от（＋生格）

無意識の行為、状態の原因（感情、自然現象）を表す。「〜のあまり」

Она́ запла́кала от жа́лости к бе́дным де́тям.　彼女は、貧しい子供

たちが可哀相で泣き出した。

*жа́лость 囡 哀れみ、同情　бе́дный 貧しい、哀れな

Всё бы́ло мо́кро от росы́.　全ては露でぬれていた。

*мо́крый ぬれた　роса́ 露

4. с（＋生格）

3の от と同じ意味だが、人間など生き物の行為、状態の原因を表す時に使われる。また特定の名詞と結びつく慣用表現が多い。（с го́лоду, с го́ря, со стыда́, со стра́ху など）「〜のあまり」

*го́лод 飢え（ここでは生格は го́лоду）　го́ре 悲しみ　стыд 恥ずかしさ　страх 恐怖（生格は стра́ху, стра́ха 両方の形が使われる。）

Они́ пропа́ли с го́лоду и хо́лоду.　彼らは飢えと寒さで死んだ。

*пропа́сть[1]（特）完 死ぬ、破滅する　хо́лод 寒さ（ここでは生格は хо́лоду）

5. по（＋与格）

主として人間の否定的性質の原因を表す。その際、その性質の持ち主が主語でなくてはならない。「〜のせいで」

Ива́н сде́лал мно́го оши́бок по невнима́тельности.　イワンは不注意ゆえに多くの間違いをおかした。

*невнима́тельность 囡 不注意　оши́бка 誤り、間違い

Я взяла́ по оши́бке ва́шу ру́чку.　私は間違えてあなたのペンを持って来てしまった。

5 смотря́＋疑問詞の表現

смотря́（元来は смотре́ть から派生した副動詞）に где, кто, что, как などの疑問詞を添えると、「〜によりけりだ、次第だ」という表現になる。

Пойдём куда́-нибудь в воскресе́нье! — Смотря́ куда́.　「日曜日にどこかへ出かけようよ！」「どこへ行くかによりけりだな」

Ты лю́бишь стихи́? — Смотря́ каки́е.　「君は詩が好きかい？」「どんなものかによりけりよ」

6 集合数詞

個数詞とは別に、дво́е 2, тро́е 3, че́тверо 4 など数量を表す数詞があり、これを集合数詞という。

1. 格変化およびともに使われる名詞、形容詞について

主	двóе	трóе	чéтверо
生	двойх	тройх	четверых
与	двойм	тройм	четверым
対	主／生	主／生	主／生
造	двойми	тройми	четверыми
前	двойх	тройх	четверых

♦対格形は、関わる名詞が不活動体の場合は主格と、活動体の場合は生格と同形になる。

♦集合数詞とともに使われる名詞、形容詞は複数形となり、格は数詞と同形になる。ただし、集合数詞が主格およびそれに等しい対格で使われる場合、ともに使われる名詞、形容詞は生格形となる。

2. 用法
　① 活動体男性名詞および люди, дéти とともに用いられる。
　　На останóвке стоя́ло (стоя́ли) трóе молоды́х людéй.　停留所には３人の若い人が立っていた。(述語動詞は中性形でも複数形でもよい。)
　② 複数形でのみ使われる名詞とともに用いられる。
　　У меня́ двóе очкóв.　私は眼鏡を２つ持っている。　　＊очки́ 眼鏡
　③ 人を表す名詞のように用いる。
　　Он рабóтает за четверы́х.　彼は４人分働いている。
　④ 人称代名詞とともに数を表す。
　　Нас бы́ло двóе: сестрá и я.　私たちは２人でした。姉と私です。

7 идти́ в гóсти とその関連の表現

「お客に行く」「兵隊に取られる」といった、人を表す名詞を用い、資格・職業などを意味する表現の場合、名詞は複数形が用いられ、対格形は、例外的に主格形と同じになる。

　Сегóдня вéчером я иду́ в гóсти к Андрéю.（я бу́ду в гостя́х у Андрéя.）　今晩、私はアンドレイのところにお客になりに（＝遊びに）行く。
　Егó взя́ли в солдáты.　彼は兵隊に取られた。　　＊солдáт 兵隊
　Он слу́жит в солдáтах.　彼は兵士として勤務している。

＊служи́ть[2]＊ 不完 勤める

第29課

8 3人称命令形

пусть, пуска́й（こちらの方が口語的）, да に動詞の3人称（不完了体現在および完了体未来）を加えると、「〜に〜させろ、〜は〜するがいい」という3人称の命令形になる。相手が目の前にいるのに、2人称ではなく3人称の命令形を用いると、いかにも突き放した、やや投げやりな印象を与える場合がある。

Пусть всегда́ бу́дет со́лнце.　いつも太陽がありますように。
　　　　　　　　　　　　　　　　　　＊со́лнце [sóntsə] 太陽

Пусть он сам принесёт докуме́нты.　彼自身に書類を持ってこさせなさい。（彼自身が書類を持ってくればいい。）　＊докуме́нт 書類

Да здра́вствует на́ша Ро́дина!　我らが祖国、万歳！
　＊здра́вствовать [zdrástvəvət'] 元気である、健在である　Ро́дина 祖国（「祖国」の意味では Р が大文字で書かれることもある。）

練習問題

1　指示された日本語に合うように、次の（　）内に適当な疑問詞を入れて、文を完成しなさい。
1. Вот с (　) она́ гуля́ла в па́рке.　まさにその人と彼女は公園で散歩していたのだ。
2. Вот о (　) мы ду́маем.　まさにそのことについて私たちは考えている。
3. Вот (　) она́ встре́тилась со свои́м бу́дущим му́жем.　まさにそのとき、彼女は将来の夫に出会ったのだ。
4. Вы не хоти́те пое́хать на экску́рсию? — Смотря́ с (　).　「遠足に行きたくありませんか？」「誰と一緒かによりけりですね」
5. Ты лю́бишь ру́сские фи́льмы? — Смотря́ (　).　「君はロシアの映画が好きかい？」「どんなものかによりけりだね」

2　次の（　）内に理由・原因を表す適当な前置詞を入れて文を完成させ、全文を日本語に訳しなさい。
1. Он о́бмер (　) стра́ха.　　　＊обмере́ть 完 心臓が止まりそうになる
2. Она́ ничего́ не сказа́ла о себе́ (　) скро́мности.
　　　　　　　　　　　　　　　　　　＊скро́мность 女 謙虚さ
3. Асфа́льт был горя́чий (　) со́лнца.　　　＊асфа́льт アスファルト

4. Всё это ( ) вáшей невнимáтельности.
5. Онá вскрúкнула ( ) удивлéния.　　＊вскрúкнуть[1][特] 宛 悲鳴をあげる
6. ( ) болéзни он не смог поéхать в Москвý.

3　次の日本語をロシア語に訳しなさい。
1. 私に時計を3個ください。
2. 私は2人分働いている。
3. 明日、私と妻はイワノフ家へ遊びに行く。(пойти を使って)
4. 昨日、私と妻はイワノフ家へ遊びに行った。(быть を使って)
5. 子供たち自身にその問題を解かせなさい。
6. 皆が好きなことを喋ればいい。

第30課
『黄金の言葉』②／ся動詞のまとめ／чтоのまとめ
Уро́к но́мер три́дцать / Тридца́тый уро́к   CD68

テクスト

«Золоты́е слова́» (2)   по М. Зо́щенко

А спустя́ два ме́сяца мы с Лёлей ста́ли упра́шивать на́шего отца́, чтоб он нам сно́ва разреши́л у́жинать со взро́слыми. И наш оте́ц, кото́рый был в тот день в прекра́сном настрое́нии, сказа́л:

— Хорошо́, я вам э́то разрешу́, но то́лько я категори́чески запреща́ю вам что́-нибудь говори́ть за столо́м. Одно́ ва́ше сло́во, ска́занное вслух[1] — и бо́лее вы за стол не ся́дете[2].

И вот в оди́н прекра́сный день[3] мы сно́ва за столо́м — у́жинаем со взро́слыми.

На э́тот раз мы сиди́м ти́хо и молчали́во. Мы зна́ем па́пин хара́ктер.

Но от э́того запреще́ния говори́ть мы с Лёлей пока́ не о́чень страда́ем. Мы с Лёлей еди́м за четверы́х и ме́жду собо́й пересме́иваемся. Мы счита́ем, что взро́слые да́же прогада́ли, не позво́лив[4] нам говори́ть. На́ши рты, свобо́дные[5] от разгово́ров, целико́м за́няты едо́й.

Мы с Лёлей съе́ли всё, что возмо́жно[6], и перешли́ на сла́дкое.

Съев[7] сла́дкое и вы́пив[8] чай, мы с Лёлей реши́ли пройти́сь по второ́му кру́гу[9] — реши́ли повтори́ть еду́ с са́мого нача́ла, тем бо́лее что на́ша мать, уви́дев[10], что на столе́ почти́ что чи́сто, принесла́ но́вую еду́.

Я взял бу́лку и отре́зал кусо́к ма́сла. А ма́сло бы́ло соверше́нно замёрзшее[11] — его́ то́лько что вы́нули из-за окна́[12].

Э́то замёрзшее ма́сло я хоте́л нама́зать на бу́лку. Но мне э́то не удава́лось сде́лать. Оно́ бы́ло как ка́менное.

И тогда́ я положи́л ма́сло на ко́нчик ножа́ и стал его́ греть над ча́ем[13].

А так как[14] свой чай я давно выпил, то я стал греть это масло над стаканом папиного начальника, с которым я сидел рядом.

Папин начальник что-то рассказывал и не обращал на меня внимания.

Между тем нож согрелся над чаем. Масло немножко подтаяло. Я хотел его намазать на булку и уже стал отводить руку от стакана. Но тут[15] моё масло неожиданно соскользнуло с ножа и упало прямо в чай.

Я обмер от страха.

Я вытаращенными[16] глазами смотрел на масло, которое плюхнулось в горячий чай.

Потом я оглянулся по сторонам. Но никто из гостей не заметил происшествия.

Только одна Лёля увидела, что случилось.

Она стала смеяться, поглядывая то на меня, то на стакан с чаем.

Но она ещё больше засмеялась, когда папин начальник, что-то рассказывая, стал ложечкой помешивать свой чай.

Он мешал его долго, так что всё масло растаяло без остатка. И теперь чай был похож на куриный бульон.

Папин начальник взял стакан в руку и стал подносить его к своему рту.

И хотя Лёля была чрезвычайно заинтересована[17], что произойдёт дальше и что будет делать начальник, когда он глотнёт эту бурду, но всё-таки она немножко испугалась. И даже уже раскрыла рот, чтобы крикнуть папиному начальнику: «Не пейте!»

Но посмотрев на папу и вспомнив[18], что нельзя говорить, смолчала.

И я тоже ничего не сказал. Я только взмахнул руками и не отрываясь[19] стал смотреть в рот папиному начальнику.

Между тем папин начальник поднёс стакан к своему рту и сделал большой глоток.

Но тут глаза его стали круглые от удивления. Он охнул, подпрыгнул на своём стуле, открыл рот и, схватив[20] салфетку, стал кашлять и плеваться.

Наши родители спросили его:

— Что с вами произошло[21]?

Папин начальник от испуга не мог ничего произнести.

Он показал пальцами на свой рот, мычал и не без страха поглядывал на свой стакан.

Тут все присутствующие[22] стали с интересом рассматривать чай, оставшийся[23] в стакане.

Мама, попробовав[24] этот чай, сказала:

— Не бойтесь, тут плавает обыкновенное сливочное масло[25], которое растопилось в горячем чае.

Папа сказал:

— Да, но интересно знать[26], как оно попало в чай. Ну-ка, дети, поделитесь с нами вашими наблюдениями.

Получив разрешение говорить, Лёля сказала:

— Минька грел масло над стаканом, и оно упало.

Тут Лёля, не выдержав[27], громко засмеялась.

Папин начальник сказал:

— Ещё спасибо, что они мне в чай масло положили. Они могли бы[28] дёгтю влить. Интересно, как я себя чувствовал, если бы это был дёготь … Ну, эти дети доведут меня до сумасшествия[29].

Один из гостей сказал:

— Меня другое интересует. Дети видели, что масло упало в чай. Тем не менее они никому не сказали об этом. И допустили выпить такой чай. И вот в чём их главное преступление.

Услышав[30] эти слова, папин начальник воскликнул:

— Ах, в самом деле[31], гадкие дети[32], почему вы мне ничего не сказали? Я бы тогда[33] не стал пить этот чай …

Лёля, перестав[34] смеяться, сказала:

— Нам папа не велел[35] за столом говорить. Вот почему мы ничего и[36] не сказали.

Папа, улыбнувшись[37], сказал:

— Это не гадкие дети, а глупые. Конечно, с одной стороны

хорошо, что они беспрекословно исполняют приказания. Надо и[38] впредь так же поступать — исполнять приказания и придерживаться правил, которые существуют. Но всё[39] надо это делать с умом. Если б ничего не случилось — у вас была священная обязанность молчать. И вместо наказания вы получили бы благодарность. Всё[40] надо делать с учётом изменившейся[41] обстановки. И эти слова вам надо золотыми буквами записать в своём сердце. Иначе получится абсурд.

Мама сказала:

— Или, например, я не велю вам выходить из квартиры. Вдруг пожар. Что же вы, дурацкие дети, так и будете торчать в квартире, пока не сгорите? Наоборот, вам надо выскочить из квартиры и поднять переполох.

А папа сказал:

— Выяснилось, что дети не виноваты. А если и[42] виноваты, то в глупости …

Но папины слова я, пожалуй, не сразу понял. Зато впоследствии я понял и оценил эти золотые слова.

И этих слов, уважаемые дети, я всегда придерживался во всех случаях жизни. И в личных своих делах. И на войне[43]. И даже, представьте себе, в моей работе[44].

В моей работе я, например, учился у старых великолепных мастеров[45]. И у меня был большой соблазн писать по тем правилам, по которым они писали.

Но я увидел, что обстановка изменилась. Жизнь и публика уже не те, что были при них[46]. И поэтому я не стал подражать их правилам.[47]

И, может быть, поэтому я людям принёс не так уж много огорчений[48]. И был до некоторой степени счастливым[49].

Впрочем, ещё в древние времена один мудрый человек (которого вели на казнь) сказал: «Никого нельзя назвать счастливым раньше его смерти»[50].

Это были тоже золотые слова.

第 30 課

1 одно́ ва́ше сло́во, ска́занное вслух は被動形動詞過去長語尾 ска́занное (← сказа́ть) が сло́во を修飾しているので、直訳すれば「声に出して言われたお前たちの一言」となるが、ここでは、「お前たちが一言でも声に出して言ったら」という意味である。

2 сесть[1](特) 完/сади́ться[2] 不完「座る」(動作)の場合は「за＋対格 стол」であり、сиде́ть 不完「座っている」(状態)の場合は、「за＋造格 столо́м」となる。

3 в оди́н прекра́сный день は「ある日のこと」という意味。прекра́сный は「素晴らしい」という意味だが、ここでは特に意味はない。Cf. one fine day

4 позво́лив (← позво́лить の副動詞)

5 形容詞 свобо́дные は рты を修飾しているが、コンマで区切られて、このように独立的な使われ方をすることもある。

6 возмо́жно (съесть)「食べることができる」の意味。

7 съев (← съесть の副動詞)

8 вы́пив (← вы́пить の副動詞)

9 по (＋与格) で運動の領域を表す。круг は「円、輪」の意味だが、ここでは、「ラウンド」。つまり「第2ラウンドを行く」という意味。

10 уви́дев (← уви́деть の副動詞)

11 замёрзший (← замёрзнуть の能動形動詞過去)

12 вы́нули из-за окна́ は、「窓の外から取り出された」の意味だが、ロシアでは冬季、冷やしておくべき物を窓の外に吊るしたり、あるいは二重窓の間の窓敷居に置いておくためである。

13 над＋造格は「〜の上方、上空で」という意味であり、同じ「〜の上で、上に」でも、物の表面に接した「上で」の на＋前置格とは異なる。

14 так как はこのように文頭に置かれ、「〜なので、」という意味にもなるが、主節の後の従属節の先頭に置かれて「なぜならば」の意味にもなる。

15 тут は元来、「ここで」という意味だが、「この時」という意味でも使われる。

16 вы́таращенный (← вы́таращить の被動形動詞過去長語尾)

17 заинтересо́ван (← заинтересова́ть の被動形動詞過去短語尾)

18 вспо́мнив (← вспо́мнить の副動詞)

19 отрыва́ясь (← отрыва́ться の副動詞)

20 схвати́в (← схвати́ть の副動詞)

21 Что с ва́ми произошло́?「あなた、どうしたんですか?」という言い回し。произошло́ は省かれることもある。

22 прису́тствующий (← прису́тствовать の能動形動詞現在) は「居合わせている」という意味だが、ここでは「居合わせている人」という意味。

23 оста́вшийся (← оста́ться の能動形動詞過去)

24 попро́бовав (← попро́бовать の副動詞)

25 сли́вочный は「クリームの」という意味だが、ма́сло はバターに限らずサラダオイルなどの油も意味するので、この形容詞をつけることによって「(サラダオイルなどでない)バター」という意味に限定される。

26 интере́сно знать は、元来は「知ることは興味深い」という意味だが、もっと軽い意味で、「知りたいものだ」と訳すか、あるいは次の従属節 как оно́ попа́ло в чай の疑問詞 как を強調しているだけと捉え、「いったいどうしてバターがお茶の中に入ったのかね」のように、訳出しないでもいいかもしれない。

27 вы́держав (← вы́держать の副動詞)

28 могли́ бы ...「(その気になれば) できたかもしれない」という仮定法の帰結文。

29 э́ти де́ти доведу́т меня́ до сумасше́ствия は直訳すれば「この子達は私を狂気にまで導きそうだ」だが、「この子たちのせいで私は頭がおかしくなりそうだ」という意味。

30 услы́шав (← услы́шать の副動詞)

31 в са́мом де́ле は「実際、本当に」という熟語。(Cf. на са́мом де́ле は「実は、本当は」という意味。)

32 га́дкие де́ти は呼びかけなので、この部分は直訳すれば「本当にそうだ、嫌な子たちよ」となるが、日本語ではあまり呼びかけは使わないので、必ずしもそう訳さなくてもよい。

33 Я бы тогда́ ... の тогда́ は「そうであれば」の意味、つまり「もしバターが落ちたことをちゃんと言ってくれていたなら、私は…」という意味。

34 переста́в (← переста́ть の副動詞)

35 не веле́л говори́ть は、「話すように命じなかった」ではなく、「話してはいけないと命じた」という意味。

36 вот почему́ は「だからこそ」の意味だが、и でそれをさらに強めている。

37 улыбну́вшись (← улыбну́ться の副動詞)

38 и は「〜も」の意味。

39 всё にはいくつかの意味がある。① 中性名詞を修飾して「全ての」という意味、② 単独で「全てのもの、こと」という意味、そして ③ всё вре́мя と同じ「いつも、ずっと」という意味がある。ここでは ③ の意味。

40 この всё は ② の意味。

41 измени́вшийся (← измени́ться の能動形動詞過去)

42 е́сли и (＝е́сли да́же) 〜だとしても

43 この作品が書かれた時点での война́ は第一次世界大戦を指す。ゾーシチェンコは将校として参戦している。

44 моя́ рабо́та は作家としての仕事。

45 ста́рые великоле́пные мастера́ とは「旧世代の偉大な巨匠たち」、すなわちドストエフスキー、トルストイ、トゥルゲーネフ等の 19 世紀の作家たちを指す。

46 при них「彼らの時代に、彼らのもとで」。ここでの они́ は ста́рые великоле́пные мастера́。

47 ゾーシチェンコは自身の作風について「赤いレフ・トルストイになるわけにはいかない」と書いている。つまり、革命および赤軍の勝利に続くソヴィエト時代に、昔ながらのトルストイ張りの、貴族が主人公や語り手である優雅な長編小説は合わなくなったと判断し、時代の前面に新たに登場した庶民を主人公や語り手にして、彼らの使う滑稽な文体でユーモア作品を書きまくったことを指している。

第30課

48 я лю́дям принёс не так уж мно́го огорче́ний「私は彼ら（当時の一般大衆の読者）にそれほど多くの苦しみをもたらさなかった」とゾーシチェンコは控えめに書いているが、当時絶大な人気を誇ったことは最初の解説にも書いたとおりである。

49 был до не́которой сте́пени счастли́вым「（自分も）ある程度幸せだった」と書いているが、実人生のゾーシチェンコは、解説にも書いたように、ユーモア作家として人気が出れば出るほど、皮肉にも鬱病の状態が悪化していた。

50 Никого́ нельзя́ назва́ть счастли́вым ра́ньше его́ сме́рти.「誰のことも、その人が死んでみるまでは、幸せだと言うわけにいかない」つまり、幸せな人生だったように見えて、最後にどんでん返しの不幸が待っているかもしれない、ということである。ここで言われている「古代の賢人」とは、古代ギリシアの七賢人の１人、ソロンであり「誰のことも…」は、莫大な富を誇っていたクロイソス王に対してソロンが言った言葉である。ゾーシチェンコの紹介と史実は多少異なり、クロイソス王がその後不幸に見舞われ、火あぶりの刑に処せられようとしたとき、この言葉を思い出したとされている。ゾーシチェンコがこの子供向けのたわいない作品の最後でこんな言葉を書いたのは、その後の自身の不運な晩年を予測したかのようで、不思議なほどである。

■単語■

спустя́（＋対格）〜後に
упра́шивать¹ 不完 〜することを懇願する
разреши́ть² 完 許可する
настрое́ние 気分
категори́чески 絶対的に、断固として
вслух 声に出して
сесть¹ (特) 完 （未来形 ся́ду, ся́дешь … 過去形 сел, се́ла …) 腰掛ける、座る
сиде́ть² 不完 座っている
ти́хо 静かに、おとなしく
молчали́во 黙って
хара́ктер 性格
запреще́ние 禁止
страда́ть¹ 不完 苦しむ
есть 不規則 不完 食べる
че́тверо 4人
пересме́иваться¹ 不完 顔を見合わせてくすくす笑う
прогада́ть 完 損をする、見込み違いをする
позво́лить² 完 許可する、可能にする
рот 口
свобо́дный 自由な、制限のない

целико́м 全部、完全に
за́нят 忙しい、塞がっている
возмо́жно 可能だ、〜できる
сла́дкое 甘い物、デザート
съесть 不規則 完 食べる
вы́пить¹ (特) 完 飲む
чай お茶
пройти́сь 完 ゆっくり歩く
второ́й круг 第２ラウンド
повтори́ть² 完 繰り返す
тем бо́лее что 〜であるからなおさらのこと
почти́ (что) ほとんど
чи́стый 清潔な、空白の
взять¹ (特) 完 取る
бу́лка 小さな丸パン
отре́зать¹ (特) 完 切り取る
кусо́к かけら、小片
ма́сло バター
соверше́нно 完全に
замёрзнуть¹ (特) 完 凍る
то́лько что たった今〜したばかりだ

вы́нуть¹⁽特⁾ 完 取り出す
из-за（＋生格）～の向こうから
нама́зать¹⁽特⁾ 完 塗る
удава́ться¹⁽特⁾ 不完（1, 2 人称なし）成功する、うまくいく
ка́менный 石の、石のような
тогда́ そこで
положи́ть²* 完 置く
ко́нчик 先端、先
нож ナイフ
гре́ть¹ 不完 温める
над（＋造格）～の上方、上空で
так как ～なので
давно́ ずっと前に、ずっと前から
то（主文の先頭に置かれる、この単語自体に意味は無い。）
стака́н コップ
ме́жду тем（← то）そうこうしているうちに
согре́ться¹ 完 温まる
немно́жко（← немно́го）（指小形）少し
подта́ять¹ 完（1, 2 人称なし）少し溶ける
отводи́ть²* 不完 そらす
неожи́данно 不意に、思いがけず
соскользну́ть¹⁽特⁾ 完 すべり落ちる
обмере́ть¹⁽特⁾ 完 茫然とする、心臓が止まりそうになる
вы́таращить² 完（目を）見張る
плю́хнуться¹⁽特⁾ 完 バタンと倒れる、ポトンと落ちる
заме́тить² 完 気づく
случи́ться² 完 起こる
смея́ться¹⁽特⁾ 不完 笑う
то …, то … あるいは～、あるいは～
бо́льше より多く、さらに
ло́жечка（← ло́жка）（指小形）スプーン
поме́шивать¹ 不完（少し、時々）かき混ぜる
меша́ть¹ 不完 かき回す、混ぜる
та́к что（＝поэ́тому）だから

раста́ять¹ 完 溶ける
оста́ток 残り
кури́ный 鶏の
бульо́н ブイヨン
подноси́ть² 不完 手に持って近寄せる
чрезвыча́йно 非常に、極めて
заинтересова́ть¹⁽特⁾ 完 興味を起こさせる
да́льше もっと先に、さらに
глота́ть¹ 不完 飲み込む
бурда́ 濁ったまずい液体
испуга́ться¹ 完 驚く、おびえる
раскры́ть¹⁽特⁾ 完 開ける、開く
кри́кнуть¹⁽特⁾ 完 叫ぶ
пе́йте（← пить¹⁽特⁾の命令形）不完 飲む
посмотре́ть²* 完 見る、観る
смолча́ть² 完 口をつぐむ
взмахну́ть¹⁽特⁾ 完（1 回）振る、振り上げる
отрыва́ться¹ 不完 目をそらす
поднести́¹⁽特⁾ 完 手で持って近寄せる
глото́к 一飲み
кру́глый 丸い
о́хнуть¹⁽特⁾ 完（1 回）おおと言う
подпры́гнуть¹⁽特⁾ 完 飛び上がる
стул 椅子
откры́ть¹⁽特⁾ 完 開ける
схвати́ть²* 完 掴む
салфе́тка ナプキン
ка́шлять¹ 不完 咳をする
плева́ться¹⁽特⁾ 不完 唾を吐く
испу́г 驚愕、恐怖
произнести́¹⁽特⁾ 完 発音する、述べる
показа́ть¹⁽特⁾* 完 示す
па́лец（па́льца …）指
мыча́ть¹ 不完 もぐもぐ言う
не без（＋生格）かなりの～をもって
прису́тствовать¹⁽特⁾ 不完 居合わせる、出席する
интере́с 興味、関心
рассма́тривать¹ 不完 よく見る、吟味する
оста́ться¹⁽特⁾ 完 残る

第30課

попро́бовать 試す
боя́ться² 不完 恐れる、心配する
пла́вать¹ 不完 泳ぐ、浮かんでいる
обыкнове́нный ふつうの
сли́вочный クリームの
растопи́ться²* 完 (1, 2人称なし) 溶ける
попа́сть¹⁽特⁾ 当たる、出会う、陥る
ну́-ка さあ（促しの言葉）
подели́ться²* 完 (c＋造格A, 造格B) AにBを伝える、AとBを分かつ
наблюде́ние 観察
разреше́ние 許可
вы́держать² 完 我慢する、耐える
дёготь 男 タール
влить¹⁽特⁾ 完 注ぎこむ
чу́вствовать¹⁽特⁾ 不完 (+себя́) 気分がする
ну まったく
довести́¹⁽特⁾ 完 ～まで導く
сумасше́ствие [sumaʃésʼtʼvʼijə] 狂気
тем не ме́нее にもかかわらず
допусти́ть²* 完 許す、見過ごす
гла́вный 主要な
преступле́ние 罪
воскли́кнуть¹⁽特⁾ 完 叫ぶ
ах ああ
в са́мом де́ле 本当に、実に
га́дкий 嫌な
переста́ть¹⁽特⁾ 完 やめる、中断する
веле́ть² 不完・完 命じる
улыбну́ться¹⁽特⁾ 完 微笑む
беспрекосло́вно 絶対的に
исполня́ть¹ 不完 遂行する
приказа́ние 命令
поступа́ть¹ 不完 行動する、振る舞う
приде́рживаться¹ 不完 従う
пра́вило 規則、きまり
существова́ть¹⁽特⁾ 不完 存在する
всё いつも、絶えず
б (＝бы)
свяще́нный 非常に重要な、神聖な

обя́занность 女 義務
молча́ть² 不完 黙っている
наказа́ние 罰
благода́рность 女 感謝
учёт 考慮
измени́ться²* 完 変わる
обстано́вка 状況、状態
бу́ква 文字
записа́ть¹⁽特⁾ 完 メモする、書き留める
се́рдце 心
ина́че さもなければ
получи́ться²* 完 ある結果になる
абсу́рд 不条理、馬鹿馬鹿しいこと
наприме́р 例えば
выходи́ть²* 不完 出る
кварти́ра アパートの部屋
же（疑問詞を強調する単語）
дура́цкий 愚かな、馬鹿げた
так и そのまま
торча́ть² 不完 突っ立っている
пока́ не (＋完) ～するまで～する
сгоре́ть² 完 焼失する、燃えてしまう
наоборо́т 逆に、それどころか
вы́скочить² 完 飛び出す
подня́ть¹⁽特⁾* 完 持ち上げる、引き起こす
переполо́х 大騒ぎ
вы́ясниться² 完 (1, 2人称なし) 明らかになる
винова́т 罪がある
глу́пость 女 愚かさ
пожа́луй おそらく、多分
сра́зу すぐに
зато́ その代わり
впосле́дствии その後、後になって
оцени́ть²* 完 評価する
уважа́емый 尊敬すべき、敬愛する
слу́чай ケース、機会、出来事
ли́чный 個人的な
война́ 戦争、戦場
предста́вьте себе́ 驚いたことに、面白い

219

ことには（← предста́вить）
учи́ться² * 不完 学ぶ
великоле́пный 壮麗な、見事な
ма́стер 巨匠
собла́зн 誘惑
пу́блика 公衆、大衆
при （＋前置格）〜の元で、〜のときに
подража́ть¹ 不完 真似をする
уж（副詞などに添えて意味を強調する）

огорче́ние 悲しみ、苦しみ
сте́пень 女 程度、度合い
счастли́вый [ʃʃᵻslʼivij] 幸せな
впро́чем とはいえ
дре́вний 古代の
му́дрый 賢い
казнь 女 死刑
назва́ть¹⁽特⁾ 完 （＋A（対格）＋B（造格）） AをBと呼ぶ

■訳■

　2ヶ月後には、僕とリョーリャは、父が再び僕たちが大人と一緒に夕食を取ることを許してくれるように懇願しはじめた。そして、その日たいそう機嫌の良かった僕らの父親は言った。
　「よろしい。お前たちにそれを許そう。ただし、食卓の席でお前たちが何か喋ることは絶対に禁止する。一言でも口に出して話したら、それっきりお前たちは食卓の席に着くことはできないからな」
　というわけである日僕たちは再び食卓の席に着いて、大人たちと夕食を取っていた。
　今回は、僕らは静かに黙って座っていた。パパの性格を知っていたからだ。
　しかし、こうして喋ることを禁じられても、僕とリョーリャは差し当たりあまり辛くはなかった。僕とリョーリャは4人前食べ、お互いに顔を見合わせて、くすくす笑っていた。僕らは、大人たちは僕らに話すことを許さないで、損をしているとさえ思っていた。僕らの口は、会話から解放されて、もっぱら食事に専念していた。
　僕とリョーリャは食べられるものは全て食べてしまい、デザートに移行した。
　デザートを食べてしまい、お茶を飲んでしまうと、僕とリョーリャは第2ラウンドを行うことにした——食事を最初からやり直すことにしたのだ。テーブルの上があらかたきれいに片付いてしまったのを見て、僕らのママが新しい食べ物を運んで来たのだからなおさらのことだった。
　僕は丸パンを1つ取ると、バターを一欠け切り取った。ところがバターはすっかり凍っていた。それは、たった今、窓の外から取り出したばかりだったのだ。
　この凍ったバターを僕はパンに塗りたかった。でもそれはうまくいかなかった。バターはまるで石みたいだったのだ。
　そこで僕はバターをナイフの端に載せて、それをお茶の上で温めはじめた。
　ただし、自分のお茶はとっくに飲んでしまっていたので、僕の隣に座っていたパ

第 30 課

パの上司のコップの上でそのバターを温めはじめたのだ。
　パパの上司は何か話していて、僕に注意を払っていなかった。
　そうこうするうちにナイフはお茶の上で温まった。バターは少し溶けた。僕はそれをパンに塗ろうとして、既に手をコップから離し始めた。ところがこの時、僕のバターは思いがけずナイフから滑り落ちて、真っすぐお茶の中に落ちてしまったのだ。
　僕は恐怖で心臓が止まりそうになった。
　僕は、目を大きく見開いて、熱いお茶の中にポトンと落ちたバターをみつめた。
　それから、辺りを見回した。ところが、お客さんたちの誰もこの出来事に気づいた者はいなかった。
　ただリョーリャ1人だけが、何が起こったか見ていた。
　彼女は僕の顔と、お茶の入ったコップを代わる代わる見ながら笑い出した。
　でもリョーリャが一層激しく笑い出したのは、パパの上司が何か話しながら、スプーンで自分のお茶をかき混ぜ始めたときだ。
　彼はそれを長いことかき混ぜていたので、バターは全部、すっかり溶けてしまった。今は、お茶は鶏のブイヨンみたいだった。
　パパの上司はコップを手に取り、それを自分の口元に近づけようとした。
　するとリョーリャは、この先何が起きるのか、パパの上司がこの濁った飲み物を飲んだら、彼はどうするだろうと、それには非常に興味津々だったものの、それでもさすがに少したじろいだ。そしてパパの上司に「飲まないで！」と叫ぶために口を開きさえした。
　けれどもパパを見て、喋ってはいけないことを思い出すと、口をつぐんだ。
　僕も何も言わなかった。僕はただ両手を振っただけだ。パパの上司の口元から目を離さず、じっとみつめはじめた。
　そうこうするうちに、パパの上司はコップを持ち上げて、自分の口元に近寄せ、ごくりと飲み込んだ。
　しかしこの時、彼の目は驚きのあまり丸くなった。彼は「おう」と言って、自分の椅子の上で少し飛び上がり、口を開け、ナプキンを掴むと、咳き込み、唾を吐き始めた。
　僕たちの両親は彼に訊ねた。
「どうなさいました？」
　パパの上司は驚愕のあまり一言も発することができなかった。
　彼は指で自分の口を指し、もぐもぐと何か言い、恐る恐る自分のコップを覗いた。
　このとき、その場に居た全員はコップに残っていたお茶を興味深そうにじっとみ

つめはじめた。
　ママは、そのお茶を飲んでみて、言った。
「心配なさらないで。ここに浮かんでいるのは、熱いお茶の中で溶けたごく普通のバターです」
　パパは言った。
「そうか、しかしどうしてバターがお茶の中に入ったのか、それを知りたいものだ。さあ子供たち、私たちにお前たちが見たことを話しておくれ」
　話してもいいという許可を得て、リョーリャは言った。
「ミーニカがコップの上でバターを温めていたら、落っこちちゃったの」
　ここでリョーリャは我慢しきれず大声で笑い出した。
　パパの上司は言った。
「この子たちが私のお茶にバターを入れてくれてまだしも幸いだったよ。この子たちなら、タールだって入れかねないからね。もしこれがタールだったら、私はどんな気がしたことか…。まったくこの子たちのせいで私は、気がおかしくなりそうだ」
　お客さんたちの１人が言った。
「私は別のことに関心があります。子供たちは、バターがお茶の中に落ちたのを見ていたんでしょ。にもかかわらず、誰にもそのことを言わなかった。そして、そんなお茶を飲むことを許してしまった。まさにこの点にこそ、彼らの主要な罪がありますね」
　この言葉を聞くと、パパの上司は叫んだ。
「ああ、本当に嫌な子たちだ、どうしてお前たちは私に何も言ってくれなかったんだ？　そうしたら私だってこんなお茶を飲まなかったのに…」
　リョーリャは笑うのをやめて、言った。
「私たち、パパに食卓の席で話してはいけないと言われていたの。だからこそ私たちは何も言わなかったのよ」
　パパはにこりとしてから言った。
「これは、嫌な子たちではなく、馬鹿な子たちです。もちろん、一面から言えば、この子たちが命令を絶対的に遂行するのは良いことだ。今後も同じように行動しなければならない――命令を遂行し、存在する規則を守ることだ。しかし、これはいつも頭を使ってやらなければならない。もし何も起こらなかったならば、お前たちには、沈黙するという神聖な義務があった。そして罰の代わりに、感謝を得ていただろう。全ては変化した状況を考慮して行わなければならないのだよ。そしてお前たちはこの言葉を、金色の文字で心に刻み付けておかなければならない。さもないと、馬鹿げたことになる」

第 30 課

ママが言った。
「あるいは、例えば、私がお前たちに、アパートから出てはいけないと言うとしましょう。突然、火事になったら、どうするの、お馬鹿さんたち、そのまま焼けてしまうまで部屋の中で突っ立っているつもり？　それどころか、お前たちは部屋から飛び出して、大騒ぎをしなくちゃいけないのよ」
パパは言った。
「子供たちに罪はないということが明らかになりました。あるいは罪があったとしても、それは愚かであったという点です…」
しかし僕は、おそらくパパの言葉をすぐには理解できなかった。その代わり、後になって、この黄金の言葉を理解し評価した。
親愛なる子供たちの皆さん、僕はこの言葉をいつも、人生のあらゆる機会に守ってきたんですよ。個人的な出来事においても。戦場でも。そして、驚いたことに、自分の仕事においてもね。
例えば僕の仕事では、僕は旧(ふる)い偉大な巨匠たちの元で学んだ。そして僕には、彼らが書いたのと同じ法則で書きたいという大きな誘惑があった。
しかし僕は、状況が変わったことに気づいた。生活も人々も、彼らがいた時代とは既に違うものだ。そこで、僕は彼らの法則を真似ることはしなかった。
そして多分それゆえに、僕は人々にそれほど多くの苦しみを与えずに済んだのだ。それに自分もある程度、幸せだった。
とはいえ、まだ古代に、ある賢人が（この人は死刑場に連れ出されたのだ）が言った。「誰のことも、その人が死ぬより前に幸せだと言うことはできない」
これもまた、黄金の言葉である。

解説

1 動詞 есть 不完/съесть 完, пить 不完/выпить 完 の変化

　動詞 есть, съесть「食べる」の変化は不規則なものであり、пить, выпить「飲む」の変化は特殊なものなので、注意が必要である。

		есть 不完	съесть 完	пить 不完	выпить 完
人称変化	я	ем	съем	пью	выпью
	ты	ешь	съешь	пьёшь	выпьешь
	он	ест	съест	пьёт	выпьет
	мы	едим	съедим	пьём	выпьем
	вы	едите	съедите	пьёте	выпьете
	они́	едя́т	съедя́т	пьют	выпьют
過去変化	он	ел	съел	пил	выпил
	она́	е́ла	съе́ла	пила́	вы́пила
	оно́	е́ло	съе́ло	пи́ло	вы́пило
	они́	е́ли	съе́ли	пи́ли	вы́пили

♦「食べる」の命令形は е́шь(те), съе́шь(те) であるが、丁寧に「召し上がれ」という場合は ку́шай(те) という別の動詞の命令形を使うこともある。
　　Ку́шайте на здоро́вье. 「たんと召し上がれ」
　　　＊здоро́вье は「健康」の意味だが、на здоро́вье で「好きなだけ、たっぷり（召し上がれ）」という慣用句になる。

♦「飲む」の命令形は пе́й(те), вы́пей(те) である。

2 ся 動詞の意味・用法のまとめ

ся 動詞については、すでに第 10 課でも基本的な形態、意味などを学んだが、ここで ся 動詞の意味、用法について、より詳しく学ぶ。

1. 受動

第 26 課で学んだように、不完了体 ся 動詞のあるものは受動（受身、被動）の意味を持ちうる。ただし不活動体名詞の 3 人称が主語の場合にしかこの表現は使われない。動作主体を示す場合は、造格を用いる。

продава́ться[1](特)「売られる」, стро́иться[2]「建設される」, издава́ться[1](特)「出版される」, проверя́ться[1]「検査される」など。

　　Э́тот журна́л издаётся моско́вским изда́тельством.　この雑誌はモスクワの出版社によって出版されている。
　　　　　　　　　　　　＊моско́вский モスクワの　изда́тельство 出版社

2. 自動詞

他動詞に -ся をつけて作られ、そのもの自体の動作を表す。
закрыва́ться[1] 不完/закры́ться[1(特)] 完「閉まる」, возвраща́ться[1] 不完/возврати́ться[2] 完「帰る」, начина́ться[1] 不完/нача́ться[1(特)] 完「始まる」, ра́доваться[1(特)] 不完/обра́доваться[1(特)] 完 喜ぶ, удивля́ться[1] 不完/удиви́ться[2] 完「驚く」など。

　　Э́тот магази́н закрыва́ется в семь часо́в.　この店は 7 時に閉まる。

3. 再帰

主語が活動体であり、行為が動作主自身に及ぶことを表す。
одева́ться[1] 不完/оде́ться[1(特)] 完「(自分が)服を着る」, умыва́ться[1] 不完/умы́ться[1(特)] 完「(自分の顔や手を) 洗う」など。

　　Ка́ждое у́тро он умыва́ется.　毎朝彼は (自分の) 顔を洗う。

4. 相互

動作が互いの間で交わされることを表す。
ви́деться[2] 不完/уви́деться[2] 完「会う」, знако́миться[2] 不完/познако́миться[2] 完「知り合いになる」, целова́ться[1(特)] 不完/поцелова́ться[1(特)] 完「互いにキスを交わす」

　　Я познако́милась с ним в Москве́.　私は彼とモスクワで知り合った。

5. 無人称動詞

無人称動詞にも ся 動詞がある。動作主の意志で何かを行うのではなく、自然にひとりでにその動作が行われることを表す。不完了体のみ。

  ＊無人称動詞：主語はなく 1 人称・2 人称では使われず、現在形 (未来形) は 3 人称単数のみ、過去形は中性形のみの動詞。

жи́ться[1(特)]「暮らせる」, спа́ться[2]「眠れる」, ду́маться[1]「思われる」, хоте́ться[(不規則)]「〜したい」など。

　　Вчера́ мне ка́к-то пло́хо спало́сь.　昨日はどういうわけか私はよく眠れなかった。

　　Хо́чется есть.　お腹がすいた。(何か食べたい。)

6. その他

1～4 の動詞は、他動詞に ся のついたものであり、5 は自動詞に ся のついたものであったが、ся のついた形のみの動詞もある。

боя́ться² 不完 「恐れる」、улыба́ться¹ 不完, улыбну́ться¹⁽特⁾ 完 「微笑む」、ложи́ться² 不完 （完了体は лечь¹⁽特⁾）「横たわる」、станови́ться²＊（完了体は стать¹⁽特⁾）「～になる」など。

Обы́чно оте́ц ложи́тся спать ра́но, а вчера́ лёг по́здно.　父は普段は早く就寝するが、昨日寝たのは遅かった。　　＊спать² 不完 眠る

❸ 物主形容詞 (-ин 型)

第 28 課で -ий 型の物主形容詞について学んだが、人間を示す -a, -я に終わる名詞の物主形容詞は -ин 型となる。人間を示す -a, -я に終わる名詞の -a, -я を取り、代わりに -ин をつけて作る。「その人の」という意味を表す物主形容詞となり、主に会話体で用いられる。

па́па → па́пин 「パパの」、ба́бушка → ба́бушкин 「おばあさんの」、Са́ша → Са́шин 「サーシャの」、А́ня → А́нин 「アーニャの」

格変化は次の表の通り。男性と複数の対格形は、関わる名詞が不活動体なら主格形と、活動体なら生格形と同形になる。

	男性	中性	女性	複数
主	па́пин	па́пино	па́пина	па́пины
生	па́пиного		па́пиной	па́пиных
与	па́пиному		па́пиной	па́пиным
対	主 / 生	па́пино	па́пину	主 / 生
造	па́пиным		па́пиной	па́пиными
前	па́пином		па́пиной	па́пиных

Где ба́бушкины очки́?　おばあさんの眼鏡はどこ？
Ты зна́ешь А́ниного па́пу?　アーニャのパパを知っているかい？

❹ что の用法のまとめ

что は、疑問文の文頭に置かれ、疑問詞として使われるほかにも、さまざまな用法がある。

第 30 課

1. 接続詞として

「〜ということ」の意味で英語の that のように、伝達・思考・知覚を表す動詞や述語的形容詞などとともに使われる。この場合、что にアクセントは置かれない。

　Он сказа́л, что его́ оте́ц полети́т в Москву́.　彼は、父親がモスクワへ行くのだと言った。

　Стра́нно, что она́ пло́хо говори́т по-япо́нски, ведь она́ жила́ в То́кио пять лет.　彼女が日本語をよく話せないのは不思議だ。何しろ東京に5年間も住んでいたのだから。　＊ведь 何しろ（だって）〜だから

2. 疑問詞の意味を残したもの

従属節を主節につなぐ点は1に似ているが、疑問詞の意味を残している。下記の1つ目の例文では、Что он пи́шет? という疑問文をそのまま従属節にしたものであり、что の上にアクセントが置かれる。(cf の例文では что にアクセントは置かれない。)

　Я зна́ю, что́ он пи́шет.　私は彼が何を書いているか、知っている。

　Лёля была́ чрезвыча́йно заинтересо́вана, что́ произойдёт да́льше.　リョーリャは、この先何が起きるのか、大いに関心があった。

　(cf. Я зна́ю, что он пи́шет.　私は彼が書いているということを知っている。)

3. 関係代名詞として

① то, всё などの先行詞を受ける関係代名詞として使われる。従属節の中での役割に応じて、что は格変化する。

　Она́ была́ о́чень заинтересо́вана тем, что он рассказа́л.　彼女は彼が話したことに大いに関心をもった。

　Э́то не то, чего́ я ожида́ла.　これは私が予期していたことではない。
　　　　　　　　　　＊ожида́ть 不完（＋生格）〜を予期する

② 先行文全体を受ける関係詞として使われる。

　У́тром она́ вста́ла по́здно, что бы́ло необы́чно.　朝、彼女は遅く起きたが、そんなことはいつにないことであった。　＊необы́чный 異例の

227

5 部分生格

飲食、授受などの動詞の補語として、ある分量、全体ではなくある部分が念頭にある場合は、数量を表す語がなくても名詞は生格形をとる。生格のこの用法を部分生格という。この場合、動詞は通常、完了体を使う。

> ＊数量生格　数詞および мно́го, ма́ло などの数量代名詞とともに使われる名詞が生格になることを「数量生格」と呼ぶ（p. 99 参照）。

За обе́дом он вы́пил вина́.　彼は夕食のときワインを飲んだ。

Да́йте, пожа́луйста, воды́.　お水をください。

♦男性名詞には、数量生格、部分生格などでは、生格形が -а, -я, の語尾ではなく -у, -ю になるものがある。

Я съел хле́ба и **сы́ру**.　私はパンとチーズを食べた。

Они́ могли́ бы и **дёгтю** влить.　あの子たちはタールを入れることだってできたかもしれない。

♦ただし「〜の」の意味の生格や、数量生格や部分生格でも定語がつく場合は、-а, -я の語尾となる。

Он хорошо́ зна́ет вкус сы́ра.　彼はチーズの味を知っている。

Я съе́ла францу́зкого сы́ра.　私はフランスのチーズを食べた。

6 смотре́ть кому́ во что 型の表現

テクストの中に次のような文がある。

Я стал смотре́ть в рот па́пиному нача́льнику.

「私はパパの上司の口元をじっとみつめ始めた」という意味であるが、「パパの上司の」という部分が生格ではなく与格になっている。このようになんらかの行為を誰かの体の一部に及ぼす場合、「誰か（人）」に相当する部分が与格になり、具体的な「体の部分」についてはこの例文のように「в＋対格」、あるいは「対格」などになる。

Медсестра́ нама́зала ма́зью ру́ку больно́му.　看護師は、病人の手に軟膏を塗った。

> ＊медсестра́ 看護師　　нама́зать[1](特) 完 塗る　　мазь 女 軟膏

♦なお、「〜の方を見る」は смотре́ть（на＋対格）であるが、「一点を凝視する」場合は、смотре́ть（в＋対格）となる。

7 пока と пока не の用法

пока は「当分」を意味する副詞のほかに従属節を導く接続詞として使われる。使われる動詞の体や肯定と否定で意味が変わるので注意が必要である。

1. пока

① 「～している間に、～する」主節と従属節の同時性を表す。従属節の動詞は不完了体、主節の動詞は両方の体が使われる。

 Здесь Михаил встречал восход солнца, пока в доме все ещё спали. 家では皆がまだ眠っている間に、ここでミハイルは日の出を迎えていた。

 Пока мать готовила ужин, я прочитал журнал. 母が夕食の準備をしている間に、私は雑誌を読み終えた。

② 「～した時には、～してしまっている」主節の動作が先行することを表す。主節、従属節ともに動詞は完了体。

 Я измучился, пока добрался до твоего дома. 僕は、君の家にたどり着くまでに疲れきってしまった。

  ＊измучиться[2] 完 へとへとになる　добраться[1] (特) 完 やっとたどり着く

2. пока не

「～するまで～している」。主節の中の動作が、従属節の中の動作の実行によって中断か停止されることを示す。ふつう主節の動詞は不完了体で、従属節の動詞は完了体。

 Я буду заниматься, пока он не придёт. 私は、彼が来るまで勉強しています。

 Он читал, пока не заснул. 彼は、眠りに落ちるまで本を読んでいた。

  ＊заснуть[1] (特) 完 寝入る

◆上記のことでも、繰り返しとなれば、従属節の動詞も不完了体になる。

 Он обычно читал, пока не засыпал. 彼はたいてい眠りに落ちるまで本を読んでいた。

  ＊засыпать[1] 不完 寝入る

8 手紙などでの呼びかけ

テクストの中で уважаемые дети という呼びかけがある。これは、子

供向けに書かれた小説なので、読者の子供たちに呼びかけているのだが、уважáемый「尊敬すべき」という形容詞は、元来уважáть 不完「尊敬する」という動詞から派生した被動形動詞現在形で「尊敬されるところの」という意味であり、手紙の冒頭などで、相手に対する最初の呼びかけとして最も標準的な丁寧なものである。さらに丁寧な言い方としてはглубокоуважáемый「深く尊敬する」, многоуважáемый「大いに尊敬する」などがあり、より親しみをこめた言い方にはдорогóй「親愛なる」, мúлый「愛しい」などがある。

  Уважáемая Марúя Фёдоровна! 尊敬するマリヤ・フョードロヴナ！
  Дорогóй Мúша! 親愛なるミーシャ！

練習問題

1　次の文中の（　）内の動詞を指示された形に変えなさい。また全文を日本語に訳しなさい。

1. Где вы（есть「食べる」現在）？ — Обы́чно мы（есть 現在）до́ма, а иногда́ хо́дим в рестора́н.
2. Тетра́ди ученико́в（проверя́ться 現在）учи́телем.
 ＊тетра́дь 女 ノート　учени́к 生徒　учи́тель 男 先生
3. Роди́тели（удиви́ться 過去）и（обра́доваться 過去）неожи́данному возвраще́нию сы́на с фро́нта. ＊удиви́ться, обра́доваться の補語は与格。
 ＊неожи́данный 思いがけない　возвраще́ние 帰還　фронт 前線
4. Как я рад тебя́ ви́деть! — сказа́л Фёдор,（целова́ться 副動詞）с бра́том и кре́пко пожима́я ему́ ру́ку.
 ＊кре́пко しっかりと、きつく　пожима́ть¹ 不完 握り締める
5. Хорошо́ нам（жи́ться 過去）в То́кио.
6. Чем по́зже, тем холодне́е（станови́ться 過去）.

2　次の日本語をロシア語に訳しなさい。
1. モスクワで私はサーシャの両親と知り合いになった。（物主形容詞を使うこと。）
2. 母親は息子がモスクワ大学に入学したことに満足している。
 ＊満足している дово́лен　入学する поступи́ть²＊完
3. 時々彼女は思っていないことを言う。
4. アンナは5年前に起こったことを思い出した。 ＊〜前に наза́д

5. 店で私たちは魚と野菜を買った。　＊買う купи́ть² ⃞完　魚 ры́ба　野菜 о́вощи
6. 私たちは、オペラが始まるまで、劇場のビュッフェで夕食を取っていた。

　　　　　　　　　　　　　＊劇場のビュッフェ театра́льный буфе́т

3　次のロシア語の年賀状を日本語に訳しなさい。

Глубокоуважа́емый Михаи́л Серге́евич!

　Поздравля́ю Вас с Но́вым го́дом!

　Жела́ю Вам большо́го сча́стья, кре́пкого здоро́вья и успе́хов в рабо́те.

　　　　　　　　　　　　　С уваже́нием,

　　　　　　　　　　　　　　　　Татья́на

＊поздравля́ть¹ ⃞不完 (＋対格 A, с＋造格 B) A に B を祝う
＊手紙では相手への敬意をこめて Вы や Ваш の頭文字 в を大文字で書くことが多い。
＊Но́вый год 新年（単に新しい年という意味ではなく「新年」の場合は н は大文字で書く。）
＊С Но́вым го́дом! С днём рожде́ния!（誕生日おめでとう！）など、動詞 поздравля́ть は省かれ、с＋造格だけが使われることも多い。
＊жела́ть ⃞不完 (＋与格 A, 生格 B) A に B を祈る
＊сча́стье 幸福　кре́пкий 頑丈な、強い　здоро́вье 健康　успе́х 成功
＊с уваже́нием（尊敬をこめて）敬具

練習問題解答

第1課

1
1. これは家です。
2. これはジュースで、これはスープです。
3. これはママとパパです。
4. これはイワンで、これはアンナです。
5. アンナはあちらで、イワンは家にいます。

2
1. これは銀行ですか？ はい、これは銀行です。
2. これはママですか？ はい、これはママです。
3. これは犬ですか？ はい、これは犬です。

第2課

1
1. 彼は学生ですか？ はい、彼は学生です。
2. これは誰ですか？ これはアンナです。
3. 彼女はどんな人ですか？ 彼女は女子学生です。
4. パパはどこ？ ほら、ここです。
5. ママはどこ？ ほら、ここです。

2
1. Теа́тр спра́ва, а банк сле́ва.
2. Э́то суп? — Нет, э́то не суп, а сок.
3. Э́то банк? — Нет, э́то не банк, а музе́й.

第3課

1
1. Э́то ва́ше письмо́? — Да, э́то моё письмо́.
2. Э́то ва́ша мать? — Да, э́то моя́ мать.
3. Э́то ва́ша сестра́? — Да, э́то моя́ сестра́.
4. Э́то ваш па́па? — Да, э́то мой па́па.
5. Э́то ваш брат? — Да, э́то мой брат.
6. Э́то ва́ша жена́? — Да, э́то моя́ жена́.

7. Это ваш словарь? — Да, это мой словарь.

8. Это ваше пальто? — Да, это моё пальто.

2

1. Где море? — Вот оно.
2. — Где ваш брат?
   — Вот он.
   — А ваша сестра?
   — Вот она.
3. Где ваша собака? — Вот она.
   Где ваш дом? — Вот он.
   Где моё письмо? — Вот оно.

第 4 課

1

1. Я врач. Он тоже врач. Мы врачи.
2. Где вы? — Мы дома.
3. Вы журналист? — Нет, я не журналист, а писатель.

2

1. — Это ваши студенты?
   — Да, это мои студенты.
2. — Это ваши машины?
   — Да, это мои машины.
3. — Это ваши письма?
   — Да, это мои письма.
4. — Это ваши карандаши?
   — Да, это мои карандаши.
5. — Это ваши фотографии?
   — Да, это мои фотографии.
6. — Это ваши словари?
   — Да, это мои словари.

第 5 課

1

1. Это письмо ваше.　この手紙はあなたのものです。

2. Э́тот музе́й наш.　この美術館は私たちのものです。
3. Э́ти кни́ги твои́?　これらの本は君のものですか？
4. Э́та фотогра́фия её.　この写真は彼女のものです。
5. Э́то пальто́ моё.　このコートは私のものです。

2

1. Э́ти си́ние брю́ки краси́вые.　この青いズボンはきれいです。
2. Э́то на́ше молодо́е де́рево.　これは私たちの若木です。
3. Моё бе́лое пальто́ о́чень краси́вое.　私の白いコートはたいへんきれいです。
4. Ва́ша сестра́ краси́вая.　あなたのお姉さんは美人です。
5. Э́то её си́няя су́мка.　これは彼女の青いバッグです。
6. Э́ти врачи́ молоды́е.　これらの医者は若いです。
7. Э́та карти́на краси́вая.　この絵は美しいです。

第6課

1

1. Э́то больша́я су́мка.　これは大きなバッグです。
2. Э́то хоро́шее ме́сто.　これは良い場所です。
3. Э́то япо́нские студе́нты.　これは日本の学生たちです。
4. Э́то большо́е зда́ние.　これは大きな建物です。
5. Э́то но́вый музе́й.　これは新しい美術館です。
6. Сего́дня хоро́шая пого́да.　今日は良いお天気です。
7. Я изуча́ю англи́йский язы́к.　私は英語を学んでいます。
8. Э́то большо́е де́рево.　これは大きな木です。

2

1. Что ты де́лаешь? — Я слу́шаю ра́дио.　「君は何をしているの？」「私はラジオを聴いているわ」
2. Она́ чита́ет письмо́.　彼女は手紙を読んでいます。
3. Что вы де́лаете? — Мы чита́ем журна́лы.　「あなたたちは何をしているのですか？」「私たちは雑誌を読んでいます」
4. Я не зна́ю, что А́нна де́лает.　私は、アンナが何をしているか知りません。
5. Вы говори́те по-ру́сски? — Да, я немно́го говорю́.　「あなたはロシア語が話せますか？」「はい、少し話せます」

6. А ва́ша сестра́ то́же говори́т по-ру́сски? — Нет, она́ не говори́т по-ру́сски, но она́ хорошо́ говори́т по-англи́йски. 「あなたの妹もロシア語が話せますか？」「いいえ、彼女はロシア語は話せませんが、英語がよく話せます」
7. Как вы говори́те по-япо́нски? — Мы говори́м по-япо́нски уже́ хорошо́. 「あなた方はどのくらい日本語が話せますか？」「私たちはすでによく日本語が話せます」

3
1. Э́тот америка́нский бизнесме́н уже́ хорошо́ говори́т по-ру́сски.
2. Каки́е краси́вые э́ти япо́нские карти́ны!

第7課
1
1. в хоро́шем рестора́не　彼らは良いレストランで昼食をとっている。
2. в краси́вом па́рке　私たちは美しい公園で散歩している。
3. в Большо́м теа́тре　今日、マーシャはボリショイ劇場に行っています。
4. в де́тском саду́　私の姉（妹）は幼稚園で働いています。
5. В журна́ле　雑誌には良い記事が載っています。
6. на Кра́сной пло́щади　ミーシャとカーチャは赤の広場にいます。
7. на мо́ре　私の両親は海辺で休養しています。

2
1. Они́ живу́т в но́вом до́ме.　彼らは新しい家に住んでいる。
2. — Где вы живёте?　あなた方はどこに住んでいるのですか？
— Мы живём в Москве́, на Лесно́й у́лице.　私たちはモスクワのレスナヤ通りに住んでいます。

3
1. Мы говори́м о молодо́м писа́теле.
2. Кни́ги на но́вом столе́.
3. Их дом в хоро́шем ме́сте.

第8課
1
1. Э́то кни́га япо́нского студе́нта.　これは日本人学生の本です。
2. Э́то фотогра́фия краси́вой балери́ны.　これは美しいバレリーナの写

真です。
3. Э́то брю́ки высо́кого челове́ка.　これは背の高い人のズボンです。
4. Э́то слова́рь америка́нской студе́нтки.　これはアメリカ人女子学生の辞書です。
5. Э́то зда́ние Большо́го теа́тра.　これはボリショイ劇場の建物です。

2
1. вас　あなたはご両親がいますか？
2. него́　彼は新しい雑誌を持っている。
3. меня́　私は有名な日本の作家の本を持っている。
4. нас　私たちの町には新しい美術館がある。
5. неё　彼女の眼は大きい。

3
1. Нет, у него́ нет бра́та.　「イワンは兄弟がいますか？」「いいえ、彼は兄弟がいません」
2. Нет, у него́ нет ко́шки.　「彼は猫を持っていますか？」「いいえ、彼は猫を持っていません」
3. Нет, у меня́ нет вре́мени.　「あなたは時間がありますか？」「いいえ、私は時間がありません」
4. Нет, у меня́ нет си́ней руба́шки.　「君は青いシャツを持っている？」「いや、僕は青いシャツは持っていない」
5. Нет, у него́ нет но́вого журна́ла.　「アリョーシャは新しい雑誌を持っていますか？」「いいえ、彼は新しい雑誌を持っていません」
6. Нет, у неё нет хоро́шего дру́га.　「レーナには良い友達がいますか？」「いいえ、彼女には良い友達がいません」

4
1. У меня́ нет сестры́, но у меня́ есть брат.
2. У изве́стного писа́теля больша́я кварти́ра.

第9課

1
1. но́вую кни́гу　彼女は新しい本を読んでいる。
2. хоро́шую но́вость　あなたは良いニュースを知っていますか？
3. америка́нского бизнесме́на　私たちはアメリカのビジネスマンを知っている。

4. вас　私はあなたのことがよくわかります。
5. но́вый журна́л　君は新しい雑誌を読んでいるの？
6. сего́дняшнюю газе́ту　パパは今日の新聞を読んでいる。

2
1. хо́чет　私の兄は青い車を欲しがっている。
2. хо́чет　私の妻は大きい家を欲しがっている。
3. хотя́т　彼らは新しいテレビを欲しがっている。
4. хоти́м　私たちは良い本が欲しい。
5. хоти́те, хочу́　「あなたはコーヒーが欲しいですか？」「ええ、私はコーヒーが欲しいです」

3
1. Все студе́нты хотя́т изуча́ть англи́йский язы́к.
2. Как её зову́т? — Её зову́т Еле́на.
3. Мы реша́ем фина́нсовую пробле́му.
4. Вы зна́ете но́вого япо́нского студе́нта?

第10課

1
1. чита́ла　彼女はロシア（語）の本を読んでいた。
2. зна́ли　あなたは良いニュースを知っていましたか？
3. хоте́л　パパは新しい車が欲しかった。
4. говори́ла　彼の妻は日本語を話した。
5. зна́ли　彼の兄（弟）は町でよく知られていた。
6. не́ было　彼女には姉妹はいなかった。
7. была́　私たちは良いアパートを持っていた。

2
1. занима́етесь, занима́емся　「あなた方は家で勉強するのですか？」「いいえ、私たちは大学で勉強します」
2. открыва́ется　ドアが開く（あく）。
3. стро́ится　ここに新しい病院が建築中です。
4. стро́ятся　大きなオリンピックのスタジアムがいくつも建築中です。

3
1. занима́лись, занима́лись
2. открыва́лась

3. стро́илась

4. стро́ились

4

1. У меня́ боли́т голова́.

2. Вы бы́ли в Петербу́рге? — Нет, я не́ был (не была́) в Петербу́рге.

5

「ママ、ママはどこで生まれたの？」

「モスクワよ」

「パパはどこで生まれたの？」

「ヴォルゴグラードよ」

「僕は？」

「おまえはペテルブルグで生まれたのよ」

「ぼくたち皆、一体どうして出会えたんだろう？」

第11課

1

1. бу́дет　金曜日に彼女は美術館に行きます。
2. бу́дем　火曜日は、私たちは1日中家で勉強します。
3. бу́дете, бу́ду　「あなたはいつモスクワに行くのですか？」「私は夏にモスクワに行きます」
4. бу́дет　水曜日にロシアのピアニストのコンサートがあります。
5. бу́дет　土曜日に私たちの家族はレストランで昼食をとる予定です。

2

я сове́тую, ты сове́туешь, он сове́тует, мы сове́туем, вы сове́туете, они́ сове́туют

3

1. Он мо́жет игра́ть в те́ннис? — Ра́ньше мог, но тепе́рь не мо́жет. У него́ боли́т рука́.
2. Мой брат всё вре́мя рабо́тает.

第12課

1

1. америка́нскому журнали́сту　ナターシャはアメリカ人のジャーナリストに電話をかけている。

2. мне　イワンは私に本を返すのを忘れている。
3. изве́стной балери́не　ニコライは有名なバレリーナに花をプレゼントした。
4. япо́нской подру́ге　明日アンナは日本人の女友達に手紙を書きます。
5. вну́ку, вну́чке　おばあさんは孫息子と孫娘に本を読んでやっている。
6. нам　セルゲイは私たちに本を貸してくれない。

2
1. я встаю́, ты встаёшь, он встаёт, мы встаём, вы встаёте, они́ встаю́т
2. я сплю́, ты спишь, он спит, мы спим, вы спи́те, они́ спят

3
1. Наве́рное, у неё ко мне про́сьба.
2. Вас приглаша́ют к подру́ге?
3. Муж хо́чет купи́ть жене́ на день рожде́ния си́нее пальто́.

第13課

1
1. медици́нской сестро́й, де́тским врачо́м　私の女友達は看護婦でしたが、もうじき小児科医になります。
2. интересу́ется фотогра́фией　彼の兄（弟）は写真に興味をもっている。
3. занима́ется англи́йским языко́м　イワンは英語を学んでいる。
4. Чем, пи́шешь, пишу́ карандашо́м　「君は何で書いているの？」「僕は鉛筆で書いている」
5. хочу́, молоко́м　私はミルクティーが飲みたい。
6. краси́вой подру́гой　アリョーシャは劇場に美人のガールフレンドと一緒に行く。

2
1. Мы ждём, когда́ Алёша бу́дет взро́слым.
2. Он зна́ет, что мы изуча́ем ру́сский язы́к.
3. Мы познако́мились с ру́сским студе́нтом. Мы хоти́м посмотре́ть с ним но́вый фильм.

第14課

1
1. Во вто́рник мы ходи́ли в Большо́й теа́тр.　火曜日に私たちはボリ

ショイ劇場に行った。
2. Зáвтра я идý с Мúшей на концéрт.　明日私はミーシャとコンサートに行く。
3. В суббóту Мáша ходúла к бáбушке.　土曜日にマーシャはおばあさんのところへ行った。
4. В пя́тницу Вáня и Лю́да идýт в Эрмитáж.　金曜日にワーニャとリューダはエルミタージュに行く。

2
1. шли, ýлице, шкóлу　子供たちは通りを歩いて学校へ行くところだった。
2. éдем, центр, автóбусе　私たちは町の中心にバスで向かっている。
3. éдешь, éду, éздишь　「君はどこへ行くところ？」「僕は京都へ行くところだ」「京都にはよくいくの？」「ああ、毎年ね」

3
1. Вчерá мы ходúли по пáрку.
2. В воскресéнье онú éздили на дáчу на электрúчке.
3. Кáждое лéто я éзжу на юг отдыхáть.

4
あるとき2人の老婆が列車に乗っていた。「あなたはどこへ行くんですか？」1人の老婆が尋ねる。「モスクワですよ」　もう1人が答える。「私はペテルブルグですよ」「あらまあ、今の技術は大したもんですね！　同じ列車に乗っているのに、別々の方向へ行けるなんて」

第15課

1
1. читáла, прочитáла　彼女は長い間本を読んでいたが、それを読み終えなかった。
2. звонúт　毎晩アンナはイワンに電話をかける。
3. опáздывает, опоздáл　サーシャはよく授業に遅れる。昨日もまた彼は遅刻した。
4. взял, посмотрéл　彼は辞書を取ると、知らない単語を調べた（見た）。
5. готóвила, писáла　ママが夕食の準備をしていたとき、レーナは友人に手紙を書いていた。
6. изучáть　私たちはロシア語を学び始めた。

2
1. прочитáет, даст　アリョーシャは本を読んだら、それを兄（弟）に貸す。
2. начнёте, начнём　「あなた方はいつ日本語の勉強を始めるのですか？」「私たちは日本語の勉強を春に始めます」
3. дашь, дам　「君、いつ僕に車を貸してくれるんだい？」「すぐに貸してあげるよ」

第16課
1
1. Говори́те　ロシア語で話してください。
2. Пиши́те　私にもっと頻繁に手紙を書いてください。
3. Да́йте　私に辞書を貸してください。
4. Познако́мьтесь　どうぞよろしく（知り合いになってください）。これは私の妻です。
6. Отве́тьте　私の質問に答えてください。
7. Сади́тесь　どうぞおかけください。
8. Извини́те　すみません。私はまた遅れてしまって。

2
1. Открыва́йте　毎朝窓を開けてください。
2. Расскажи́те　あなたのお国について私たちに話してください。
3. говори́те　あなたの友達に私の電話番号を言わないでください。
4. Скажи́те　伺いますが、あなたはどこに住んでいるのですか？
5. забу́дьте　明日、試験があることを忘れないください。
6. Да́йте　私にこの町の地図をください。

3
1. Я прочита́л(а) э́ту кни́гу, но сейча́с у меня́ её нет, потому́ что я брал(а́) её у дру́га.
2. У меня́ есть э́та кни́га, но сейча́с я не могу́ дать её вам, потому́ что мой друг взял её.

4
「お願いだから、ショーウィンドーの前でいちいち立ち止まらないでくれないか」　夫が怒って言った。
「あなた、時間がないなら、私たち、ちょっとだけお店に入ってもいいのよ」

妻が提案する。

第17課

1

1. бóлен, здорóва 彼の父親は病気だが、母親は元気だ。
2. свобóдно, зáнято 「この席は空いていますか？」「いいえ、ふさがっています」
3. свобóден, свобóден 「明日彼は暇ですか？」「ええ、彼は暇です」
4. нýжно, нýжен 「あなたは何が必要なのですか？」「私は傘が要ります」

2

1. Вчерá бы́ло теплó.
2. Мне интерéсно читáть рýсскую литератýру.
3. Мóжно нам садúться?
4. Э́тот текст нельзя́ поня́ть без словаря́.

3

1. студéнтов 部屋の中には大勢の学生たちがいた。
2. молокá 彼女はミルクを少し飲んだ。
3. экзáменов, три экзáмена 「あなたはいくつ試験がありますか？」「私は3つの試験があります」
4. машúн, две машúны 「あなたの兄（弟）は何台の車を持っていますか？」「彼は2台の車を持っています」
5. двенáдцать часóв, семнáдцать минýт 今は12時17分です。

第18課

1

1. часóв, вóсемь часóв 「あなたは何時間眠りますか？」「私は8時間眠ります」
2. лет вáшему отцý, Емý пятьдеся́т четы́ре гóда 「あなたのお父さんは何歳ですか？」「彼は54歳です」
3. шестнáдцать студéнтов, двáдцать две студéнтки 私たちのクラスには16人の男子学生と22人の女子学生がいます。
4. семь часóв сóрок минýт 毎朝私は7時40分に起きます。
5. тридцáтого áвгуста ты́сяча девятьсóт девянóсто пя́того гóда 彼は1995年8月30日に生まれた。

6. двадца́том ве́ке, два́дцать пе́рвом ве́ке　私たちは20世紀ではなく21世紀に生きている。
7. ты́сяча восемьсо́т три́дцать седьмо́м году́　プーシキンは1837年に亡くなった。
8. восемна́дцатом этаже́　彼らは18階に住んでいる。

2

ニーナ（スチュアーデス）：何時？
ボーイフレンド：今11時半だよ。君、まだ時間はあるの？
ニ：たった1時間だけね。2時には、私、空港に行っていなければならないの。飛行機の便は4時で、夜中の12時には私はもうハバロフスクよ。
ボ：で、モスクワにはいつ戻るの？
ニ：明後日の午後1時よ。
ボ：空港で待っているよ。
ニ：ありがとう。

第19課

1

1. на́шим знако́мым писа́телям　「あなた方は誰に手紙を書いているのですか？」「私たちは私たちの知り合いの作家たちに手紙を書いています」
2. краси́вых ру́сских балери́н　「彼は誰が好きですか？」「彼は美しいロシアのバレリーナたちが好きです」
3. япо́нскими подру́гами　「アンナは誰とトランプをしていますか？」「彼女は日本人の女友達とトランプをしています」
4. хоро́ших музе́ев и теа́тров　この町には多くの良い美術館や劇場がある。
5. сестёр, сестёр　「誰の姉妹たちをあなたはよく知っているのですか？」「私は、私の友達の姉妹たちをよく知っています」

2

1. ме́сяцев　彼の娘は8か月です。
2. дней　彼がモスクワにいたのはたった5日間です。
3. авто́бусов, маши́н и трамва́ев　モスクワの通りには多くのバス、車、路面電車がある。
4. изве́стных писа́телей и враче́й　パーティには多くの有名な作家や医

者がいた。
   5. япо́нцев　ロシアには何人の日本人が住んでいますか？

3
1. В конце́ двадца́того ве́ка во мно́гих стра́нах ми́ра бы́ли во́йны.
2. У мое́й сестры́ мно́го ма́леньких ку́кол.
3. В Япо́нии не́сколько традицио́нных пра́здников.

第20課

1
1. кото́рые　イワンはモスクワに住んでいるあなたの友人たちをよく知っています。
2. кото́рая　ニコライの隣に座っている女子学生は、私たちの大学で学んでいます。
3. кото́ром　私たちはあなたがそれについてたくさん話してくれた映画を見たいと思います。
4. кото́рым　君が土曜日に一緒にコンサートに行った少年はどこで学んでいるの？
5. кото́рых　私はあなたに、今日は家にいないあなたの兄弟について尋ねたい。
6. кото́рого　私がその人の新しい長編小説を気に入った作家が、ノーベル賞を受賞した。

2
1. Те, кто
2. Все, кто
3. то, чём
4. всём, что
5. том, что

3
1. Она́ е́дет в го́род, отку́да мы прие́хали.　彼女は私たちがそこからやって来た町に行こうとしている。
2. Мы посети́ли университе́т, где у́чится мно́го япо́нских студе́нтов.　日本人学生がたくさん学んでいる大学を私たちは訪問した。
3. Он хо́дит на заня́тия по эконо́мике, куда́ сове́товали ему́ пойти́

друзья́.　彼は、友人たちが行くように勧めた経済学の授業に通っている。

第21課

1

1. ста́рше　イワンは妻より４歳年上だ。
2. трудне́е　私にとって数学は物理学より難しい。
3. лу́чше　彼女はロシア語を他の学生たちよりよく知っている。
4. вы́ше　今日彼は昨日よりも熱が高い。
5. интере́снее　映画は私たちが思っていたより面白かった。
6. ра́ньше　毎朝私はあなたより早く起きる。
7. бли́же, бо́льше　僕は彼女を身近に知れば知るほど、彼女のことがいっそう好きになった。
8. ме́ньше　地球は太陽よりも小さい。

2

1. За́втра бу́дет бо́лее интере́сная ле́кция.
2. Байка́л — са́мое глубо́кое о́зеро в ми́ре.
3. Они́ живу́т в са́мом большо́м до́ме в э́том го́роде.
4. В То́кио зимо́й тепле́е, чем в Москве́ весно́й.
5. Э́та матрёшка понра́вилась мне бо́льше той.

3

僕は日本料理について知れば知るほど、僕にとってロシア料理の歴史は興味深いものになる。ロシア料理には（日本料理に）負けないほどの秘訣があるのだ。一番重要な秘訣、それはパンだ。今に至るまでこんなふうに言われているのだから。「パンがあれば食卓は王座。パンが一切れも無ければ食卓はただの板切れ」

第22課

1

1. бежи́т　私が犬を呼ぶと、犬はすぐさま私の方に駆けて来る。
2. лета́ют　たいていこの航空会社の飛行機はアジアからヨーロッパに飛んでいる。
3. пла́вают, плыву́т　イルカはいつも泳ぎ方がきれいだ。見てごらんなさい、ほら私たちの方に泳いできます。

4. хо́дит, но́сит　アリョーシャはまだ本当に小さいので歩けません。それで母親がいつも両手に抱いて移動します。
5. ведёт　ほらアーニャが歩いていく。彼女は犬を散歩させているのだ。
6. лета́л　8月に、いつものようにニコライは休養のためギリシャに（飛行機で）行ってきた。
7. везла́　彼らのそばを救急車が素早く通り過ぎた。救急車は病人を病院へ運んでいたのだ。
8. вёл　ガイドは道をよく知っていたので、さっさと歩き、自信満々で我々を案内していた。

2

1. подходи́л　私たちが食事をしているとき、何度かウェーターがテーブルにやって来た。
2. внёс　食事の最後にホールにコックが入ってくると、大きなケーキを持ってきた。
3. отвезли́　夏が来るやいなや、子供たちは別荘に連れて行かれた。
4. перешли́　車が止まってくれたので、我々は落ち着いて通りを渡った。
5. обошёл　運転手は自分の車の周りをぐるりと回って、万事順調で問題ないことを見た。
6. выбега́ют　毎晩父親が家に帰ると、父親のもとへ部屋の中から子供たちが駆け出す。
7. улета́ют, прилета́ют　毎年秋には鳥たちは南に飛び去り、春には再び私たちのところに飛んで来る。
8. доезжа́ю　たいてい私は大学まで地下鉄で1時間で着く。

3

1. Он вы́шел из магази́на, сел на маши́ну и пое́хал в университе́т.
2. Так как идёт снег, я не хочу́ выходи́ть на у́лицу.
3. Э́то кни́га, кото́рую он неда́вно перевёл с ру́сского языка́ на япо́нский.

第23課

1

1. Е́сли бы у него́ бы́ли де́ньги, он сра́зу дал бы их бе́дным де́тям.
もし彼にお金があるなら、すぐに可哀相な子たちにそれをやってしまうだろう。

2. Éсли бы мой друг помо́г, я смог бы реши́ть э́ти зада́чи.　もし私の友人が助けてくれたら、私はこれらの問題を解決できるのだが。
  3. Éсли бы он был свобо́ден вчера́, он был бы в гостя́х у дру́га.　もし昨日、彼が暇だったら、友人のところに遊びに行ったのだが。

2
  1. что　今日私は、イワンがモスクワ大学に入学したことを知った。
  2. что́бы　母親は息子がモスクワ大学に入学することを望んでいる。
  3. что　私は、彼がいつも約束を遂行することが気に入っている。
  4. что́бы　彼が常に約束を遂行することが望ましい。
  5. что́бы　私はこの本を友人に送るために買いたい。

3
  1. никогда́
  2. никого́
  3. нигде́, никако́го
  4. не́где
  5. не́, кого

4
  1. Я пое́хал(а) бы в Росси́ю с детьми́. (Мне хоте́лось бы пое́хать в Росси́ю с детьми́.)
  2. Приходи́те к нам за́втра пора́ньше.
  3. Я поговори́л(а) с дру́гом в кафе́ и пото́м пое́хал(а) вме́сте с ним в музе́й на метро́.

第24課

1
  1. даст до́чери　父親は娘に日本のお土産を与える。
  2. ма́терью　マーシャはコンサートに母親と一緒に行った。
  3. сде́лают, умрёт　もし彼が手術を受けないなら、彼は死んでしまう。
  4. легла́　昨日彼女が寝たのはたいそう遅かった。
  5. умерла́　母は75歳の時、亡くなった。

2
  1. са́мым　バスは劇場の真ん前に止まった。
  2. самого́　私たちは大統領（社長）自身から許可をもらった。
  3. са́мой　同じ道を通って帰ろう。

4. самý 僕は彼女の母親ではなく、彼女自身に会わなければならない。
5. самогó 彼は自分自身を誰よりも愛している。
6. сáмого 彼は人生の最後の最後までよく働いた。

3
1. -нибýдь 彼は、もし誰かが手伝ってくれるなら、期限内に仕事を終えるだろう。
2. -то 彼は仕事を終えることができなかった。なぜなら、何か邪魔が入ったからだ。
3. -нибýдь 夏に私たちはどこか南の方に出かけます。
4. -то 何かの理由で彼女は昨日はパーティに来なかった。

4
1. Мы говори́ли кóе с кем из студéнтов.
2. Давáйте пойдём (Пойдёмте) в музéй посмотрéть карти́ны Шагáла.
3. Онá вéрит своемý мýжу.

第25課

1
1. Гуля́я 町を散歩しながら、旅行者たちはお土産を買った。
2. Почýвствовав 気分が悪くなって、マーシャは部屋を出た。
3. Заболéв 病気になってしまったので、彼女は家で寝ていなければならなかった。
4. Пропускáя 授業をさぼっていると、あなたは試験に受かりませんよ。

2
1. Тури́сты, приéхавшие в Петербýрг, посети́ли Эрмитáж.　ペテルブルグにやって来た旅行者たちはエルミタージュを訪問した。
2. Я познакóмился с худóжником, написáвшим э́ту карти́ну.　私はこの絵を描いた画家と知り合いになった。
3. Стари́к, продавáвший я́блоки, подошёл ко мне.　リンゴを売っていた老人が私の方に近づいた。
4. На стенé виси́т карти́на, подáренная мне отцóм на день рождéния.　壁には父が私に誕生日にプレゼントしてくれた絵がかかっている。
5. Всем понрáвились поэ́ты, приглашённые нáми на вéчер поэ́зии.

私たちが詩の夕べに招待した詩人たちを皆が好きになった。

6. Я принесла́ зо́нтик, забы́тый ва́ми.　私はあなたが忘れた傘を持ってきました。

3

1. Мы с му́жем должны́ бы́ли ждать сы́на о́коло ча́са.
2. Де́ти не должны́ ложи́ться спать по́здно.
3. Влади́мир не до́лжен проспа́ть, потому́ что он всегда́ ра́но встаёт.

第26課

1

1. Дом, стоя́щий на горе́, хорошо́ ви́ден издалека́.　山の上に立っている家は遠くからよく見える。
2. Мы зна́ем студе́нтку, хорошо́ говоря́щую по-япо́нски.　私たちは日本語をよく話せる女子学生を知っている。
3. Она́ ча́сто звони́т роди́телям, живу́щим в Москве́.　彼女はモスクワに住んでいる両親によく電話する。
4. Идёт выступле́ние журнали́ста, расска́зывающего о свое́й пое́здке в Ира́к.　イラクへの自分の旅行について話すジャーナリストの講演がある。

2

1. Писа́тель хорошо́ зна́ет жизнь, изобража́емую им.　作家は自分が描く生活についてよく知っている。
2. Маши́ны, выпуска́емые заво́дом в Петербу́рге, по́льзуются больши́м спро́сом.　ペテルブルグの工場によって生産されている自動車は大きな需要を得ている。
3. Олимпи́йские и́гры — са́мые интере́сные междунаро́дные спорти́вные соревнова́ния, проводи́мые раз в четы́ре го́да.　オリンピックは、4年に1度行われる最も面白い国際スポーツ競技会である。
4. Вопро́с, иссле́дуемый э́тими хи́миками, име́ет большо́е нау́чное значе́ние.　これらの化学者たちによって研究されている問題は大きな学術的意義を有している。

3

1. В бу́дущем году́ бу́дет откры́та но́вая ста́нция метро́.
2. Э́ти слова́ взя́ты из пе́сни.

3. В романе автором прекрасно изображена жизнь на Кавказе.
4. В тысяча восемьсот восьмидесятом году Достоевским был написан последний роман.
5. Мы с Лёной живём в одном и том же доме.

第27課

1

1. шестидесяти　キャンプで休養している60人のピオネールの子供たち全員のところに、日曜日に両親たちがやって来た。
2. трёх　アンナは日本で過ごした3年間について私たちにたくさん話してくれた。
3. двух　夜中の2時ごろに彼は帰宅した。
4. пяти　10時5分前に彼女は駅に到着した。
5. двухсот четырёх　オリンピックには204か国のスポーツマンが参加した。
6. двадцатью шестью　私は歌舞伎座に26人のロシア人旅行者とともに行った。

2

1. Иван спросил Алёшу, куда он идёт.　イワンはアリョーシャに、どこへ行くのか尋ねた。
2. Павел спросил меня, был ли я вчера в театре.　パーヴェルは私に、昨日劇場に行ったかどうか尋ねた。
3. Светлана написала своим родителям, что она скоро приедет домой.　スヴェトラーナは自分の両親に、もうじき家に帰ると（手紙を）書いた。
4. Она сказала ему, чтобы он вернул ей её книгу.　彼女は彼に、本を返してくれと言った。

3

1. В воскресенье моя жена ходила по магазинам купить подарок для своей подруги.
2. Моя мать любит слушать музыку по радио.
3. Он скучает по дому.
4. Он специалист по русской литературе девятнадцатого века.

4
1. Куда́ вы е́дете? — Я е́ду на Кавка́з к роди́телям.
2. Отку́да она́ прие́хала? — Она́ прие́хала от бра́та из-за грани́цы.
3. Отку́да ве́тер прино́сит за́пах цветка́? — С пустыря́.
4. Где он? — Он сиди́т за столо́м.

第28課

1
1. Что э́то? — Э́то пти́чье гнездо́. 「これは何ですか?」「鳥の巣です」
2. Соба́чий нюх помога́ет в разыска́нии престу́пников.　犬の嗅覚は犯人捜索の役に立つ。
3. Куба́нский каза́чий хор — я́ркий представи́тель куба́нской каза́чьей культу́ры.　クバン地方のコサックの合唱は、クバン地方のコサック文化の顕著な代表である。

2
1. Ни́ны Серге́евны Анто́новой, Влади́миру Петро́вичу Ивано́ву
2. Фёдору Миха́йловичу Достое́вскому, А́нной Григо́рьевной Сни́ткиной

3
1. обо́их города́х　両方の都市にはいくつかの素晴らしい美術館がある。
2. обе́им сторона́м　通りの両側には教会の黄金の丸屋根が見えた。
3. обо́их бра́тьев　彼女は2人の兄弟を両方ともたいそう愛している。
4. обе́ими сёстрами　彼は2人姉妹の両方と一緒に劇場に行った。

4
1. важне́йших　これは一番重要な問題の1つです。
2. ближа́йшая　最寄りの薬局はこの建物の向かい側にあります。
3. умне́йший сильне́йший　彼は最も賢く最も強い人間です。

5
1. Он ещё не зна́ет тру́дности жи́зни.
2. Ку́шайте, пожа́луйста, чем уго́дно: и́ли ви́лкой, и́ли па́лочками, и́ли рука́ми.
3. Он каза́лся о́чень здоро́вым челове́ком, а оказа́лся больны́м.
4. Ка́жется, она́ уже́ верну́лась в Москву́.

第29課
1
1. кем
2. чём
3. когда́
4. кем
5. каки́е

2
1. от　彼は恐怖のあまり心臓が止まりそうになった。
2. из　彼女は謙虚さゆえに自身について何も語らなかった。
3. от　アスファルトは太陽にやかれて熱かった。
4. и́з-за　これは全てあなたの不注意のせいです。
5. от　彼女は驚きのあまり悲鳴をあげた。
6. по (и́з-за)　病気のせいで彼はモスクワへ行くことができなかった。

3
1. Да́йте мне тро́е часо́в.
2. Я рабо́таю за двои́х.
3. За́втра мы с жено́й пойдём в го́сти к Ивано́вым.
4. Вчера́ мы с жено́й бы́ли в гостя́х у Ивано́вых.
5. Пусть де́ти са́ми реша́т э́тот вопро́с.
6. Пусть все́ говоря́т что уго́дно.

第30課
1
1. еди́те, еди́м　「あなたたちはどこで食べているの？」「たいていは家だが、時にはレストランに行きます」
2. проверя́ются　生徒たちのノートは先生によって点検されている。
3. удиви́лись, обра́довались　両親は、息子の前線からの思いがけない帰還に驚き、喜んだ。
4. целу́ясь　「お前に会えて、実に嬉しいよ！」とフョードルは、兄（弟）とキスを交わし合い、彼の手を固く握りしめながら言った。
5. жило́сь　私たちは東京でいい暮らしをしていた。
6. станови́лось　遅くなるほど寒くなっていった。

2

1. В Москве́ я познако́мился (познако́милась) с Са́шиными роди́телями.
2. Мать дово́льна, что сын поступи́л в Моско́вский университе́т.
3. Иногда́ она́ говори́т то, чего́ не ду́мает.
4. А́нна вспо́мнила то, что случи́лось пять лет наза́д.
5. В магази́не мы купи́ли ры́бы и овоще́й.
6. Мы у́жинали в театра́льном буфе́те, пока́ не начала́сь о́пера.

3

深く尊敬するミハイル・セルゲーヴィチ様！
　新年おめでとうございます。
　ご多幸とご健康とお仕事におけるご成功をお祈りいたします。

　　　　　　　　　　　　　　　　　　　　敬具
　　　　　　　　　　　　　　　　　　タチヤーナ

付　表

◼ 名詞の格変化

1. 男性名詞

単数	主	билéт	врач	музéй	писáтель
	生	билéта	врачá	музéя	писáтеля
	与	билéту	врачý	музéю	писáтелю
	対	билéт	врачá	музéй	писáтеля
	造	билéтом	врачóм	музéем	писáтелем
	前	билéте	врачé	музéе	писáтеле
複数	主	билéты	врачи́	музéи	писáтели
	生	билéтов	врачéй	музéев	писáтелей
	与	билéтам	врачáм	музéям	писáтелям
	対	билéты	врачéй	музéи	писáтелей
	造	билéтами	врачáми	музéями	писáтелями
	前	билéтах	врачáх	музéях	писáтелях

2. 中性名詞

単数	主	окнó	мóре	здáние	и́мя
	生	окнá	мóря	здáния	и́мени
	与	окнý	мóрю	здáнию	и́мени
	対	окнó	мóре	здáние	и́мя
	造	окнóм	мóрем	здáнием	и́менем
	前	окнé	мóре	здáнии	и́мени
複数	主	óкна	моря́	здáния	именá
	生	óкон	морéй	здáний	имён
	与	óкнам	моря́м	здáниям	именáм
	対	óкна	моря́	здáния	именá
	造	óкнами	моря́ми	здáниями	именáми
	前	óкнах	моря́х	здáниях	именáх

3. 女性名詞

単数	主	мáма	недéля	истóрия	нóвость
	生	мáмы	недéли	истóрии	нóвости
	与	мáме	недéле	истóрии	нóвости
	対	мáму	недéлю	истóрию	нóвость
	造	мáмой	недéлей	истóрией	нóвостью
	前	мáме	недéле	истóрии	нóвости
複数	主	мáмы	недéли	истóрии	нóвости
	生	мам	недéль	истóрий	новостéй
	与	мáмам	недéлям	истóриям	новостя́м
	対	мам	недéли	истóрии	нóвости
	造	мáмами	недéлями	истóриями	новостя́ми
	前	мáмах	недéлях	истóриях	новостя́х

2 人称代名詞の格変化

主格	生格	与格	対格	造格	前置格
я	меня́	мне	меня́	мной	мне
ты	тебя́	тебé	тебя́	тобóй	тебé
он, онó	егó	емý	егó	им	нём
онá	её	ей	её	ей	ней
мы	нас	нам	нас	нáми	нас
вы	вас	вам	вас	вáми	вас
они́	их	им	их	и́ми	них

3 形容詞の格変化

1. 硬変化 ①

	男性	中性	女性	複数
主	краси́вый	краси́вое	краси́вая	краси́вые
生	краси́вого	краси́вого	краси́вой	краси́вых
与	краси́вому	краси́вому	краси́вой	краси́вым
対	主／生	краси́вое	краси́вую	主／生
造	краси́вым	краси́вым	краси́вой	краси́выми
前	краси́вом	краси́вом	краси́вой	краси́вых

2. 硬変化 ②

	男性	中性	女性	複数
主	молодо́й	молодо́е	молода́я	молоды́е
生	молодо́го	молодо́го	молодо́й	молоды́х
与	молодо́му	молодо́му	молодо́й	молоды́м
対	主／生	молодо́е	молоду́ю	主／生
造	молоды́м	молоды́м	молодо́й	молоды́ми
前	молодо́м	молодо́м	молодо́й	молоды́х

3. 軟変化

	男性	中性	女性	複数
主	си́ний	си́нее	си́няя	си́ние
生	си́него	си́него	си́ней	си́них
与	си́нему	си́нему	си́ней	си́ним
対	主／生	си́нее	си́нюю	主／生
造	си́ним	си́ним	си́ней	си́ними
前	си́нем	си́нем	си́ней	си́них

4 所有代名詞、指示代名詞の格変化

1. 所有代名詞（мой, твой, свой 型）

	男性	中性	女性	複数
主	мой	моё	моя́	мои́
生	моего́	моего́	мое́й	мои́х
与	моему́	моему́	мое́й	мои́м
対	主/生	моё	мою́	主/生
造	мои́м	мои́м	мое́й	мои́ми
前	моём	моём	мое́й	мои́х

2. 所有代名詞（наш, ваш 型）

	男性	中性	女性	複数
主	наш	на́ше	на́ша	на́ши
生	на́шего	на́шего	на́шей	на́ших
与	на́шему	на́шему	на́шей	на́шим
対	主/生	на́ше	на́шу	主/生
造	на́шим	на́шим	на́шей	на́шими
前	на́шем	на́шем	на́шей	на́ших

3. 指示代名詞（э́тот）

	男性	中性	女性	複数
主	э́тот	э́то	э́та	э́ти
生	э́того	э́того	э́той	э́тих
与	э́тому	э́тому	э́той	э́тим
対	主/生	э́то	э́ту	主/生
造	э́тим	э́тим	э́той	э́тими
前	э́том	э́том	э́той	э́тих

4. 指示代名詞（тот）

	男性	中性	女性	複数
主	тот	то	та	те
生	того́	того́	той	тех
与	тому́	тому́	той	тем
対	主 / 生	то	ту	主 / 生
造	тем	тем	той	те́ми
前	том	том	той	тех

5 動詞変化
（**чита́ть** などの正則第 1 変化、**говори́ть** など正則第 2 変化以外のまとめ）

　本書に登場した動詞の現在（未来）変化は、初出で第 1 変化のものは右肩に 1、第 2 変化のものは 2 と振り、アクセントに移動があるものは ＊印をつけた。それと第 2 変化動詞に唇音変化、歯音変化を伴うものがあることを考慮すれば、大半のものは変化形が推測できるが、第 1 変化の特殊形はそれだけではわからないものが多い。また、命令形や過去形が特殊な変化をするものもあるので、代表的な動詞の変化形を挙げる。

　♦現在（未来）形は、大半は 1 人称と 2 人称の単数形と 3 人称の複数形のみを示し、さらに不規則な変化の場合は全てを示す。

　♦命令形は ты に対する形を示す。（命令形の無い動詞もある。）

　♦過去形はアクセントの移動が無く規則的なものは男性形のみを示し、不規則なもの、アクセントの移動があるものは、それを辿れる範囲まで示す。
　（例：мочь の過去形は мог, могла́, могло́, могли́ だが、могла́ 以降アクセントは全て語尾にあるので、могла́ まで示す。）

1. 第 1 特殊変化

不定形	現在形（未来形）	命令形	過去形
брать	беру́, берёшь... беру́т	бери́	брал, брала́, бра́ло
быть	бу́ду, бу́дешь... бу́дут	будь	был, была́, бы́ло
везти́	везу́, везёшь... везу́т	вези́	вёз, везла́
вести́	веду́, ведёшь... веду́т	веди́	вёл, вела́
взять	возьму́, возьмёшь... возьму́т	возьми́	взял, взяла́, взя́ло
дава́ть	даю, даёшь... дают	дава́й	дава́л

дойти́	дойду́, дойдёшь... дойду́т	дойди́	дошёл, дошла́
е́хать	е́ду, е́дешь... е́дут	поезжа́й	е́хал
ждать	жду, ждёшь... ждут	жди	ждал, ждала́, жда́ло
жить	живу́, живёшь... живу́т	живи́	жил, жила́, жи́ло
запла́кать	запла́чу, запла́чешь... запла́чут	запла́чь	запла́кал
затрясти́сь	затрясу́сь, затрясёшься... затрясу́тся	затряси́сь	затря́сся, затрясла́сь
звать	зову́, зовёшь... зову́т	зови́	звал, звала́, зва́ло
идти́	иду́, идёшь... иду́т	иди́	шёл, шла
лечь	ля́гу, ля́жешь... ля́гут	ляг	лёг, легла́
махну́ть	махну́, махнёшь... махну́т	махни́	махну́л
мочь	могу́, мо́жешь... мо́гут	（命令形なし）	мог, могла́
нама́зать	нама́жу, нама́жешь... нама́жут	нама́жь	нама́зал
нача́ть	начну́, начнёшь... начну́т	начни́	на́чал, начала́, на́чало
нести́	несу́, несёшь... несу́т	неси́	нёс, несла́
откры́ть	откро́ю, откро́ешь... откро́ют	откро́й	откры́л
печь	пеку́, печёшь... пеку́т	пеки́	пёк, пекла́
писа́ть	пишу́, пи́шешь... пи́шут	пиши́	писа́л
пить	пью, пьёшь... пьют	пей	пил, пила́, пи́ло
плыть	плыву́, плывёшь... плыву́т	плыви́	плыл, плыла́, плы́ло
подня́ть	подниму́, подни́мешь... подни́мут	подними́	по́днял, подняла́, по́дняло
поня́ть	пойму́, поймёшь... пойму́т	пойми́	по́нял, поняла́, по́няло
попа́сть	попаду́, попадёшь... попаду́т	попади́	попа́л
прийти́	приду́, придёшь... приду́т	приди́	пришёл, пришла́
присла́ть	пришлю́, пришлёшь... пришлю́т	пришли́	присла́л
расти́	расту́, растёшь... расту́т	расти́	рос, росла́
сесть	ся́ду, ся́дешь... ся́дут	сядь	сел
сказа́ть	скажу́, ска́жешь... ска́жут	скажи́	сказа́л
смея́ться	смею́сь, смеёшься... смею́тся	сме́йся	смея́лся
сочу́вствовать	сочу́вствую, сочу́вствуешь... сочу́вствуют	сочу́вствуй	сочу́вствовал

стать	стану, станешь... станут	стань	стал
увлечься	увлекусь, увлечёшься... увлекутся	увлекись	увлёкся, увлеклась
умереть	умру, умрёшь... умрут	умри	умер, умерла, умерло
шептать	шепчу, шепчешь... шепчут	шепчи	шептал

2. 第2変化（唇音変化、歯音変化など）

不定形	現在形	命令形	過去形
водить	вожу, водишь... водят	води	водил
видеть	вижу, видишь... видят	（命令形なし）	видел
ездить	езжу, ездишь... ездят	езди	ездил
лететь	лечу, летишь... летят	лети	летел
любить	люблю, любишь... любят	люби	любил
носить	ношу, носишь... носят	носи	носил
ставить	ставлю, ставишь... ставят	ставь	ставил
смутить	смущу, смутишь... смутят	смути	смутил
ходить	хожу, ходишь... ходят	ходи	ходил

3. 不規則変化

不定形	現在形	命令形	過去形
бежать	бегу, бежишь, бежит, бежим, бежите, бегут	беги	бежал
дать	дам, дашь, даст, дадим, дадите, дадут	дай	дал, дала, дало
есть	ем, ешь, ест, едим, едите, едят	ешь	ел
хотеть	хочу, хочешь, хочет, хотим, хотите, хотят	（命令形なし）	хотел

ロシア語アルファベット五十音対照表

あ	a	い	и	う	y	え	э	お	o		
か	ка	き	ки	く	ку	け	кэ	こ	ко		
さ	са	し	си	す	су	せ	сэ	そ	со		
た	та	ち	ти	つ	цу	て	тэ	と	то		
な	на	に	ни	ぬ	ну	ね	нэ	の	но		
は	ха	ひ	хи	ふ	фу	へ	хэ	ほ	хо		
ま	ма	み	ми	む	му	め	мэ	も	мо		
や	я			ゆ	ю			よ	ё(йо)		
ら	ра	り	ри	る	ру	れ	рэ	ろ	ро		
わ	ва									ん	н
が	га	ぎ	ги	ぐ	гу	げ	гэ	ご	го		
ざ	дза	じ	дзи	ず	дзу	ぜ	дзэ	ぞ	дзо		
だ	да	ぢ	дзи	づ	дзу	で	дэ	ど	до		
ば	ба	び	би	ぶ	бу	べ	бэ	ぼ	бо		
ぱ	па	ぴ	пи	ぷ	пу	ぺ	пэ	ぽ	по		
きゃ	кя	きゅ	кю	きょ	кё	ぎゃ	гя	ぎゅ	гю	ぎょ	гё
しゃ	ся	しゅ	сю	しょ	сё	じゃ	дзя	じゅ	дзю	じょ	дзё
ちゃ	тя	ちゅ	тю	ちょ	тё	にゃ	ня	にゅ	ню	にょ	нё
ひゃ	хя	ひゅ	хю	ひょ	хё	びゃ	бя	びゅ	бю	びょ	бё
ぴゃ	пя	ぴゅ	пю	ぴょ	пё	みゃ	мя	みゅ	мю	みょ	мё
りゃ	ря	りゅ	рю	りょ	рё						

注意
1. つまる音は子音字を重ねる。例:「さっぽろ」Саппоро
2. 長音は1つの母音字で表す。例:「おおの」Оно(「おの」も同じくОноになり、「おおの」と「おの」の差はロシア語のアルファベット表記では区別できない。)
3. 「ん」の後に母音が来る場合は、硬音記号ъを使う。例:「しんいち」Синъити(Синити とつづると「しにち」になってしまう。)

4. 「い」は前の母音と一緒に発音される場合、йで表記される。例:「さいたま」Сайтама
5. ま行、ぱ行、ば行の前の「ん」は通常 м で表す。例:「しんばし」Симбаси
6. 地名でいくつかのものは、慣例で特殊な表記となる。例:「とうきょう」Токио,「きょうと」Киото

単 語 帳

（特殊な発音のものには発音記号を付与する。）

А

а　〜は〜であるが、一方〜は〜である
абсу́рд　不条理、馬鹿馬鹿しいこと
аванга́рд　アヴァンギャルド
а́вгуст　8月
авиакомпа́ния　航空会社
авто́бус　バス
а́втор　著者
А́зия　アジア
актёр　俳優
Алёша　アリョーシャ（男性の名前）
алле́я　並木道
алло́　（電話で）もしもし
америка́нец　アメリカ人
америка́нский　アメリカ（人）の
англи́йский　英国の
англича́нин　イギリス人
А́нглия　イギリス
Андре́й　アンドレイ（男性の名前）
А́нна　アンナ（女性の名前）
А́ня　女性の名前 А́нна の愛称
аппети́т　食欲
апре́ль　男 4月
апте́ка　薬局
Арара́т　アララト山
асфа́льт　アスファルト
ах　ああ（感嘆、喜びなど）
а́хнуть[1]　完（1回）あっと叫ぶ
аэропо́рт　空港

Б

б　（＝бы）
ба́бочка　蝶
ба́бушка　祖母、おばあさん
Байка́л　バイカル湖
балери́на　バレリーナ
бале́т　バレエ
банк　銀行
бар　バー
бе́гать[1]　不完 走る
бе́дный　貧しい、哀れな
бежа́ть　不規則 不完 走る
без　（＋生格）〜なしで、〜なしの、〜のいない
без слов　言葉なしで
бе́лый　白い
беспо́мощно　力なく、頼りなげに
беспрекосло́вно　絶対的に
библиоте́ка　図書館
бизнесме́н　ビジネスマン
биле́т　切符
бифште́кс　ビフテキ
благогове́ть[1]　不完 畏敬の念を抱く
благода́рность　女 感謝
благоуха́ние　芳香
бли́зкий　近い
бога́тый　裕福な
бок о́ бок　すぐそばで、一緒に
боле́знь　女 病気

болéть¹ 不完 患う、病気である
болéть² 不完 痛む
боль 囡 痛み
больни́ца 病院
больнóй 形 病気の、病んでいる 名 病人
бóльше より多く、さらに
большóй 大きい
Большóй теáтр ボリショイ劇場
боя́ться² 不完 恐れる、心配する
браслéт ブレスレット
брат 兄弟
брать¹⁽特⁾ 不完 取る、借りる
брéдить² 不完 うわごとを言う
брю́ки 複 ズボン
бу́дто бы まるで〜であるかのように
бу́дущий 来るべき、来〜
бу́ква 文字
буквáльно 文字通り、まさに
бу́лка 小さな丸パン
бульвáр 並木道
бульóн ブイヨン
бурдá 濁ったまずい液体
бывáть¹ 不完 （時々）ある、〜である
бы́стро 速く
бы́стрый 速い
быть¹⁽特⁾ 不完 ある、いる
быть у (＋生格) в гостя́х 〜のところに遊びに行く

В

в ①（＋前置格）〜で ②（＋対格）〜へ、〜時に
в воскресéнье 日曜日に
в понедéльник 月曜日に
в сáмом дéле 本当に、実に
в срок 期限内に
в хорóшую погóду 良い天気のときに
вагóн 車両
важнéе より重要な
вáжный 重要な
ваш あなたの
вблизи́ 近くに
ввиду́ тогó, что 〜を考慮して、〜なので
вдобáвок その上
вдоль （＋生格）〜に沿って
вдруг 突然
ведь 何しろ（だって）〜だから
везти́¹⁽特⁾ 不完 乗り物で運ぶ、乗り物が運ぶ
век 世紀、1世紀、一生
велéть² 不完・完 命じる
великолéпный 壮麗な、見事な
вéнчик 花冠、花びら全体
вéрить² 不完 信じる
верну́ть¹⁽特⁾ 完 返す
верну́ться¹⁽特⁾ 完 帰る
верх 表面
верши́на 頂上
весёлый 楽しい、愉快な、楽しげな
веснá 春
веснóй 春に

вести¹⁽特⁾　不完　連れて行く、導く
вести себя　振る舞う
весь　全ての
весь день　1日中
ветер　風
ветка　枝
вечер　① 夕方、夜　② パーティ
вечер поэзии　詩の夕べ
вечером　夕方に
взмахнуть¹⁽特⁾　完　（1回）振る、振り上げる
взойти¹⁽特⁾　完　登る
взрослый　大人（形容詞派生の名詞）
взять¹⁽特⁾　完　手に入れる、借りる、取る
виден　見える
видеть²　不完　見る、見える、わかる
видеться²　不完　会う
видишь(видите) ли　あのねえ、わかるだろ（相手の注意を喚起して）
видно　見える、（挿入語）おそらく、きっと
вилка　フォーク
вино　ワイン
виноват　罪がある
висеть²　不完　掛けてある
витрина　ショーウィンドウ
вкусный　おいしい
Владимир Сергеевич　ヴラジーミル・セルゲーヴィチ（男性の名前）
влить¹⁽特⁾　完　注ぎこむ
вместе　一緒に

вместо　（＋生格）～の代わりに
вместо того чтобы　（＋動詞不定形）～する代わりに、～するどころか
вмешиваться¹　不完　参加する、介入する
внизу　下に
внимание　注意
внук　男の孫
внучка　孫娘、女の孫
во сколько　何時に
вовремя　時間通りに
вовсе　まったく
во-вторых　第2に
вода　水
водить²*　不完　連れて行く、導く
водка　ウォトカ
возвратиться²　完　帰る
возвращать¹　不完　返す
возвращаться¹　不完　帰る
возвращение　帰還
возить²*　不完　（乗り物で）運ぶ、（乗り物が）運ぶ
возможно　可能だ、～できる、ありうる、そうかもしれない、（挿入語）もしかしたら
возможность　女　可能性、機会
возразить²　完　反対する、反論する
война　戦争、戦場
войти¹⁽特⁾　完　入る
вокзал　（ターミナル）駅
вокруг　周囲に、周囲を
воля　意志

вообрази́ть² 完 想像する
вообще́ そもそも、一般的に
во-пе́рвых 第1に
вопро́с 質問
воробе́й 雀
восемна́дцатый 18番目の
восемна́дцать 18
во́семь 8
во́семьдесят 80
восемьсо́т 800
воскли́кнуть¹⁽特⁾ 完 叫ぶ
воспи́тывать¹ 不完 養育する
воспомина́ние 思い出、思い出話
восьмидеся́тый 80番目の
восьмисо́тый 800番目の
восьмо́й 8番目の
вот ほらここに
вот и だからこそ
впереди́ (＋生格)前方を、前方に
вполне́ 極めて
впосле́дствии その後、後になって
впро́чем とはいえ
врач 医者
вре́мя 時間
вро́де (＋生格)〜のような、〜に似た
вручну́ю 手で、手製で
все (←весь) 全ての人々
всё ① いつも、変わらず ②(←весь) 全てのこと、もの
всё в поря́дке 万事良好である
всё (вре́мя) いつも、絶えず、ずっと
всегда́ いつも
всё-таки それでもやはり
вскри́кнуть¹⁽特⁾ 完 悲鳴をあげる
вслух 声に出して
вспомина́ть¹ 不完 思い出す
вспо́мнить² 完 思い出す
встава́ть¹⁽特⁾ 不完 起きる
вставля́ть¹ 不完 差し挟む
встре́титься² 完 会う、出会う
встре́ча 出会い、出迎え
встреча́ть¹ 不完 出迎える
вся́кий それぞれの、あらゆる
второ́й 2番目の
второ́й круг 第2ラウンド
вход 入口
вчера́ 昨日
вы あなた方
вы зна́ете あのねえ、いいですか
выбира́ть¹ 不完 選ぶ
вы́брать¹⁽特⁾ 完 選ぶ
вывози́ть²* 不完 輸出する
вы́держать² 完 我慢する、耐える
вы́йти¹⁽特⁾ 完 (歩いて)出る
вы́нуть¹⁽特⁾ 完 取り出す
вы́пить¹⁽特⁾ 完 飲む
выполня́ть¹ 不完 遂行する
выпуска́ть¹ 不完 生産する
вы́расти¹⁽特⁾ 完 育つ
вы́скочить² 完 飛び出す
высо́кий 高い
высоко́ 高く
высота́ 高さ

высо́тный　高層の
вы́ставка　見本市、展覧会
выступле́ние　講演
вы́таращить² 完　（目を）見張る
вы́тащить² 完　引きずり出す
вы́учить² 完　習得する
вы́ход　出口
выходи́ть²* 不完　出る
вы́ше　（← высоко́）より高く
вы́ясниться² 完　（1, 2 人称なし）明らかになる

Г

га́дкий　嫌な
газе́та　新聞
где　どこ
ге́ний　天才
герои́ческий　英雄的な
геро́й　英雄
Гимала́и　ヒマラヤ
гимнази́ческий　ギムナジウム（高等中学校）の
гла́вный　主要な
глаз　目（複数形 глаза́）
глота́ть¹ 不完　飲み込む
глото́к　一飲み
глубина́　深さ
глубо́кий　深い
глубокоуважа́емый　深く尊敬する
глу́пость 女　愚かさ
глу́пый　愚かな、馬鹿な
гляде́ть² 不完　見る、眺める
гля́нуть¹⁽特⁾ 完　見る、眺める
гнев　怒り
гнездо́　巣
говори́ть² 不完　言う、話す
год　年
голова́　頭
голо́вка　（← голова́）（小さな）頭
го́лод　飢え
го́лос　声
го́лый　裸の、むき出しの
гора́　山
го́ре　悲しみ
го́рестно [gór'ısnə]　悲しい、憂鬱だ
горе́ть² 不完　燃える
го́рло　喉
го́род　町
горя́чий　熱い
гости́ница　ホテル
гость 男　客
гото́вить² 不完　用意する、料理する
грани́ца　国境
гре́ть¹ 不完　温める
Гре́ция　ギリシャ
грома́дный　巨大な
гро́мкий　（音に関して）大きな
гру́ппа　グループ、クラス
гру́стно [grúsnə]　憂鬱だ、悲しい
грусть 女　悲哀
губа́　唇
гуля́ть¹ 不完　散歩する、遊ぶ

Д

да　はい
дава́ть[1(特)]　不完　① 与える、貸す　②（＋動詞不定形）〜させる
давно́　ずっと前から、ずっと前に
да́же　〜さえも
далёкий　遠い
да́льше　もっと先に、さらに
дать　不規則 完 与える、貸す、提供する
да́ча　別荘
Да́ша　ダーシャ（女性の名前 Да́рья の愛称形）
два　2
двадца́тый　20番目の
два́дцать　20
две ты́сячи　2000
двена́дцатый　12番目の
двена́дцать　12
дверь　女　ドア、扉
две́сти　200
дви́гаться[1(特)]　不完　動かされる
дво́е　集　2
двор　中庭
двухсо́тый　200番目の
двухты́сячный　2000番目の
де́вочка　女の子
де́вушка　若い女性
девяно́сто　90
девяно́стый　90番目の
девятисо́тый　900番目の
девятна́дцатый　19番目の
девятна́дцать　19
девя́тый　9番目の
де́вять　9
девятьсо́т　900
дёготь　男　タール
де́душка　お爺さん
действи́тельно　実際に、本当に
дека́брь　男　12月
де́лать[1]　不完　する
де́ло　① 仕事、用事　② 事、事態、問題
дельфи́н　イルカ
день　男　日、昼、午後
день рожде́ния　誕生日
де́ньги　複　お金
де́рево　木
деревя́нный　木製の
держа́ться[2*]　不完　守られる、保たれる
деся́тый　10番目の
де́сять　10
де́ти　子供たち
де́тский [d'étsk'ij]　子供の
де́тский сад　幼稚園
де́тство　幼年時代
дешёвый　安い
диле́мма　ジレンマ
для　（＋生格）〜にとって
днём　昼に
до　（＋生格）〜まで
до свида́ния　さようなら
до сих пор　今にいたるまで
добра́ться[1(特)]　完　やっとたどり着く

добрый　善良な、優しい
довести¹⁽特⁾　完（＋до＋生格）（〜まで）導く、導いて行く
доволен　満足している、満足である
доесть　不規則 完 最後まで食べる
дождь　男 雨
дойти¹⁽特⁾　完 到達する
докладчик　報告者
доктор　医者、〜先生（医者への呼びかけとして）
документ　書類
долгий　長い
долго　長く、長い間
должен　〜しなければならない、〜するはずだ、〜に違いない
должно быть　（挿入語）おそらく〜に違いない
дома　家に、家で
домашнее задание　宿題
домой　家へ
допить¹⁽特⁾　完 最後まで飲む
допустить²*　完 許す、見過ごす
дорога　道
дорогой　① 高価な　② 大切な、親愛なる
досада　いまいましさ、悔しさ
доска　板
Достоевский　ドストエフスキー（作家）
древний　古代の
дремать¹⁽特⁾*　不完 まどろむ
друг　親友、友達

друг друга　お互いに
другой　他の、別の、もう1人の
думать¹　不完 思う、考える
думаться¹　不完 思われる
дурацкий　愚かな、馬鹿げた
духовный　精神的な
душа　魂
дядя　おじさん

Е

Европа　ヨーロッパ
еда　食事、食べ物
едва　かろうじて、やっと〜したばかりで
ездить²　不完 乗り物に乗って行く、通う
Екатерининский дворец　エカテリーナ宮殿（ペテルブルグ郊外の離宮）
ёлка　もみの木、もみの木（ヨールカ）祭り
если　もし
если бы　もし〜なら（仮定法）
естествознание　科学
есть　ある、いる
есть　不規則 不完 食べる
ехать¹⁽特⁾　不完（乗り物で）行く
ещё　さらに、まだ
ею　（＝ей）она の造格

Ж

жадный　ケチな

жа́лкий　哀れな

жа́лость　女　哀れみ、同情

жаль　残念だ

Жан　ジャン（フランス人の名前）

жа́рко　暑い

ждать[1](特)　不完　待つ

же　（疑問詞とともに使われ、それを強調する）

жела́ть[1]　不完　望む、（＋与格Ａ＋生格Ｂ）ＡにＢを祈る

желе́зная доро́га　鉄道

жена́　妻

жени́ться[2]　不完　（на＋前置格）（男性が）〜と結婚する

же́нщина　女性

живо́й　生き生きした

жизнеописа́ние　伝記、一代記

жизнь　女　人生、生活、命

жи́ться[1](特)　不完　暮らせる

журна́л　雑誌

журнали́ст　ジャーナリスト、記者

З

за　①（＋対格）〜の向こう側へ、（期間）〜で　②（＋造格）〜の向こう側で

за двои́х　２人分、２人前

за час　１時間で

забавля́ть[1]　不完　楽しませる、面白がらせる

заболе́ть[1]　完　病気になる

заболе́ть[2]　完　痛み出す

забыва́ть[1]　不完　忘れる

забы́ть[1](特)　完　忘れる

заво́д　工場

за́втра　明日

загла́дить[2]　完　平らにする、正す、償う

загоре́ться[2]　完　燃える、輝く

зада́ча　問題

заигра́ть[1]　完　遊び、演奏しはじめる

заинтересова́ть[1](特)　完　興味を起こさせる

зако́нчить[2]　完　終える

закрича́ть[2]　完　大声で言う

закрыва́ть[1]　不完　閉める

закрыва́ться[1]　不完　閉まる

закры́ть[1](特)　完　閉める

закры́ться[1](特)　完　閉まる

зал　ホール

замёрзнуть[1](特)　完　凍る

заме́тить[2]　完　気づく

замеча́ние　意見、コメント

замолча́ть[2]　完　黙る、口をつぐむ

занима́ть[1]　不完　占める

занима́ться[1]　不完　従事する、勉強する、仕事をする

за́нят　忙しい、塞がっている

заня́тие　授業

за́нятый　ふさがっている、忙しい

за́пах　匂い

записа́ть[1](特)*　完　メモする、書き留める

запла́кать[1](特)　完　泣き出す

запреща́ть[1] 不完 禁じる
запреще́ние 禁止
зарасти́[1(特)] 完（＋造格）〜が繁茂する
зарпла́та 給料
заря́дка 体操
заскуча́ть[1] 完 寂しくなる
засмея́ться[1(特)] 完 笑い出す
засну́ть[1(特)] 完 寝入る
засыпа́ть[1] 不完 寝入る
зато́ その代わり
затрясти́сь[1(特)] 完 揺れ（震え）始める
заулыба́ться[1] 完 微笑み始める
заче́м なぜ、何のために
звать[1(特)] 不完 呼ぶ
звезда́ 星
звони́ть[2] 不完 電話をかける
звук 音
зда́ние 建物
здесь ここで（に）
здоро́вый 健康な、元気だ
здоро́вье 健康
здра́вствовать[1(特)] [zdrástvəvət'] 不完 元気（健在）である
Здра́вствуй(те) [zdrástvuj(t'ɪ)] こんにちは
земля́ 大地、土地、地面、[З-] 地球
зима́ 冬
знако́миться[2] 不完 知り合いになる
знако́мый 知り合いの
знать[1] 不完 知っている
значе́ние 意義
зна́чит つまり

зо́лото 黄金
золото́й 黄金の、すばらしい
зо́нтик 傘
зоопа́рк 動物園
зуб 歯
зуба́стый 鋭い歯をもつ
зубно́й 歯の

И

и （助詞）〜さえ
и （接続詞）〜と〜、そして
Ива́н イワン（男性の名前）
иго́лка 針
игра́ть[1] 不完 遊ぶ
игра́ть в ка́рты トランプをする
игру́шка 玩具
иде́я 考え、アイディア
идти́[1(特)] 不完 （歩いて）行く
из （＋生格）〜から、〜から（の）、〜のうちの
изве́стно [izv'ésnə] 知っている
изве́стный [izv'ésnɪj] 有名な
извини́(те) ごめんなさい
извини́ть[2] 完 許す
изво́зчичий [izvóʃʃitʃ'ij]（← изво́зчик）辻馬車の、辻馬車の御者の
изготовле́ние 製造、製作
издава́ть[1(特)] 不完 出版する、発行する
издава́ться[1(特)] 不完 出版される
издалека́ 遠くから

издáтельство　出版社

из-за　（＋生格）〜の向こうから

измени́ться[2]*　完　変わる

изму́читься[2]　完　へとへとになる

изобража́ть[1]　不完　描く

изумлéние　驚嘆

изуча́ть[1]　不完　学ぶ

изучи́ть[2]*　完　学ぶ

и́ли　あるいは

и́ли..., и́ли...　〜か、〜か

и́менно　まさに

имéть[1]　不完　もつ

и́мя　名前

инáче　さもなければ

иногдá　時々

инóй раз　時には

инострáнный　外国の

интерéс　関心、興味

интерéсный　面白い、興味深い

интересовáть[1(特)]　不完　興味を与える

интересовáться[1(特)]　不完　関心（興味）をもつ

интернéт [internét]　インターネット

Ирáк　イラク

иску́сство　芸術

Испáния　スペイン

исполня́ть[1]　不完　遂行する

испу́г　驚愕、恐怖

испугáться[1]　完　驚く、おびえる

исслéдовать[1(特)]　不完　研究、検討する

истóрия　歴史、話

ию́ль　男　7月

ию́нь　男　6月

К

к（＋与格）　〜のところへ

к сожалéнию　残念ながら

Кавкáз　カフカス

кáждый　毎〜

Казáнская у́лица　カザンスカヤ通り

казáться[1(特)]*　不完　①（＋造格）〜に見える、〜のようだ　②（無人称動詞として）〜という気がする、〜と思われる

казáчий　コサックの

казнь　女　死刑

как　接　①〜していると　②〜のように

как　疑　どうだ、どのように

как бу́дто　まるで〜かのように

как же　一体どうやって

как назлó　まるでわざとのように、あいにく

как тóлько　〜するやいなや

какóй　どんな、何の

какóй-то　何かの

кáменный　石の、石のような

кáмень　男　石

капитáн　船長

кáпля　水滴

карандáш　鉛筆、シャープペン

карау́л　助けてくれ！（元来は「警護、番兵」という意味の名詞）

кáрта　地図

карти́на 絵、絵画
каса́ться¹ 不完 触れる
категори́чески 絶対的に、断固として
кафе́ 喫茶店
ка́шлять¹ 不完 咳をする
кварти́ра アパートの部屋、マンション（アパート）の一区画
кио́ск 売店
Кио́то 不変化 京都
кис-ки́с 猫を呼ぶときの掛け声
ключ 鍵
кни́га 本
кни́жный 本の
когда́ ①（接続詞）～のときに ②（疑問詞）いつ
коза́ ヤギ
ко́мната 部屋
коне́ц 最後、終わり、末
коне́чно [kan'éʃnə] もちろん
конфере́нция 会議
конце́рт コンサート
конча́ть¹ 不完 終える
конча́ться¹ 不完 終わる
ко́нчик 先端、先
ко́нчить² 完 終える
ко́рень 男 根
коридо́р 廊下
коро́ва 牝牛
коро́ткий 短い
космéтика 化粧品
кото́рый （関係代名詞）～するところの

кото́рый час？ 何時？
ко́фе コーヒー
ко́шка 猫
край はずれ
кра́йне 極端に
краса́вица 美人
краси́вый 美しい
кре́пкий 頑丈な、強い
кре́пко しっかりと、きつく
крестья́нин 農民
крестья́нский 農民の
кри́кнуть¹⁽特⁾ 完 叫ぶ
крова́ть 女 ベッド
кру́глый 丸い
крыло́ 翼、羽
кры́лышко （指小形）翼、羽
кто 誰
куба́нский クバン地方の
куда́ どこへ
ку́кла 人形
культ 信仰、崇拝
купи́ть²* 完 買う
ку́пол 丸屋根
кури́ный 鶏の
кури́ть²* 不完 煙草を吸う
кусо́к かけら、小片
ку́хня 料理
ку́шать¹ 不完 食べる、召し上がる

Л

легко́ 易しい、軽い

«Лебеди́ное о́зеро» 『白鳥の湖』
лёд 氷
лежа́ть² 不完 横たわっている
лежа́ть в больни́це 入院している
ле́кция 講義
Ле́на レーナ（女性の名前）
ле́нта リボン
лепесто́к 花びら
лес 森
Лесна́я у́лица レスナヤ通り
лет （← год）年、歳
лета́ть¹ 不完 飛ぶ、飛行機で行く、飛び回る
лете́ть² 不完 飛ぶ、飛行機で行く
ле́то 夏
ле́том 夏に
лист 葉
литерату́ра 文学
ли́чный 個人的な
лишь ただ
ло́дка ボート
ло́жечка （← ло́жка）（指小形）スプーン
ложи́ться² 不完 横たわる
ложи́ться спать 就寝する
ло́жный 偽りの
Лопа́ткина ロパートキナ（有名なバレリーナ）
ло́пнуть¹⁽特⁾ 完 裂ける、壊れる
луч 光線
лу́чше より良い
лу́чший 最も良い、より良い

люби́мый 愛すべき、お気に入りの
люби́ть²* 不完 好きだ、愛する
любо́вный 愛の
любо́вь 女 愛
любо́й あらゆる
лю́ди 人々

М

магази́н 店
мазь 女 軟膏
май 5月
ма́ленький 小さい
ма́ло （＋生格）わずかな
ма́льчик 少年
ма́ма ママ
мане́ра やり方、癖
Марии́нский теа́тр マリインスキー劇場
март 3月
ма́сло バター
ма́стер 職人、名人、巨匠
матема́тика 数学
матрёшка マトリョーシカ（こけし型の入れ子細工木製人形）
мать 女 母親
махну́ть¹⁽特⁾ 完 （＋造格）（1回）〜を振る
маши́на 車
медве́дь 男 熊
медве́жий 熊の
ме́дик 医師、医学生
медици́нская сестра́ 看護婦

медици́нский　医学の
ме́дленно　ゆっくりと
медсестра́　看護師
меж　(＝между)(＋造格)〜の間に
между　(＋造格)〜の間に
ме́жду тем　そうこうしているうちに
междунаро́дный　国際的な
мельча́йший　(← ме́лкий)最も微細な
ме́ньше　より少なく
мерси́　メルシー、ありがとう(フランス語の merci より)
мерца́ть¹　不完 明滅する、瞬く
ме́стный [m'ésnij]　地方の
ме́сто　場所、席
ме́сяц　月、1ヶ月
метро́　(不変化)地下鉄
мечта́　夢想、あこがれ
мечта́ть¹　不完 夢見る、念願する
меша́ть¹　不完 かき回す、混ぜる
ми́лый　愛しい
ми́мо　(＋生格)〜を通り過ぎて、〜の近くを
мину́вший　過ぎ去った
мину́та　分
мину́ть¹⁽特⁾　完 通り過ぎる
мир　世界
мир　平和
Ми́ша　ミーシャ(男性の名前)
мно́го　①(副詞)たくさん　②(数量代名詞)多くの
многоуважа́емый　大いに尊敬する

моби́льный телефо́н　携帯電話
мо́да　流行、モード
моде́ль [madél']　囡 見本、モデル
мо́дный　流行の、モードの
мо́жет　(＝мо́жет быть)(挿入語)もしかしたら
мо́жно　〜してもよい、〜できる
мой　私の
молодо́й　若い
молоко́　ミルク
мо́лча　黙ったまま
молчали́во　黙って
молча́ть²　不完 黙っている
моргну́ть¹⁽特⁾　完 1回瞬きする
мо́рда　(動物の)顔
мо́ре　海
моро́з　厳しい寒さ
Москва́　モスクワ
моско́вский　モスクワの
Моско́вский университе́т　モスクワ大学
мочь¹⁽特⁾*　不完 できる
му́дрость　囡 知恵、英知
му́дрый　賢い
муж　夫
музе́й　博物館、美術館
му́зыка　音楽
мыча́ть¹　不完 もぐもぐ言う
мя́со　肉

Н

на　①(＋前置格)〜で、〜の上に　②

(＋対格)〜へ、(期間)〜の予定で

на вся́кий слу́чай　念のため

на друго́й день　翌日に

на здоро́вье　好きなだけ、たっぷり(召し上がれ)

на мину́тку　ちょっとだけ

на свой счёт [ʃʼʃʼót]　自分に関して、自分の金で

на сле́дующий день　翌日に

на у́лицу　外へ

наблюде́ние　観察

наве́рное　多分

над　(＋造格)〜の上(空)を、〜の上方(上空)で

наде́жда　期待、希望

наде́яться¹　不完　期待する

на́до　〜しなければならない

наза́д　(＋対格)(時間的に)〜前に

назва́ть¹⁽特⁾　完　名づける、呼ぶ、(＋A(対格)＋B(造格))AをBと呼ぶ

называ́ть¹　不完　名づける、呼ぶ

найти́¹⁽特⁾　完　みつける

наказа́ние　罰

нама́зать¹⁽特⁾　完　塗る

наоборо́т　逆に、それどころか

написа́ть¹⁽特⁾＊　完　書く

направле́ние　方向、方角

напра́во　右へ

наприме́р　たとえば

наро́д　人々、民族

наста́ть¹⁽特⁾　完　到来する

насмеши́ть²　完　笑わせる

настоя́щий　本物の

настрое́ние　気分

наступи́ть²＊　完　(季節が)来る

нау́чный　科学的な

нача́ло　始まり

нача́льник　上司

нача́ть¹⁽特⁾　完　始める

нача́ться¹⁽特⁾　完　始まる

начина́ть¹　不完　始める

начина́ться¹　不完　始まる

не　〜ではない

не без　(＋生格)かなりの〜をもって

не на́до　駄目だ、必要が無い

не то́лько..., но и　〜のみならず、〜も

не́бо　空

невероя́тный　信じがたい、ありそうも無い

невнима́тельность　女　不注意

неда́вний　最近の

неде́ля　一週間

неесте́ственно　不自然に

незадо́лго до　(＋生格)〜の少し前に

незнако́мый　見知らぬ、知らない

неизве́стный　見知らぬ

неинтере́сный　つまらない

не́который　ある種の、ちょっとした

нельзя́　①(＋不完)〜してはいけない　②(＋完)〜できない

немно́го　少し

немно́жко　(← немно́го)(指小形)少し

необы́чный　異例の
неожи́данно　不意に、思いがけず
неожи́данный　思いがけない
неохо́та　（無人称文の述語）（+動詞不定形）〜したくない
неподви́жно　じっと動かずに
неприя́тно　不愉快だ
не́сколько　（+生格）いくつかの
не́сколько раз　数回
нести́¹⁽特⁾　不完　歩いて運ぶ
нет　（述語）ない
нет　いいえ
нетру́дно　楽だ、難しくない
не́ту　存在しない、無い
ни куска́　一片もない
ни..., ни　〜も〜もない
ни́зкий　低い
никогда́ не　決して（1度も）〜でない
Никола́й　ニコライ（男性の名前）
нить　女　糸、繋がり
ничего́　何でもない、大丈夫だ
ничего́ не　何も〜でない
ничто́ не　何も〜でない
Но́белевская пре́мия　ノーベル賞
но́вость　女　ニュース
но́вый　新しい
нож　ナイフ
но́мер　番号
но́мер телефо́на　電話番号
носи́ть²*　不完　歩いて運ぶ
ночь　女　深夜
но́чью　夜（夜中）に

ноя́брь　男　11月
нра́виться²　不完　気に入る、好きだ
ну　そう（だ）ね、それでは、まったく
ну́жен　必要だ
ну́жно　〜しなければならない
ну́жный　必要な
ну́-ка　さあ（促しの言葉）
ны́нче　現在、今日
нюх　嗅覚

О

о́ба　双方、両方
обе́д　ディナー、昼食
обе́дать¹　不完　昼食をとる
обеща́ние　約束
оби́да　恨み、悔しさ
обледене́лый　氷に覆われた
обману́ть¹　完　騙す
обме́ниваться¹　不完　（+造格）交換する
обмере́ть¹⁽特⁾　完　茫然とする、心臓が止まりそうになる
о́бморок　気絶、失神
обра́доваться¹⁽特⁾　完　喜ぶ
обрати́ть²　完　向ける
обрати́ться²　完　（+к+与格）〜に対する、向かう
обра́тно　後ろへ、元へ
обраща́ть¹　不完　向ける
обстано́вка　状況、状態
о́бщий　共通の
объясне́ние　説明

объясни́ть² 完	説明する
обыкнове́нный	ふつうの
обы́чно	たいてい
обя́занность 女	義務
обяза́тельно	必ず
о́вощи	野菜
ого́нь 男	火
огорче́ние	悲しみ、苦しみ
одева́ться¹ 不完	服を着る
оде́ться¹⁽特⁾ 完	服を着る
оди́н	1
оди́ннадцатый	11番目の
оди́ннадцать	11
одна́жды	ある時、ある日
одна́ко	だが、とはいえ
одно́ и то же	1つのこと、同じこと
ожида́ть¹ 不完	（＋生格）〜を予期する
о́зеро	湖
оказа́ться¹⁽特⁾* 完	（＋造格）〜であることが判明する
ока́зываться¹ 不完	〜であることが判明する
о́коло	（＋生格）〜のそばで
око́нчить² 完	終える、卒業する
октя́брь 男	10月
олимпи́йские и́гры	オリンピック
олимпи́йский стадио́н	オリンピックのスタジアム
он	彼
она́	彼女
оно́	それ
опа́здывать¹ 不完	遅れる
о́пера	オペラ
опера́ция	手術
опозда́ть¹ 完	遅れる
оправда́ть¹ 完	是認する、応える
опя́ть	再び
организова́ть¹⁽特⁾ 不完	組織する
о́сень 女	秋
осмеле́ть 完	大胆（無遠慮）になる
осмотре́ть²* 完	観察（診察）する
осо́ба	人物、（廃語）お偉方
осо́бенно	特に
осо́бенность 女	特徴、特性
осо́бый	特別の
остана́вливаться¹ 不完	立ち止まる
останови́ться²* 完	止まる、立ち止まる
остано́вка	停留所
оста́ток	残り
оста́ться¹⁽特⁾ 完	残る
осторо́жно	注意深く、注意せよ
острота́	しゃれ、警句
от	（＋生格）〜ゆえに（の）
отве́тить² 完	答える
отвеча́ть¹ 不完	答える
отводи́ть²* 不完	そらす
отдава́ть¹⁽特⁾ 不完	渡す、返す
отдыха́ть¹ 不完	休む、休養する、休息する
оте́ц	父親
о́тзвук	反響、こだま
открыва́ть¹ 不完	開ける

открываться¹ 不完 ひらく、あく
открыть¹⁽特⁾ 完 開ける
отозвать¹⁽特⁾ 完 呼び寄せる、呼び戻す
отправляться¹ 不完 出発する
отрезать¹⁽特⁾ 完 切り取る
отрочество 少年（少女）時代
отрываться¹ 不完 目をそらす
отсюда ここから
оттуда そこから
отчаянный 絶望したような、必死の
официант ウェーター
охнуть¹⁽特⁾ 完 （1回）おおと言う
охота 狩り
оценить²* 完 評価する
очевидность 女 明白さ、自明性
очень たいへん、とても
очки 眼鏡
ошибка 誤り、間違い

П

палец 指
палочки 箸
пальто コート
папа パパ
папин （← папа）パパの
парад パレード
парк 公園
пасть 女 （動物の）口
Пелевин ペレーヴィン。現代ロシアの作家
пенсионер 年金生活者

первый 1番目の、第一の、初めての
перебивать 不完 遮る、中断させる
переводчик 翻訳家、通訳（者）
перед （＋造格）〜の前に、〜に対して
перейти¹⁽特⁾ 完 （歩いて）渡る、移動する
перекидываться¹ 不完 （＋造格）投げ合う、交わす
переплыть¹⁽特⁾ 完 （船で）渡る
переполох 大騒ぎ
переродить² 完 生まれ変わらせる、一新する
пересмеиваться¹ 不完 顔を見合わせてくすくす笑う
перестать¹⁽特⁾ 完 やめる、中断する
пёс 犬
песня 歌
Пётр ピョートル（男性の名前）
петь¹⁽特⁾ 不完 歌う
печально 悲しく、みじめに
печь¹⁽特⁾ 不完 焼く
пианист ピアニスト
пикник ピクニック
пикнуть¹⁽特⁾ 完 （1回）ピーピー言う、文句を言う
пионер ピオネールの子
пионерский лагерь ピオネール・キャンプ
пирожок ピロシキ （複 пирожки）
писатель 男 作家
писать¹⁽特⁾* 不完 書く

писк　ピーピーいう声

письмо́　手紙

пита́ться¹　不完（＋造格）〜を養分・エネルギーとする

пить¹⁽特⁾　不完　飲む

пи́ща　食べ物

пла́вать¹　不完　泳ぐ、船が航行する、船で行く、浮かんでいる

пла́мя　炎

плато́к　スカーフ

плева́ться¹⁽特⁾　不完　唾を吐く

пле́чи　（← плечо́ の複数形）肩

пло́хо　悪く

плохо́й　悪い

пло́щадь　女　広場

плыть¹⁽特⁾　不完　泳ぐ、船が航行する、船で行く

плю́хнуться¹⁽特⁾　完　バタンと倒れる、ポトンと落ちる

по　（＋与格）〜による、〜に関して、〜の点で、〜の著作を基に、〜の分野の、〜をあちこち（運動の領域を表す）、〜を慕って

по отноше́нию к　（＋与格）〜に対して

по-англи́йски　英語で

победи́тель　男　勝利者

побежа́ть　不規則　完　駆け出す

побли́же　なるべく近くで

по́вар　コック

поведе́ние　行い、振る舞い

пове́рить²　完（＋与格）〜を信じる

повтори́ть²　完　繰り返す

повторя́ть¹　不完　繰り返す

погляде́ть²　完　見る

погля́дывать¹　不完（時々）見る、眺める、監視する

пого́да　天気

под　（＋造格）〜の下で、〜の伴奏で、音に合わせて

подари́ть²*　完　プレゼントする

пода́рок　プレゼント

по́двиг　偉業

подели́ться²*　完（с＋造格 A＋造格 B）A に B を伝える、A と B を分かつ

поднести́¹⁽特⁾　完　手で持って近寄せる

поднима́ть¹　不完　持ち上げる、立てる

подноси́ть²*　不完　手に持って近寄せる

подня́ть¹⁽特⁾*　完　持ち上げる、引き起こす

подозрева́ть¹　不完　想像する

подойти́¹⁽特⁾　完　近づく

подпры́гнуть¹⁽特⁾　完　飛び上がる

подража́ть¹　不完　真似をする

подро́бность　女　詳細

подру́га　女友達

подта́ять¹　完（1, 2 人称なし）少し溶ける

по́езд　列車

пое́здка　旅行

пое́хать¹⁽特⁾　完（乗り物で）出かける、行く

пожа́луй　おそらく、多分

単語帳

пожа́луйста　どうぞ
пожа́р　火事
пожа́рный　消防士
пожима́ть[1]　[不完]　握り締める
позво́лить[2]　[完]　許可する、可能にする
позвони́ть[2]　[完]　電話をかける
по́здний [póz'n'ij]　遅い
по́здно [póznə]　遅く
поздравля́ть[1]　[不完]　（＋対格、с＋造格）～に～を祝う
познако́миться[2]　[完]　知り合いになる
поигра́ть[1]　[完]　ちょっと遊ぶ
пойти́[1(特)]　[完]　（歩いて）行く、出かける、出発する
пока́　またね
пока́ не　（＋[完]）～するまで～する
показа́ть[1(特)]*　[完]　見せる、示す
показа́ться[1(特)]*　[完]　①（＋造格）～に見える、～のようだ　②（無人称動詞として）～という気がする、～と思われる
поко́йный　亡くなった
покрасне́ть[1]　[完]　赤くなる
покупа́ть[1]　[不完]　買う
поле́зный　有益な
поликли́ника　クリニック、医院
полови́на　半分
положе́ние　事態、状況
положи́ть[2]*　[完]　置く
получи́ть[2]*　[完]　受ける、受け取る、もらう
получи́ться[2]*　[完]　ある結果になる

по́льзоваться[1(特)]　[不完]　得る、博する、利用する
помале́ньку　少しずつ
помеша́ть[1]　[完]　邪魔する
поме́шивать[1]　[不完]　（少し、時々）かき混ぜる
помеща́ться[1]　[不完]　納まる、入る
по́мнить[2]　[不完]　覚えている
помога́ть[1]　[不完]　助ける
по-мо́ему　私の考えでは
помо́чь[1(特)]　[完]　助ける
понести́[1(特)]　[完]　持っていく
понима́ть[1]　[不完]　理解する、わかる
понра́виться[2]　[完]　気に入る、好きだ
поня́тно　わかった、明瞭だ
поня́тный　気心の知れた、理解し合える
поня́ть[1(特)]　[完]　わかる、理解する
попада́ться[1]　[不完]　出会う、ぶつかる
попа́сть[1(特)]　[完]　届く、入る、当たる、出会う、陥る
попра́вить[2]　[完]　正す
попро́бовать[1(特)]　[完]　試す
попроси́ть[2]*　[完]　願う、頼む、求める
попуга́й　オウム
портфе́ль　[男]　書類かばん
по-ру́сски　ロシア語で
поры́в　激発、衝動
посети́ть[2]　[完]　訪ねる、訪問する
поскоре́е　なるべく早く
поскоре́й　（＝поскоре́е）
посла́ть[1(特)]　[完]　送る

после́дний　最後の
послеза́втра　明後日
посме́ть¹ 完　あえて〜する、〜する勇気がある
посмотре́ть²* 完　見る、観る
посове́товать¹(特) 完　アドヴァイスする
поспеши́ть² 完　急ぐ
посте́ль 女　寝台
постро́ить² 完　建設する
поступа́ть¹ 不完　行動する、振る舞う
поступи́ть²* 完　入学する
потеря́ть¹ 完　失う、無くす
пото́м　後で、後に、やがて
потому́ что　なぜならば
поу́жинать¹ 完　夕食を食べる
поутру́　朝に、朝早く
похо́ж　（на＋対格）〜に似ている
поцелова́ть¹(特) 完　（＋対格＋в＋対格）〜の〜にキスをする
поцелова́ться¹(特) 完　互いにキスを交わす
почему́　なぜ
почита́ть¹ 完　ちょっと読む
по́чта　郵便局
почти́ (что)　ほとんど
почу́вствовать¹(特) [patʃ'ústvəvat'] 完　感じる
поэ́т　詩人
поэ́тому　それゆえ
появи́ться²* 完　現れる
по-япо́нски　日本語で

пра́вда　真実、本当
пра́вило　規則、きまり、法則、原理
пра́вильный　正しい
пра́во　権利
пра́здник [práz'nik]　祭日
пра́здничный [práz'nitʃnij]　祝祭的な
превозмога́ть¹ 不完　打ち克つ
превосходи́ть² 不完　優る、越える
предлага́ть¹ 不完　提案する
представи́тель 男　典型、代表
предста́вить² 完　（＋себе́）想像する
представля́ть¹ 不完　① 提出する、理解する　② （＋собо́й）〜である
предста́вьте себе́　驚いたことに、面白いことには
президе́нт　社長、大統領
прекра́сно　素晴らしく
прекра́сный　素晴らしい
прельща́ть¹ 不完　魅了する、ひきつける
преподава́тель 男　講師、先生
престо́л　王座
преступле́ние　罪
престу́пник　犯人
при　（＋前置格）〜のときに、〜であれば、〜の元で、〜のときに
приближа́ться¹ 不完　近づく
приблизи́тельно　およそ
привезти́¹(特) 完　（乗り物で）運んで来る
приве́т!　やあ！、こんにちは！

привы́чка　習慣、習性
пригласи́ть[2]　完　招く
приглаша́ть[1]　不完　招待する
пригото́вить[2]　完　用意する
приде́рживаться[1]　不完　従う
прие́хать[1(特)]　完　(乗り物で)来る、やって来る
призна́ть[1]　完　認める
прийти́[1(特)]　完　来る
прийти́ в го́сти к　(＋与格)〜のところに遊びに来る
приказа́ние　命令
приме́рно　約
принести́[1(特)]　完　(歩いて)運んでくる、持って来る
принима́ть[1]　不完　摂取する
приня́ть[1(特)*]　完　受け入れる、受けとめる
приня́ться[1(特)*]　完　(＋за＋対格)〜に着手する、とりかかる
присла́ть[1(特)]　完　送ってよこす
прису́тствовать[1(特)]　不完　居合わせる、出席する
приходи́ть[2*]　不完　(歩いて)来る
причи́на　理由
прия́тно　嬉しい
про　(＋対格)〜について
про себя́　自分だけで、1人で
пробле́ма　問題
пробужда́ть[1]　不完　起こす
прове́дать[1]　完　訪ねる
проверя́ться[1]　不完　検査される

провести́[1(特)]　完　過ごす
проводи́ть[2*]　不完　行う
прогада́ть[1]　完　損をする、見込み違いをする
прогу́лка　散歩
продава́ть[1(特)]　不完　売る
продава́ться[1(特)]　不完　売られる
продолже́ние　続き
проду́кты　食料品
прожи́ть[1(特)]　完　(ある期間を)暮らす
про́за　散文
произнести́[1(特)]　完　発音する、述べる
произойти́[1(特)]　完　起こる
происше́ствие [prəiʃʃ'és't'v'ijə]　事件、出来事
пройти́[1(特)]　完　(歩いて)過ぎ去る、通り過ぎる
пройти́сь[1(特)]　完　ゆっくり歩く
проника́ть[1]　不完　浸透する
пропа́сть[1(特)]　完　死ぬ、破滅する
пропуска́ть[1]　不完　抜かす、サボる
прораста́ть[1]　不完　生える
проро́к　預言者
проси́ть[2*]　不完　頼む
просну́ться[1(特)]　完　目覚める
проспа́ть[2]　完　寝過ごす
прости́ть[2]　完　ゆるす
просто́й　単純な、素朴な
про́сьба　依頼、願い、頼みごと
прота́ять[1]　完　溶ける
профессиона́л　プロフェッショナル
профе́ссия　職業

профе́ссор　教授
проходи́ть[2]*　[不完]　行われている
прочита́ть[1]　[完]　読む
прошепта́ть[1(特)]　[完]　囁く
прошлого́дний　去年の
пры́гнуть[1(特)]　[完]　飛び込む
пря́мо　真っすぐに、じかに、率直に、まさに
пти́ца　鳥
пти́чий　鳥の
пу́блика　公衆、大衆
пусты́рь　[男]　荒地
пусть　（＋動詞3人称現在）〜するがいい、させろ
путь　[男]　道、旅
пятидеся́тый　50番目の
пятисо́тый　500番目の
пятна́дцатый　15番目の
пятна́дцать　15
пя́тый　5番目の
пять　5
пятьдеся́т　50
пятьсо́т　500

Р

рабо́та　職場、仕事
рабо́тать[1]　[不完]　働く、動く
рад　嬉しい
ра́дио　ラジオ
ра́довать[1(特)]　[不完]　喜ばせる
ра́доваться[1(特)]　[不完]　喜ぶ
ра́дость　[女]　喜び

раз　（副詞）〜したからには、〜であるなら
раз　（名詞）〜回
разбуди́ть[2]*　[完]　起こす
разви́тие　発達
развя́зный　無遠慮な、なれなれしい
разгово́р　会話
разнообра́зный　さまざまな、多彩な
ра́зный　異なる、別の
разреше́ние　許可
разреши́ть[2]　[完]　許可する
разъе́хаться[1(特)]　[完]　さまざまな方向へ散る、広がる
разыска́ние　探索
ра́нний　早い
ра́но　早く
ра́ньше　より早く、以前は
раска́яться[1]　[完]（в＋前置格）〜を後悔する
раскры́ть[1(特)]　[完]　開ける、開く
расписа́ние　予定表
распусти́ть[2]　[完]　広げる、開く
расска́з　短編小説、話
рассказа́ть[1(特)]*　[完]　物語る
расска́зывать[1]　[不完]　物語る
расслы́шать[2]　[完]　聞き取る
рассма́тривать[1]　[不完]　よく見る、吟味する
раста́ять[1]　[完]　溶ける
расти́[1(特)]　[不完]　育つ
растопи́ться[2]*　[完]（1, 2人称なし）溶ける

растопы́рить² 完 広げる
ребёнок 子供
рейс （飛行機、船などの）運行、航路、便
река́ 川
рекомендова́ть¹⁽特⁾ 完・不完 推薦する
рестора́н レストラン
реце́пт 処方箋
реша́ть¹ 不完 解く、解決する、決める
реши́ть² 完 解く、決める
ро́бкий おずおずとした、そこはかとない
ро́дина 祖国、故郷（「祖国」の意味ではPが大文字で書かれることもある。）
роди́тели 両親
роди́ться² 不完・完 生まれる
ро́дственник 親戚
рома́н 長編小説
роса́ 露
Росси́я ロシア
рот 口
руба́шка シャツ
рука́ 手
ру́сский ロシアの
ру́чка ペン
ры́ба 魚
рыба́чий 漁師の
ры́нок 市場
ря́дом 隣に、そばに

С

с ①（＋生格）～から ②（＋造格）～と
с тех пор それ以来
с трудо́м 苦労して
с уваже́нием （尊敬をこめて）敬具
с удово́льствием 喜んで
с э́тих пор この時から
сад 庭
сади́ться² 不完 腰かける、座る、席に着く
сажа́ть¹ 不完 座らせる
сала́т サラダ
салфе́тка ナプキン
сам 独立して、自分の力で、自分で、自身、自体
сам собо́й 自然に、ひとりでに
самова́р サモワール（自動湯沸かし器）
самолёт 飛行機
са́мый 最も、まさにその
са́нки （← са́ни）（指小形） 複 橇
Санкт-Петербу́рг サンクト・ペテルブルグ
сарди́нка （← сарди́на）（指小形）イワシ（の缶詰）
Са́ша 男性の名前 Алекса́ндр の愛称
сбро́сить² 完 投げ下ろす、ふり落とす
све́жий 新しい、新鮮な
све́рху 上方で
свет 世界、この世
свети́ться²* 不完 光る
Светла́на スヴェトラーナ（女性の名

前）

светлый　明るい

свеча　ロウソク

свитер　セーター

свободный　自由な、空いている、制限のない

свой　自分の

священный　非常に重要な、神聖な

сгореть² 完 焼失する、燃えつきる

сдать 不規則 完 受かる

сдача　お釣り

сделать¹ 完 する、作る

себя　自分、自分自身

сегодня　今日

сегодняшний　今日の

седьмой　7番目の

сейчас　今

секрет　秘訣、秘密

семидесятый　70番目の

семисотый　700番目の

семнадцатый　17番目の

семнадцать　17

семь　7

семьдесят　70

семьсот　700

семья　家族

сентябрь 男 9月

сердитый　怒っている、立腹した

сердиться²* 不完 怒る

сердце [s'értsə]　心、心臓

середина　真ん中

серый　灰色の

сестра　姉妹

сестрёнка　（← сестра の表卑・表愛）

сесть¹(特) 完 腰掛ける、座る

сжать¹(特) [ʒʒát']　完 握り締める、固く結ぶ

Сибирь 女 シベリア

сидеть² 不完 座っている、乗り物に乗っている

сила　力

сильный　強い

симпатичный　感じのよい、素敵な

синий　青い

скажите, пожалуйста [paʒálistə]　教えてください

сказать¹(特)* 完 言う、述べる

сквозь　（＋対格）〜を通して

склониться²* 完 身をかがめる

сколько　いくつ、どれだけ

скорая помощь 女 救急

скоро　じきに、すぐに

скромность 女 謙虚さ

скучать¹ 不完 寂しく思う

слабый　弱い

сладкое　甘い物、デザート

слева　左側に

сливочный　クリームの

слишком　あまりにも

словарь 男 辞書

слово　言葉、単語

сложный　複雑な

служить²* 不完 勤める

слух　噂

слу́чай　ケース、機会、出来事
случи́ться² 完 起こる
слу́шать¹ 不完 聴く
слы́шать² 不完 聞こえる、聞く
смерть　女　死
смех　笑い（声）
смеши́ть 不完 笑わせる
смея́ться¹⁽特⁾ 不完 笑う
смолча́ть² 完 口をつぐむ
смотре́ть²* 不完 見る、鑑賞する、（＋на＋対格）～の方を見る
смотри́те　（← смотре́ть²* の命令形）おやまあ、いやはや
смотря́　（＋疑問詞）～によりけりだ
смочь¹⁽特⁾ 完 できる
смути́ть² 完 狼狽、当惑させる
снача́ла　初めは
сно́ва　あらたに、再び
со　（← с）
соба́ка　犬
соба́чий　犬の
собира́ться¹ 不完 ～するつもりである、～しようとする、～へ行く支度をする
собла́зн　誘惑
соверше́нно　完全に、全く、すっかり
соверши́ть² 完 行う
сове́т　助言、忠告、アドヴァイス
сове́товать¹⁽特⁾ 不完 助言する、勧める
совреме́нный　現代の
совсе́м　まったく

согре́ться¹ 完 温まる
создава́ть⁽特⁾ 不完 創造する、創りだす
созда́ние　創作、作品
созна́ние　意識
сок　ジュース
солда́т　兵隊
со́лнце [sóntsə]　太陽（Со́лнце）
соль　女　塩
сорва́ться¹⁽特⁾ 完 離れ落ちる
соревнова́ние　競技会
со́рок　40
сороково́й　40番目の
соскользну́ть¹⁽特⁾ 完 すべり落ちる
соста́вить² 完 組み立てる、成す
со́тый　100番目の
сочу́вствие [satʃ'ústv'ijə]　共感、同情
сочу́вствовать¹⁽特⁾ 不完 [satʃ'ústvəvət']　同情する
спасти́¹⁽特⁾ 完 救う、救助する
спать² 不完 眠る
спа́ться² 不完 眠れる
споко́йно　落ち着いて
спо́рить² 不完 論争する
спорт　スポーツ
спорти́вный　スポーツの
спортсме́н　スポーツマン、選手
спра́ва　右側に
спра́вочник　案内書
спра́шивать¹ 不完 訊ねる、質問する
спрос　需要

спроси́ть[2]* 完 訊ねる
спустя́ （＋対格）〜後に
сра́зу すぐに
среди́ （＋生格）〜のうちで（中で）
ста́вить[2] 不完 置く
ста́виться[2] 不完 置かれる
стака́н コップ
станови́ться[2]* 不完 〜になる
ста́нция 駅
стара́ться[1] 不完 努力する
стари́к 老人
стари́нный 昔からの
ста́рость 女 老齢
стару́ха お婆さん
ста́рый 古い、年老いた、年取った
стать[1](特) 完 （＋造格）〜になる
статья́ 記事、論文
стена́ 壁
сте́пень 女 程度、度合い
стихи́ 複 詩の数行、詩作品
сто 100
стол テーブル、机
сторожи́ть[2] 不完 見張る、番をする
сторона́ 側、側面、方向、方面
стоя́ть[2] 不完 立っている
страда́ть[1] 不完 苦しむ
страна́ 国
стра́нный おかしい、奇妙な
страх 恐怖
стро́ить[2] 不完 建てる
стро́иться[2] 不完 建設される、建てられる

студе́нт 学生
студе́нтка 女子学生
стул いす
стыд 恥ずかしさ
стюарде́сса [-dés-|-déss-] スチュアーデス
сувени́р みやげ品
суд 裁き、批判
сумасше́ствие 狂気
су́мка バッグ
суп スープ
су́тки 複 一昼夜
существова́ть[1](特) 不完 存在する
схвати́ть[2]* 完 掴む
сходи́ть[2]* 不完 脇へそれる
сходи́ться[2]* 不完 出会う、一致する
сце́на シーン、エピソード、出来事
счастли́вый [ʃʃˈɪslʼívɪj] 幸せな
сча́стье 幸福
счесть[1](特) [ʃtʃˈésˈtˈ] 完 （＋A（対格）＋B（造格））（AをBと）みなす、考える
счита́ть[1] [ʃʃˈitátʼ] 不完 考える、思う、（＋A（対格）＋B（造格））（AをBと）みなす、考える
США [sʃá/seʃeá] アメリカ合衆国
съесть 不規則 完 食べる
сын 息子
сюже́т プロット

Т

Так! なるほど

単語帳

так и　そのまま
так как　〜なので
та́к что　だから
тако́й же　同じような
такси́　タクシー
там　あそこに、そこで
танцева́ть[1](特) 不完　踊る
тарато́рить[2] 不完　べらべら喋る
твой　君の
тво́рчество　創作
те　(← тот) その人たち
теа́тр　劇場
телеви́зор　テレビ
тем бо́лее что　〜であるからなおさらのこと
тем не ме́нее　にもかかわらず
тем са́мым　(← то са́мое) まさにそのことによって
те́ма　テーマ
тёмный　暗い
температу́ра　熱
те́ннис [tén'is]　テニス
тепе́рь　今では
тепле́е　より暖かい
теплохо́д　ディーゼル船
тёплый　暖かい
терпели́вый　忍耐強い
терпе́ние　忍耐、我慢
терпе́ть[2*] 不完　我慢する、耐える
те́сный　狭い、ぎっしり詰まった
тетра́дь　女　ノート
тётя　おば、おばさん
те́хника　技術
тече́ние　流れ
ти́хо　静かに、おとなしく
ти́ше　より静かに
то　(← тот) そのこと、もの
то　(助詞) 主文の先頭に置かれる。この単語自体に意味は無い。
то́ есть　つまり
то..., то...　あるいは〜、あるいは〜
това́рищ　友人、同士
тогда́　そこで、そのとき、そこで、それなら
то́же　〜もまた、同じく
То́кио　(不変化) 東京
Толсто́й　トルストイ (作家)
то́лько　ただ、ただし、ただ〜だけ
то́лько что　たった今〜したばかりだ
Том　トム (アメリカ人の名前)
торт　ケーキ
торча́ть[2] 不完　突っ立っている
тоска́　憂愁
тот　その人
тот же　その同じ
то́тчас　すぐさま
трава́　草
тра́вка　(← трава́)(小さな) 草
традицио́нный　伝統的な
трамва́й　路面電車
тре́бовать[1](特) 不完　要求する
Трезо́р　トレゾール (犬の名前)
тре́тий　3番目の
трёхсо́тый　300番目の

три 3
тридца́тый 30 番目の
три́дцать 30
трина́дцатый 13 番目の
трина́дцать 13
три́ста 300
тро́е [集] 3
труди́ться[2]* [不完] 働く、励む
трудне́йший (← тру́дный) 最も難しい
тру́дность [女] 難しさ
тру́дный 難しい
туда́ そこへ
тури́ст 旅行者
тут ここに
ты 君、あなた
ты зна́ешь あのねえ、いいですか
ты́сяча 1000
ты́сячный 1000 番目の
тяжело́ 重く
тяжёлый 重い

У

у (＋生格) ～のところに
уважа́емый 尊敬すべき、敬愛する、尊敬される
уважа́ть[1] [不完] 尊敬する
уве́ренно 自信をもって
увида́ть [完] (過去形のみ) 見る、見える
уви́деть[2] [完] 見る、見える
уви́деться[2] [完] 会う

увле́чься[1(特)] [完] 夢中になる
угоре́ть[2] [完] 一酸化炭素中毒にかかる
удава́ться[1(特)] [不完] (1, 2 人称なし) 成功する、うまくいく
удали́ться[2] [完] 遠ざかる、離れる
удиви́ться[2] [完] 驚く
удивле́ние 驚き
удивля́ться[1] [不完] 驚く
удобря́ть[1] [不完] 肥沃にする、施肥する
уе́хать[1(特)] [完] 去る
уж (副詞などに添えて意味を強調する)
уже́ すでに
у́жин 夕食
у́жинать[1] [不完] 夕食をとる
узнава́ть[1(特)] [不完] 知る
узна́ть[1] [完] 知る
уйти́[1(特)] [完] 去る
у́лица 通り
улыба́ться[1] [不完] 微笑む
улыбну́ться[1(特)] [完] 微笑む
ум 知恵、知力、頭脳、知能
уме́ньшить[2] [完] 小さくする、減らす
умере́ть[1(特)] [完] 死ぬ
уме́ть[1] [不完] できる
у́мный 賢い
умыва́ться[1] [不完] 洗う
умы́ться[1(特)] [完] 洗う
университе́т 大学
университе́тский 大学の
уноси́ть[2]* [不完] 運び去る

упа́сть¹⁽特⁾　完　落ちる
упра́шивать¹　不完　〜することを懇願する
уро́к　授業
усиде́ть²　完　じっと座っている
уси́лие　努力
услу́га　助力、手伝い
услы́шать²　完　聞く、聞こえる
успе́ть¹　完　間に合う
успе́х　成功
устава́ть¹⁽特⁾　不完　疲れる
уста́лость　女　疲れ
утомлённый　疲れた
у́тренний　朝の
у́тро　朝、午前
у́тром　朝に
уходи́ть²*　不完　去る
уча́ствовать　不完　参加する
уче́бник　教科書
учени́к　生徒
учёт　考慮
учи́тель　男　先生
учи́ться²*　不完　学ぶ

Ф

факт　事実
фанта́зия　想像力
февра́ль　男　2月
фигу́рка　姿、人物像
фи́зика　物理学
физи́ческий　物質的な
фильм　映画
фина́нсовый　財政の
фотогра́фия　写真
фотомоде́ль［-dé-］　女　写真モデル
Фра́нция　フランス
францу́зский　フランスの
фронт　前線
фру́кты　果物
футбо́л　サッカー

Х

хара́ктер　性格
хи́мик　化学者
хлеб　パン
хло́поты　気苦労の多い仕事、奔走
ходи́ть²*　不完　（歩いて）行く、通う
хозя́ин　主人
хо́лод　寒さ、寒いところ
хо́лодно　寒い
хор　コーラス
хоро́ший　良い
хорошо́　よく、よろしい、結構だ
хоте́ть　不規則　不完　欲しい、望む
хоте́ться²⁽特⁾*　不完　（無人称動詞）〜したい
хотя́　〜ではあるが、〜とはいえ、〜なのだが
ху́денький　（← худо́й）（指小形）やせた
худо́жник　画家、美術家、芸術家

Ц

цвет　色

цветóк　花（複 цветы́）
целикóм　全部、完全に
целовáться¹⁽特⁾　不完 互いにキスを交わす
ценá　意義
цéрковь　女 教会

Ч

чай　お茶
час　時
чáсто　しばしば
часть　女 部分
часы́　複 時計
чáще　もっと頻繁に
человéк　人
чем　～よりも
чемодáн　かばん、スーツケース
чéрез　（＋対格）～を横切って、～後に
чёрный　黒い
чéтверо　集 4、4人
четвёртый　4番目の
четы́ре　4
четы́реста　400
четырёхсóтый　400番目の
четы́рнадцатый　14番目の
четы́рнадцать　14
Чéхов　チェーホフ（作家の名前）
чи́стый　清潔な、空白の
читáтель　男 読者
читáть¹　不完 読む
чрезвычáйно　非常に、極めて
что　① 何　② ～ということ

Что вы говори́те!　何だって！
что касáется　（＋生格）～に関して言えば
Что ты говори́шь!　何だって！
что угóдно　何であれ
чтоб　（＝чтобы）
чтóбы　～するように
чу́вство　感覚、感情
чу́вствовать¹⁽特⁾ [tʃ'ústvəvət'] 不完 感じる
чу́вствовать себя́　気分がする
чудóвище　怪物

Ш

шаг　歩み
Шагáл　シャガール
шептáть¹⁽特⁾＊　不完 囁く
шестидеся́тый　60番目の
шестисóтый　600番目の
шестнáдцатый [ʃisnátsətij] 16番目の
шестнáдцать [ʃisnátsət'] 16
шестóй　6番目の
шесть　6
шестьдеся́т　60
шестьсóт　600
шеф-пóвар　コック長
шкóла　学校
шкóльник　（学校の）生徒
шкóльница　女子生徒
шлепóк　平手打ち
шофёр　運転手

単　語　帳

шу́ба　毛皮コート
шум　騒音
шу́тка　冗談

Э

экза́мен　試験、定期試験
эконо́мика　経済
экску́рсия　遠足
экскурсово́д　観光ガイド
электри́чка　電車
энерги́чный　エネルギッシュな
Эрмита́ж　エルミタージュ（ペテルブルグの美術館）
эта́ж　階
э́то　これは
э́тот　この
этю́д　習作、エチュード

Ю

юг　南
юриди́ческий　法学の

Я

я　私
я́блоко　りんご
язы́к　言語
янва́рь　囲 1月
янта́рная ко́мната　琥珀の間（エカテリーナ宮殿内の一室）
япо́нец　日本人
Япо́ния　日本
япо́нский　日本の
я́ркий　顕著な、明らかな

文 法 索 引

あいさつの表現　57
愛称形　30, 152
アクセント　5
アクセントのない母音の弱化
　　a, o の場合　6
　　e, я の場合　12
行き先を表す前置詞＋名詞　79
「1回～する」を表す完了体動詞　205
移動の動詞　78, 79, 131
　　転義で使われる移動の動詞　133, 135
　　接頭辞のある移動の動詞　133
　　接頭辞 по- ＋移動の動詞　135
移動の動詞とともに使う不定形　81
移動の動詞を使う文と быть を使う文　81
移動の領域を表す по＋与格　80
イントネーション
　　平叙文　8
　　疑問詞のない疑問文　8, 34
　　疑問詞のある疑問文　14
　　付加疑問文　19
　　感嘆文　33
受身の表現　170
婉曲な願望の表現　140

概数の表し方　161
「～が痛い」の表現　57
格変化　38
活動体・不活動体　49
仮定法　140
可能の表現　63
関係代名詞 который　118
関係代名詞 кто　119

関係代名詞 что　119
関係副詞　121
間接話法　180
完了体、不完了体のペア　84
完了体過去の用法　92
疑問詞
　　疑問詞＋угодно の表現　194
　　疑問詞を伴う従属節　75
　　疑問代名詞の格変化　114
　　場所、方向を表す疑問詞　182
　　смотря＋疑問詞の表現　207
国の名称　35
繰り返しを表す語　80
形動詞　158
　　能動形動詞（過去）　159
　　能動形動詞（現在）　167
　　被動形動詞（過去長語尾形）　160
　　被動形動詞（過去短語尾形）　169
　　被動形動詞（現在）　168
形容詞
　　長語尾形　28
　　短語尾形　97
　　形容詞の複数形格変化　113
形容詞と正書法　33
形容詞の最上級　127
　　単一型　193
形容詞の比較級　124
　　長語尾形　124
　　短語尾形　125
　　比較級を含む表現　126
　　比較の対象の表し方　126
原因を表す前置詞　206
硬音記号　17

文 法 索 引

硬子音　16
合成数詞　103, 105
合成未来　61
交通手段を表す на＋前置格　79
硬母音字　11
硬母音字・軟母音字の対応　11, 29
個数詞
　　1〜20　100
　　21〜2000　103
個数詞と名詞　100, 103, 179
個数詞の格変化　178

子音の同化　21
歯音変化　90
時間帯の表現　56, 108
四季の表現　101
指示代名詞 этот　27
指示代名詞の格変化（単数）　92
指示代名詞の格変化（複数）　113
指小形　152
集合数詞　207
出没母音　68
順序数詞　104
所有代名詞　19, 24, 27
所有代名詞 свой　152
所有代名詞の格変化（単数）　92
所有代名詞の格変化（複数）　113
所有の表現　45
唇音変化動詞　67
数量代名詞　99
数量の差の表現　127
生格　43
　　生格の用法　44
正書法　24
接続詞 что を伴う従属節　75
接頭辞 за-＋完了体動詞　206

接頭辞 по-＋移動の動詞　135
接頭辞 по-＋不完了体動詞　142
接頭辞 по-＋比較級　142
接頭辞の意味　134
前置格　39
　　-ии 型　110
　　-у の語尾をとる前置格　39, 108
造格　72
　　造格の用法　74
　　造格を要求する動詞　74

対格　49
　　対格の用法　50
体と時制　85
体の用法　85
直接目的語の否定生格　193
直接話法　180
定動詞　78, 131
定動詞と不定動詞の比較　132
手紙などでの呼びかけ　229
動詞現在人称変化
　　第1変化　34
　　第2変化　34
動詞の過去形　55
動詞の体　84
時に関する表現　105
時を表す в＋対格　172
特殊な発音　3, 29

名前の尋ね方　46
軟音記号　11
軟子音　11, 16
軟母音字　11
「〜に〜回」の表現　172
人称代名詞　14, 19, 23
　　人称代名詞の格変化　45, 51, 67, 73

295

年賀状の書き方　231
年齢の表現　107

場所、方向を表す前置詞の用法　182
場所を表す副詞　7, 182
「～は無かった」という表現　56
「～は～にいます」　7
否定生格　46, 193
　　否定生格を伴う表現　56
否定代名詞　143
否定の表現　15
否定副詞　143
表愛形　152
不完了体過去の用法　92
副詞の比較級　125
副動詞　156
　　不完了体副動詞　156
　　完了体副動詞　157
父称　46
物主形容詞
　　ий 型　191
　　ин 型　226
不定形文　69
不定代名詞　150
不定動詞　79, 80, 131
不定人称文　51, 170
不定副詞　150
部分生格　228
普遍人称文　128

未来形　61
無声化　21
無声子音　21
無人称文　98
名詞の性　18
名詞の複数形　23

名詞の複数形格変化　110
　　変則型　117
名詞の複数生格形　99, 112
命令形
　　1 人称命令形　151
　　2 人称命令形　90
　　3 人称命令形　209
　　命令形の体の用法　91
目的を表す不定形　81

有声化　22
有声子音　21
有声子音と無声子音の対応　21
曜日の表現　62
与格　66
　　与格の用法　68
与格（人）＋（в）対格（体の部分）型の
　　表現　228
「ロシア語で」の表現　35
ロシア人の姓　69
　　ロシア人の姓の格変化　191
ロシア人のファーストネーム　30
ロシアの諺　128
話法　180

а　8
бы　140
быть
　　быть の過去形　55
　　быть の未来形　61
　　「～へ行く」を表す быть　56, 61, 81
в（＋前置格）　40
в（＋対格）　79, 172
весь　51
　　весь の格変化　120
　　весь を用いた継続期間の表現　62

видно 172
вот 14
　вот＋疑問詞の表現 205
выпить 223
где 14
давать 67
дать 87, 148
дети 142
должен 162
дочь 148
друг друга 142
ездить 79
есть（ある、存在する） 45
есть（食べる） 223
ехать 78
ждать 73
жить 41
заниматься 74
и 8
идти 78
идти в гости の表現 208
из 206
из-за 206
интересоваться 74
к 69, 79
казаться 194
кто 14, 114, 119
лечь 148
любить 67
люди 142
мать 148
мочь 63
на（＋前置格） 40, 79
на（＋対格） 79

назвать 117
начать 87
нравиться 117
-нуть で終わる完了体動詞 205
о 40
оба の用法 192
-овать 動詞 63
один 100, 171
оказываться 195
от 206
писать 73
пить 223
по 80, 181, 207
по- 135, 142
пока の用法 229
понравиться 117
с 75, 207
сам 149
самый 149
свой 152
себя 150
слышно 172
смотреть кому во что の型の表現 228
съесть 223
ся 動詞 56, 170, 224
тот 120
умереть 148
ходить 79
хотеть 52
чей 114
что 75, 114, 119, 226
чтобы の用法 141
это 7

安岡治子(やすおか・はるこ)

東京大学大学院教授。著書に『ロシア文学案内』(共著、岩波書店、2000)、『はじめて学ぶロシア文学史』(分担執筆、ミネルヴァ書房、2003)、『ロシア語入門Ⅰ, Ⅱ』(共著、放送大学教育振興会、2005)など、訳書にフョードル・ドストエフスキー著『地下室の手記』(光文社、2007)、同著『貧しき人々』(光文社、2010)などがある。

KENKYUSHA
〈検印省略〉

総合ロシア語入門

2011 年 3 月 22 日　初版発行
2021 年 10 月 29 日　6 刷発行

著　者　安岡治子

発行者　吉田尚志

印刷所　研究社印刷株式会社

発行所　株式会社　研究社
〒 102-8152
東京都千代田区富士見 2-11-3
電話　(編集) 03 (3288) 7711 (代)
　　　(営業) 03 (3288) 7777 (代)
振替　00150-9-26710
https://www.kenkyusha.co.jp/

Copyright © Haruko Yasuoka, 2011
Printed in Japan / ISBN 978-4-327-39419-6 C0087
CD ナレーター：リュボーフィ・ゴルボフスカヤ
装丁・CD デザイン：Malpu Design (清水良洋 + 星野槙子)
本文デザイン：株式会社インフォルム
CD 録音・編集・制作：(株) 東京録音